可持续社会价值
创新 36 策

吕鹏 等 著

中信出版集团 | 北京

图书在版编目（CIP）数据

可持续社会价值创新 36 策 / 吕鹏等著 . -- 北京：
中信出版社，2025.6
ISBN 978-7-5217-6038-5

Ⅰ. ①可… Ⅱ. ①吕… Ⅲ. ①企业－价值论－研究
Ⅳ. ① F272-05

中国国家版本馆 CIP 数据核字 (2023) 第 186002 号

可持续社会价值创新 36 策
著者：吕鹏 等
出版发行：中信出版集团股份有限公司
（北京市朝阳区东三环北路 27 号嘉铭中心　邮编　100020）
承印者：北京通州皇家印刷厂

开本：787mm×1092mm 1/16　　印张：26　　字数：301 千字
版次：2025 年 6 月第 1 版　　印次：2025 年 6 月第 1 次印刷
书号：ISBN 978-7-5217-6038-5
定价：79.00 元

版权所有·侵权必究
如有印刷、装订问题，本公司负责调换。
服务热线：400-600-8099
投稿邮箱：author@citicpub.com

目录

序言一 郭凯天　可持续社会价值创新是一次
价值观自觉　　　　　　　　　XI

序言二 杨　典　可持续社会价值创新是现代化
企业高质量发展的新道路　　　XV

第一章　可持续社会价值创新是一种方法论

1　社会价值仍是我们这个时代的必答题

2　从 CSR 到 CBS

企业社会创新是一场"跨界实验"　　　　　008
点亮"社会树"：AI 时代更需要社会创新　　009
腾讯 SSV 给我们带来了什么？　　　　　　013

3　这是一本什么书？

6 条标准与 3 条路径　　　　　　　　　　017

4　可持续社会价值创新 36 策概述

组织变革与自我价值 12 策　　　　　　　023
共益伙伴与协同价值 12 策　　　　　　　028

科技向善与创新价值 12 策　　　　　　　　　　033
可持续社会价值创新评估　　　　　　　　　　039

第二章　组织变革与自我价值

1　高层决策：
如何让企业高层真正重视社会价值？

　　第 1 问：为什么企业高层要重视可持续
　　　　　　社会价值创新？　　　　　　　　　049
　　第 2 问：如何让可持续社会价值创新成为
　　　　　　企业核心战略？　　　　　　　　　056
　　第 3 问：如何让可持续社会价值创新成为
　　　　　　企业高层共识？　　　　　　　　　067

2　战略升级：
如何将可持续社会价值创新融入企业的使命？

　　第 4 问：为什么要将可持续社会价值创新
　　　　　　融入企业的使命？　　　　　　　　076
　　第 5 问：将可持续社会价值创新融入企业的
　　　　　　使命要遵循哪些关键原则？　　　　084
　　第 6 问：将可持续社会价值创新融入企业的
　　　　　　使命要经过哪些主要步骤？　　　　091

3 模式创新：
如何将可持续社会价值创新融入企业的核心业务流程？

第 7 问：如何确定可持续社会价值创新的
优先策略领域？ **100**

第 8 问：如何打造可持续社会价值创新的
"钱袋子"？ **108**

第 9 问：如何找到对的人、做成对的事？ **115**

4 治理创新：
如何创建一个支持可持续社会价值创新的公司治理结构？

第 10 问：为什么要有一个牵头负责的部门？ **134**

第 11 问：如何实现上下一心？ **140**

第 12 问：怎样促进跨部门协作？ **146**

第三章 共益伙伴与协同价值

1 可持续社会价值创新前：
如何选择和动员共益伙伴？

第 13 问：如何选择待解决的社会问题？ **158**

第 14 问：如何将可持续社会价值创新与
政府的需求耦合在一起？ **164**

第 15 问：如何选择共益伙伴？ **171**

第 16 问：如何动员和协调共益伙伴？ **176**

第 17 问：如何确定共益伙伴参与的次序和程度？ **182**

2 可持续社会价值创新中：
如何协同共益伙伴？

第 18 问：如何与合作者在价值上达成共识? **190**

第 19 问：如何跟进合作项目的执行与发展? **198**

第 20 问：如何提升合作伙伴的执行力? **205**

第 21 问：如何复制和推广项目成果? **211**

3 可持续社会价值创新后：
如何与共益伙伴实现可持续社会价值创新？

第 22 问：如何与共益伙伴分配利益和资源? **218**

第 23 问：如何与共益伙伴避免科技负外部性? **225**

第 24 问：如何传播可持续社会价值创新的效用? **231**

第四章　科技向善与创新价值

1 科技研发阶段：
如何保障科技创新进行可持续社会价值创新？

第 25 问：如何提升科技资源的整合能力? **242**

第 26 问：如何促进人才的开放式协作? **248**

第 27 问：如何在科技研发中进行风险防范与管理? **254**

2 数字化产品与服务阶段：
如何提升科技产品的社会价值创造能力？

第 28 问："科技善品"的目标与原则有哪些? **262**

第 29 问：如何敏锐地捕捉社会痛点? **267**

第 30 问：如何负责任地设计"科技善品"？　　**276**

3　应用扩散与共享阶段：
如何拓展科技创造社会价值的应用范围？

第 31 问："科技向善"如何做到内部引领协同？　　**283**

第 32 问：如何让科技赋能共益伙伴？　　**290**

第 33 问：如何共建"科技向善"的社会生态？　　**296**

4　社会化应用与反馈阶段：
如何让科技应用通过社会大众的时空检验？

第 34 问：如何让科技更好地聆听社会反馈？　　**301**

第 35 问：如何建立并完善"科技向善"的
　　　　　社会评价体系？　　**307**

第 36 问：如何应对科技负外部性，及时寻求
　　　　　共识与解决方案？　　**313**

第五章　可持续社会价值创新评估

1　可持续社会价值创新：
企业价值评估前沿

企业社会价值评估的内涵　　**322**

企业为什么需要可持续社会价值创新评估？　　**324**

当前全球主流企业社会价值评估模型　　**327**

2　如何进行可持续社会价值创新评估？

可持续社会价值创新评估的关键原则　　337
关键议题与实现目标　　338
SSVT 模型　　341
"座头鲸"企业的可持续社会价值创新评估模型　　343

附录 1　社会创新组织和机构　　349
附录 2　腾讯 SSV 重要事项时间表　　365
附录 3　马化腾：用户、产业、社会（CBS）
　　　　三位一体，科技向善　　375
致谢　　381
参考文献　　385
作者简介　　389

案例目录

案例 01	腾讯的变革之路：从用户、产业到社会，再到推动可持续社会价值创新	054
案例 02	可持续社会价值创新如何成为腾讯的必然选择？	062
案例 03	"科技向善"的三道关：从关键议题到公司战略	065
案例 04	让企业高层达成共识的核心方式：总办决策	071
案例 05	将可持续社会价值创新融入腾讯公司使命的"来龙去脉"	082
案例 06	腾讯的社会价值共创三要素：共同愿景、内生动力、共享机制	088
案例 07	双向驱动模式如何将可持续社会价值创新融入腾讯公司的使命？	095
案例 08	腾讯的"排除收缩法"：寻找可持续社会价值创新的独特之路	105
案例 09	腾讯 SSV "钱袋子"的三层打造法：企业利润 + 项目创收 + 撬动资金	112
案例 10	腾讯 SSV 的"人才三要素"：有信仰、有好奇、有执念	119
案例 11	做对事的"两心法"：耐心与信心	121
案例 12	考核管理：适度量化是做对事的关键环节	122
案例 13	企业战略的落地支撑：腾讯 SSV 的缘起与成立	138
案例 14	牵头负责的部门如何"拧成一股绳"？	143
案例 15	"核心发动机"SSV 与业务部门的双向奔赴模式	144
案例 16	内部业务协作的核心原则：互惠互利	148
案例 17	全员 SSV：腾讯的实现路径——源于热爱，成于制度	150

案例 18	社会问题选择的两条路径：腾讯和美团的两个例子	162
案例 19	"乡村 CEO 计划"：乡村经营型人才培养新路径	167
案例 20	"碳寻计划"：推动技术创新，助力减缓气候变化	174
案例 21	腾讯公益：动员相同利益和诉求的共益伙伴	180
案例 22	腾讯 SSV 社会应急项目：构建多元合作伙伴网络，共筑高效社会救援体系	185
案例 23	星巴克与"微信支付爱心餐计划"：如何与合作伙伴达成共识	194
案例 24	腾讯"繁星计划"：助力中小博物馆数字化破茧	203
案例 25	提升合作伙伴执行力：以腾讯"99 公益日"为例	209
案例 26	欧莱雅"有意思青年"项目：持续创新与青年共成长	213
案例 27	从提高营养到扩大就业：格莱珉银行和达能集团创新社会责任之路	222
案例 28	智慧认养项目："何家岩云稻米"的全方位实践	229
案例 29	腾讯 SSV 年刊和《一个人的球队》：多途径记录社会价值创新的点点滴滴	234
案例 30	腾讯深化科研布局战略：从"科学探索奖"到"新基石研究员项目"	245
案例 31	腾讯"Light·技术公益创造营"：引领跨界合作，塑造未来科技创新	252
案例 32	如何在 AI 全生命周期中防范算法歧视风险？	258
案例 33	腾讯公益平台：解决信任难题，以"没门槛、很透明、常反馈"提升"科技善品"的社会价值	265
案例 34	微软用户研究如何使 AI 产品更智能？	272
案例 35	腾讯"隐形护理员"的诞生：科技人员如何"摔"出社会解决方案	274
案例 36	百度 AI 赋能导航产品，打造更智能、更直观的 AR 室内导航体验	280

案例 37 腾讯的内部协同与创新:"天籁行动"、"爱心餐一块捐"项目与《碳碳岛》游戏的"科技向善"之路 287

案例 38 腾讯碳 LIVE:数字化赋能碳中和,共创低碳未来 294

案例 39 微众银行"善度"框架:区块链技术助力"科技扬善" 299

案例 40 腾讯 QQ 无障碍改造:聆听需求,为视障人士铺设互联网"盲道" 306

案例 41 韩国 SK 集团推行 SPC 社会价值评估标准,引领企业走向社会责任新纪元 311

案例 42 美团算法调整:追求"政策取中",实现配送公平 317

序言一

可持续社会价值创新是一次价值观自觉

2021年,腾讯进行了第四次战略升级,将"推动可持续社会价值创新"作为我们的核心战略以及公司发展的底座,牵引所有核心业务,并且成立了SSV(可持续社会价值事业部)。

四年间,SSV已经逐步形成基础研究、乡村发展、公益数字化三大主线。同时,在教育创新、数字支教、养老科技、医疗普惠、社会应急、数字文化、碳中和、FEW(食物、能源和水资源)等多个领域展开探索。

四年多来,回望初心,我越发感到成立SSV是一种发自内心的主动选择,是腾讯二十多年发展过程中,尤其是近些年来形成的一次价值观自觉。

腾讯成立于1998年,二十多年来,我们一直在寻找和发现自身的价值。在这期间,腾讯的业务和各行业、产业以及人们生活的许多方面关联越来越深,腾讯应当是有责任也有能力给全社会创造更大价值的。因此,我们开始思考:腾讯这样的互联网企业,应该如何助力社会可持续发展?

过往四年多来,SSV的业务实践证明,实现科技向善的路径就是"推动可持续社会价值创新",它是腾讯自我发现、主动进化的过程,是腾讯集体价值观的一次自觉。

价值观自觉本质上是一种"文化自觉",是对企业定位的自我觉醒、自我反思和理性审视。SSV 从成立以来,就明确了既要清楚自身长处,也要了解自身短处,处理好自身与社会和世界的关系。人类发展到现在,我们不得不思考那些大问题:科技将把人类带向何方?如何让科技走到边远乡村,帮助缩小贫富差距?如何不局限于眼前,助力科研的长远发展?

从这种价值观自觉出发,我们意识到可持续社会价值创新是值得坚持的方向,是企业在这个时代寻求发展的一种方法论。社会价值的创造和创新,正是通过可执行的战略、行动、产品与运营,让善念生长出更多可能。

吕鹏研究员和他的团队一直和腾讯 SSV 的各个部门进行合作研究,在此基础上形成了这本书。这本书的初衷是就如何做到可持续社会价值创新与大家交流。在我看来,它从理论上系统地解答了很多共性的问题,比如:何为可持续社会价值创新,企业为何要进行可持续社会价值创新,想要实现可持续社会价值创新存在哪些困难、有哪些路径,等等。

书中提出,"业务的最终目标应服务于社会价值,这一过程中产生的商业价值,则是衡量社会价值是否可以长期自循环的指标"。这契合了马化腾先生在 2021 年提出的"CBS 三位一体"的发展思路:当今互联网服务的主要对象从用户(C)发展到产业(B),现在变成了社会(S),最终指向是为社会创造价值。这本书也提出,CBS 是一种倡导将"社会"真正融入产品当中的管理哲学,它呼唤的是一种商业模式的创新、一种社会生态的创建,甚至一种新的科技文明的创造。

"跨界"是实现 CBS 的路径,需要让科技创新与社会创新齐头并进。企业要在经济上高质量发展、在社会上创造价值,就必须走可持续社会价值创新之路。

除了对专业理念的系统阐述，这本书还是一份具有可读性和可操作性的行动指南。书中用了很大篇幅将自我价值、协同价值和创新价值3个方面拆分成36策，系统地探讨企业如何设计和落实社会价值创新的行动，结合腾讯等多家国内外企业的创新案例和经验，总结出一套"怎么做"的实务方法。

虽然SSV成立仅有四年多，但是腾讯在很早之前就已经以社会痛点为抓手，进行"科技向善"的探索，这也是实现新的自我的过程。我们与深圳市宝安区共同探索的"5分钟社会救援圈"项目，已服务于宝安区全区及相关的社区健康服务中心、社区医院等，在几个月内已救助50多名患者。这种探索花费了数年的时间，因为社会领域的议题往往积累了复杂的因素，还常是我们陌生的领域，需要我们摸着石头过河，从试点跑通，然后找到一些模式，向更大范围推广与提升。

在探索社会价值创新的过程中，我们发现腾讯更像一个连接器、助力者，需要跟外部的志愿者、合作伙伴、公益机构等联动，获得社会各方的支持，不然单靠我们一家公司是无法解决社会议题的。这也是真正做到CBS"三位一体"所需的通用办法，即跨界共创，激发社会各方亲身参与，激发大家主动创造。社会议题往往是一些非常难的痛点与硬骨头，发现问题、解决问题都需要社会共创。要解决好一个社会议题，不是单靠技术与资源就可以做到的，它常常是需要各方协同共创才能解决好的系统工程，企业需要协同所有的合作伙伴，从全链条上找到痛点，用新的方式去思考，把里面的断点打通，寻找系统性的解决方案。

这些具体案例的实践与摸索是对创新解决社会问题的尝试，不断地扩展我们对社会的认知、拓宽自己的边界；也是腾讯内部发端于业务的价值观自觉的行动体现。这种自觉，不是写在纸上、挂在墙上的，不是几个人的事情，而是大家共同的事；这种自觉，外化在共同创造产生影响的产品和服务上，内化于重要决策时刻的自然选择。

可持续社会价值创新的本质是促进发展。这也是这本书想要分享给各位读者的：企业可以通过持续地创造社会价值来牵引商业价值，推动各个业务板块自觉地融入创造社会价值的过程中，最终使可持续社会价值创新成为企业商业版图中不可分割的一部分。这既会让企业的发展前景更加广阔，也有助于社会平等和可持续发展。从这个意义上来说，可持续社会价值创新也是企业贯彻新发展理念、推动高质量发展的方法论。

正因如此，在阅读此书的过程中，我特别注意到除了腾讯，还有很多企业，无论其规模大小和所在行业，也在过去几年中尝试摸索社会议题的解决之道和社会价值的创新之路，有些企业和腾讯探索相同的领域，也有不少企业涉足新的领域。诸多生态伙伴和企业正在从自身的业务出发，自觉发挥所长参与其中，这将成倍放大社会价值的创新力量。

我期待，这本书能够给更多企业的领导者一点启发，结合企业自身的核心能力去探索可持续解决方案，促成社会价值和商业价值的融合发展。我相信，当越来越多的企业自觉地把"社会"融入产品与服务中时，就会形成可持续社会价值创新的企业协同生态，助力中国乃至全球的可持续发展事业。

郭凯天
腾讯公司高级副总裁
腾讯公益慈善基金会理事长

序言二

可持续社会价值创新是
现代化企业高质量发展的新道路

党的二十届三中全会通过《中共中央关于进一步全面深化改革、推进中国式现代化的决定》，强调高质量发展是全面建设社会主义现代化国家的首要任务。作为现代化经济体系建设的重要市场主体，企业在高水平自立自强、提升产业链现代化水平、推动共同富裕、畅通国民经济循环等重大战略中发挥着引领和支撑作用。企业该如何回答新时代提出的新命题呢？只有实现创新成为第一动力、协调成为内生特点、绿色成为普遍形态、开放成为必由之路、共享成为根本目的的高质量发展，才能推动经济发展的质量变革、效率变革、动力变革。这就需要企业更加明确自己的具体定位和发展使命，立足于中国实际，坚持贯彻新发展理念，有目标、有规划、有战略地探索符合中国国情的高质量发展之路。

企业践行新发展理念离不开与社会共同成长，在新的发展阶段，需要探索市场与社会有机融合的新道路。从社会学的角度来看，企业在发展过程中追求经济价值与兼顾社会价值之间存在一定的矛盾和冲突。一方面，企业要为股东和投资者创造利益。这意味着企业需要不断提高自身的竞争力和市场份额，加大利润的获得。因此，企业在经营过程中可能会忽略一些社会责任和义务，如环保、员工福利、社会公益等。另一方面，现代企业是社会的细胞，社会是孕育企业成长的母体。饮水思源、回报社会，这是现代企业不可推卸的社会责任。如果企业只追求经济价值而忽视社会价值，可能会造成一定的社会问题，如环境污染、资源浪费、社会不公等。这些问题会影响企业的社会形象和声誉，进而影响企业的竞争力和市场份额。

企业追求经济价值与社会价值是可以兼顾的。两者并不是相互排斥的关系，而是相辅相成的。我们欣喜地看到，越来越多的企业已经认识到在创造经济价值的同时更好地兼顾社会价值，不仅能够大大增进社会福祉，更能共享增长红利，实现高质量发展。现代企业正在探索"捐赠行善""义利并举"的发展模式，社会与商业之间的边界逐渐被打破。新时代的企业家不仅可以在商业上表现出色，在致力于探索通过商业的手段、创新的产品与服务来解决社会问题方面，能力也不容小觑。这样的创新举措既在行业生态中发挥示范效应，也对企业社会责任实践方式进行迭代，带动了"商业向善"的时代潮流。

《可持续社会价值创新 36 策》是一本企业如何将社会价值创新落地为具体实践的操作指南。新时代的企业家不应该被动地履行企业社会责任，而是要主动地进行社会价值创造，更要有机结合企业自身的组织优势、伙伴优势、技术优势进行发展模式创新，探索企业与社会共同成长的可持续发展路径。在这本书里，我们能看到企业如何将"可持续社会价值创新"上升到"核心战略"，如何制定可持续社会价值创新战略，如何创建一个支持可持续社会价值创新的公司治理结构，如何建立共益伙伴网络，如何投资可持续社会价值创新项目，如何搭建可持续社会价值创新平台，如何在科技、产品、社会传播中发挥更大的社会价值，等等。

《可持续社会价值创新36策》一书也是对现代企业如何持续创造社会价值的理论提炼。企业作为践行者，要想积极推动可持续社会价值创新，需要在组织内部建立科学的管理制度和激励机制，提高员工的参与度和创新能力，鼓励员工提出可持续的创新方案，推动企业的可持续发展。在产品创新上，企业要研发更符合社会需求和环保要求的产品，推广绿色、低碳、环保的生产方式，为社会提供更加优质、健康、安全的产品和服务。在外部合作上，企业要加强与政府、学术机构、社会组织等合作，共同研究解决社会问题的方案，共同实施可持续发展计划，共同推动社会变革和进步。

企业践行可持续社会价值创新，不仅集中体现了履行责任、敢于担当、服务社会的企业家精神，也是实现高质量发展、加快建设世界一流企业的必然要求。可持续社会价值创新作为社会变革和社会进步的重要推动力，势必成为中国式现代化进程的一部分。希望有更多的企业在推动经济高质量发展的过程中，时刻与社会发展同频共振，积极推动经济、社会和环境的协调发展，提出"中国之治"的企业方案。我期待，越来越多的现代企业能够成为推动创新和创造的生力军，这不仅是为了满足市场需求和提高企业的竞争力，更是为了回应社会的需求和呼声，为持续创造社会价值做出贡献。

杨典

中国社会科学院社会学研究所党委副书记、副所长

第一章

可持续社会价值创新是一种方法论

社会价值仍是我们这个时代的必答题

> "广大民营企业和民营企业家要满怀创业和报国激情，不断提升理想境界，厚植家国情怀，富而思源、富而思进，弘扬企业家精神，专心致志做强做优做大企业，坚定做中国特色社会主义的建设者、中国式现代化的促进者。……要积极履行社会责任，积极构建和谐劳动关系，抓好生态环境保护，力所能及参与公益慈善事业，多向社会奉献爱心。"
>
> ——2025年2月17日习近平总书记在民营企业座谈会上的讲话

一家企业的价值有多大？从财务角度回答这个问题似乎并不困难。一家上市企业的市值是市场根据现有财务指标，对这家企业所能创造利润的总体估算；未上市企业也有一套估值方法，反映它所能创造的经济价值。

但是，一家企业所能创造的价值绝不仅限于经济价值，还应包括社会价值，二者并不是正相关的。虽然一些企业创造的利润可观，但它可能给社会带来负面影响；虽然一些企业不怎么赚钱，但它带来的社会改善却是有目共睹的。后一类最典型的是社会企业，它们天然就以解决社会问题、增进公众福祉为己任，而不是追求自身利润最大化。

然而，与经济价值相比，社会价值的重要性在过去一段时间被很多人忽视了。一些企业往往沉迷于经济价值，忽视了社会价值，在遭受公众质疑、陷入巨大危机之后，才会猛然反省自己做错了什么。事实上，公众也是如此。他们享受企业带来的经济红利，但往往会忽视其他问题；一旦经济红利消失，公众对企业的态度转向不满，社会价值的缺失就显得格外引人注目。

过去几十年里，互联网行业的发展凸显了"'社会价值'的价值"。自1994年4月20日一条64K的国际专线从中国科学院计算机网络中心接入互联网以来，中国互联网已经走过了瑰丽壮阔的30多年，但也产生了一些社会问题。如今，互联网进入平台发展与治理并重的新阶段。按照市场化、法治化、国际化的方针，通过规范、透明、可预期的监管，一方面要打开"绿灯"，发挥资本在促进科技进步、繁荣市场经济、便利民众生活、参与国际竞争方面的积极作用；另一方面要设置"红灯"，防范、化解技术作恶以及技术背后资本无序扩张而引起的系统性风险，促进平台经济平稳健康发展。

不仅是互联网公司面对这样的挑战，实际上，所有的中国企业——不分行业、资本类型和所有制，也不分地域，甚至不分规模——都面临着如何面对社会大变局的问题。所有企业都迎来了设置"红绿灯"的新阶段，必须从社会的基础逻辑出发，思考可持续发展之路。如果放到整个国际形势变化和主要发达国家内部变化的大背景下，这一点则显得更为迫切。重视社会价值，早已成为一个国际性议题。

如果说几十年前，很多公司对CSR（企业社会责任）、ESG（环境、社会和治理）的重视主要是因为"外向型经济"（为了将产品出售到发达国家的市场）的压力，那么到了今天，对社会价值、社会责任、可持续发展的诉求，已经越来越来自"内循环"的推动，越来越多的公司因为内生因素开始重视社会价值。

于是，"企业要创造社会价值"这样一种理念，从来没有像今天这样受重视过，但这并不意味着企业创造社会价值的实践必然会迎来真正的质变。如果企业只是将国家的共同富裕目标、社会对公平正义的期待理解为多做一些"第三次分配"，那这样的社会责任终将失去可持续的内在动力。在大环境变化的情况下，可能又会回到"叫好不叫座"，最终不了了之的"旧赛道"里。

CSR、ESG与产品"两张皮"，持续发展后劲不足，是一直以来存在的"阿喀琉斯之踵"。如何向"业务线"证明自己的价值，如何向"老板"说明自己的意义，如何向"股东"解释自己的产出，一直是很多公司里CSR、ESG研究者，乃至所有"后台部门"的挑战。

企业社会责任看似重要，很多时候却很难成为"一把手"真正关心的核心议题，甚至沦为边缘话题、形象工程、"救火队长"、"漂白渠道"。反过来，业务线也会对"社会责任"抱有选择性的态度。那些容易出产品、帮助完成KPI（关键绩效指标）的社会责任项目能够得到更多的支持；而一些真正关乎企业长期价值的项目，则可能因为得不到足够的支持而被淘汰。短期主义一旦占据上风，企业社会责任也就成为一种变相的公关或营销了。那么如何进行破解呢？

2 从 CSR 到 CBS

> "'CBS三位一体'强调服务用户（Customer）、产业（Business），再到社会（Society），最终指向为社会创造价值。对可持续社会价值的投入，就像我们投入研发一样重要，表面看是成本，实质是巩固了企业发展的底座。这就像百年成林的大榕树，在社会的土壤里，创造可持续社会价值的根扎得越深，长在上面的用户价值和产业价值就越发枝繁叶茂。
>
> 'CBS'三者相辅相成、三位一体。我相信，对内关心员工，对外关心用户、客户和社会，是可以构建信任网络与共生关系的。你付诸真心与行动，社会也必回馈善意与信任，CBS因此可以互相反哺、融合共生。"
>
> ——腾讯公司董事会主席兼首席执行官马化腾

以上是马化腾在腾讯SSV 2022年年刊《关心》里分享给内部员工的思考。在2023年年刊《生长》中，他再次提及："这是产品服务社会的实践，也是通过社会需求塑造更好的产品的过程。

这个过程使产品生长出新的应用场景、新的功能与生态，最终促进了产品与社会、企业与社会更加紧密的共生发展。"这种关于"用户、产业、社会三位一体"的提法和诠释值得关注。马化腾认为这种变化是社会、经济、文化和技术发展带来的，因为越来越多的行业开始数字化、智能化转型，越来越多的老人、孩子和残障群体加入数字世界，互联网服务的主要对象从用户（C）发展到产业（B），现在变成了社会（S）。CBS的关系是三位一体、相辅相成的。

真正把社会（S）融入对产业（B）与用户（C）的服务当中，才是解决痛点的正确做法。CBS是一种倡导将"社会"真正融入产品当中的管理哲学。这个道理看似很简单，但做起来却不容易。

首先，"社会"是什么，这个问题非常广泛，很难找到一个有力的抓手。这也是为什么在ESG三要素中，大多数的投资分析认为环境要素"E"最火爆，而社会要素"S"却总让人觉得差点火候，是最难分析和嵌入投资策略的领域。

其次，虽然关于社会规范、伦理、正义已经有数不清的理念，但是如何把这些宣言和原则真正转化为"代码"，从而能够在技术层面解决社会痛点，仍然存在着各种制度性、技术性障碍。

最后，商业模式也不成熟。许多应用于社会领域的产品和服务，投入周期长、风险大、收益慢、用户体验差，主要依靠政府购买服务。

因此，CBS呼唤的是一种商业模式的创新、一种社会生态的创建，甚至一种新的科技文明的创造。许多商业模式之所以成功，是因为解决了一个社会痛点，这一点毋庸置疑。企业需要摒弃过去那种将"商业"与"公益"二元对立的陈旧思维，倡导"仰望星空、脚踏实地"的行动风格。"跨界"是实现 CBS 的技术路径。社会、经济、文化和技术发展带来的需求上的变化，让跨界创新成为蓝海。

企业社会创新是一场"跨界实验"

"企业社会创新"本身就是一场"跨界实验"，需要从企业自我管理变革，走向与政府、社会的共同发展。社会创新（Social Innovation）作为创新管理研究中的新兴领域，近年受到学界的高度关注。社会创新是一种旨在解决复杂的社会问题并创造系统性变革的新服务或新产品的过程。这里的"社会"其实有两层含义，一是在对象上针对"社会"议题；二是在方法上与实验室里的科研创新不同，"社会创新"更加强调"社会参与"以及自下而上的集体协作，它是一种典型的"社会实验"。

所谓企业社会创新，就是企业利用核心优势，用创新的产品、服务、模式解决社会问题，增进公众福祉。在这个过程中，企业不仅需要处理内部的社会关系，更需要处理外部的社会关系。一项成功的社会创新会让企业的社会价值得到体现：消费者有反馈，企业可以获得巨大回报；公众的评价非常正面，这更能帮助企业降低风险和成本。这才是一个可持续、可造血的过程，是企业基业长青的保障。

然而，只有技术路径是不够的。CBS 的落地，需要公司进行一场自我治理的革命以及一场顶层设计的革命。这正是可持续社会价值创新的首要任务。可持续社会价值创新的英文是"Sustainable Social Value Innovation"，缩写为"SSVI"。跨界的前景虽然诱人，但风险也大。其实很多公司里不是没有跨界的人才，甚至不乏一些很好的小团队。但在追求流量、投资回报、股东利益的文化里，这些"边缘人"很难获得足够的支持，甚至很容易被淘汰。

一个真正追求长期社会价值的公司，不仅会有明确的社会目标，提出站在人类发展福祉高度上的愿景，更重要的是知道如何创建一个支持可持续社会价值创新的公司治理结构，将这些实验性质的小团队融入公司的核心业务流程中，满足共益伙伴和公众的诉求，创造可持续的社会价值。在我们这个时代，学会如何花钱有时候比盘算如何赚钱更重要。

点亮"社会树"：AI 时代更需要社会创新

当人类从信息社会、网络社会、数字社会向智能社会（数智社会）转变时，科技与社会的关系也在发生明显的变化。我们正在从光鲜的"苹果时刻"进入看上去有点褶皱的"萝卜时刻"：从移动互联网时代苹果发布产品时万众欢呼的技术进步主义，到智能时代"萝卜快跑"引发社会对人工智能不同的技术反思，科技界在讨论我们该点亮什么样的"技术树",才能在竞争中立于不败之地。而我和我的团队想补充的是,点亮什么样的"社会树"直接关系到"技术树"的发展路径。科学技术何以推动人类的解放而不是导致异化,仍然是我们这个时代不得不面对的核心议题。

到了 AI 时代,社会既是"发动机",也是"护城河"。

当社会是"发动机"时,我们应该高度重视社会场景可能蕴含的巨大的生产力解放。尤其是生成式人工智能的主要应用场景无一不是直接面对"社会",而当前所谓"Killer APP"(杀手级应用程序)的缺失,恰恰是缺乏社会创新的表现。智能技术应用于社会领域的场景看似"丰富",实则"有限"。例如,尽管已有上千款辅助医疗相关的人工智能产品问世,但这些产品集中于手术机器人、应急调度和在线问诊等偏工具的类别;相反,在老龄化需求更为迫切之际,如何开发满足老年人日常需求的适用产品和服务却相对滞后。"社会标签"和"社会情境"的缺失,不仅会导致商业产品同质化严重,更有可能因为对性别、宗教、民族、文化、法律等重要因素考量不足,造成技术赋能社会发展的不可持续性。考虑到长周期、高风险、慢收益以及政策支持较少,一些企业进行相关研发和市场布局时顾虑较多,这进一步加剧了商业开发难度;而那些在解决社会议题上真正做出创新的企业,则更有可能获得意想不到的回报。

当社会是"护城河"时,促进人工智能发展已成定策,但社会的反向运动也值得关注。随着新型技术的加速发展,社会主体运用和改造技术的能力本已在一定程度上落后于技术创新的速度,"虚拟交互""脑机接口""个性化定制 GPT(生成式预训练变换器)""机器人友伴"等概念和场景的落地,更加剧了人们对于技术带来人类主体性丧失和认知能力下降的恐惧。生成式人工智能横空出世,使全球范围内掀起了新一轮对数字技术的批判浪潮,"脑力劳动者"被替代、"无用阶级"、技术的"平庸之恶"、隐蔽的算法歧视和隐私风险加剧等话题,也在全球引发了热烈讨论,对此人们既兴奋又焦虑。这些对发展新质生产力、鼓励科技创新场景应用构成了一定的挑战。"管电"还是"管电灯泡",直接关系到科技发展"技术树"与社会公平"社会树"之间的平衡。

在过去的两年里,我和我的团队一直在倡导社会创新与科技创新齐头并进的理念。我们甚至将这个理念比喻成一种类似"独角兽"的动物——"座头鲸"。在我们看来,这种"巨兽"虽然稀有,但代表了一个美好的愿景,那就是诞生更多社会价值估值在 10 亿美元以上的创新型企业,形成科技创新与社会创新齐头并进的生态。正如公司通过持续的科技创新创造经济价值一样,科技公司也可以实现社会创新,使公司的社会价值滚动变大。

让科技创新与社会创新齐头并进,需要正确认识科技与社会的关系。我们曾经提出一个 TSR 模型:"T"指"Technology"(科技),"S"指"Society"(社会),"R"指"Responsibility"(责任)。TSR 模型将社会价值理解为科技矩阵与社会矩阵的张量积,受到社会责任矩阵的调整。社会价值是科技矩阵与社会矩阵交互作用的结果。以这个理念为基础,我们提出以下公式:

$$社会价值 = (科技矩阵) \underset{(责任)}{\overset{\otimes}{\longleftrightarrow}} (社会矩阵)$$

$$= \begin{pmatrix} 技术基础 \\ 系统创新 \end{pmatrix} \underset{\begin{pmatrix}使命\\执行\\风控\\传播\end{pmatrix}}{\overset{\otimes}{\longleftrightarrow}} \begin{pmatrix} 社会结构 \\ 社会心态 \end{pmatrix}$$

（1）科技矩阵由技术基础和系统创新两大截面构成。

（2）社会矩阵由社会结构和社会心态两大截面构成。社会结构截面包含多元、协作、赋能三个维度，社会心态截面包含体验、信任、规则三个维度。

事实上，科技创新与社会创新就好比推动经济高质量发展的两个引擎（见图1-1）。科技创新让我们面对"星辰大海"，解决那些"卡脖子"的技术和理论问题，创造更多的"增量"；社会创新让我们回看下沉底座，解决那些"闹肚子"的社会痛点，激活更多的"存量"。为此，需要更多地呼吁社会科学与自然科学的融合，培养更多的"社计师"，把更多的"社会情境"写入代码与产品设计当中。

在人类进入所谓"AI时代"的今天，社会创新的重要性在上升而不是下降。与尼古拉斯·尼葛洛庞帝、马歇尔·麦克卢汉并称"数字时代三大思想家"的乔治·吉尔德在接受采访时说过，"理想的社会释放民众创造力"；党的二十届三中全会指出要"进一步解放和发展社会生产力、激发和增强社会活力"；前者与科技创新有关，后者则需要企业直面社会创新。

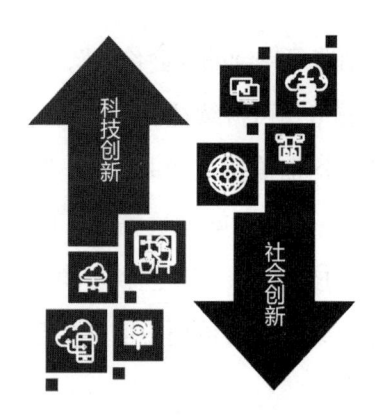

图 1-1　科技创新与社会创新就好比推动经济高质量发展的两个引擎

腾讯 SSV 给我们带来了什么？

从 2021 年 4 月起，腾讯宣布启动战略升级，提出"推动可持续社会价值创新"战略，先后投入两个 500 亿元。第一个 500 亿元投入基础科学、教育创新、乡村振兴、碳中和、FEW、社会应急、养老科技和公益数字化等领域，展开系统探索；第二个 500 亿元聚焦低收入群体增收、完善医疗救助、促进乡村经济增效、资助普惠教育等民生领域，助力共同富裕。

腾讯虽然在 2021 年提出"可持续社会价值创新"，但从它提出"科技向善"的脉络可以看出，这样的主张是企业发展的必然结果。腾讯是对国内公众触达率最高的互联网科技公司之一，在企业社会责任领域，腾讯的思考一直非常深刻，因而具有典型性。2018 年它提出"科技向善"，将其提升至企业愿景及使命的高度。

今天，腾讯提出"创造可持续的社会价值"，表明这家企业在社会领域有了更深入的思考。可持续社会价值创新是基于多重制度逻辑共生融合而打造的均衡价值主张。目前，腾讯官方对可持续社会价值创新的定义是："针对新发展格局下的重大议题，以科技向善为使命，通过科技创新、产品创新、模式创新，探索高质量、可持续的实现路径，共享社会价值、增进社会福祉，并以此为组织发展的首要目标。"

这意味着不论是服务用户，还是服务客户，腾讯都要以可持续社会价值创新为方向，以增进更大的社会福祉为目标。所有核心业务都应当把这样的理念融入发展规划中，持续创新、科技向善。业务的最终目标应服务于社会价值，在这一过程中产生的商业价值，则是衡量社会价值是否可以长期自循环的指标。

从非官方的解读来看，可持续社会价值创新由3个要素构成："可持续""社会价值""创新"。这3个要素可以进一步阐述如下。

"可持续"指的是公司发展的持续性和目标实现的阶段性。要想打造百年企业，就必须使创造社会价值这一目标可以长期运转，而不是像捐款一样给予一次性帮助。

"社会价值"不同于传统商业的最终目标是创造更多的利润，它的最终结果与目标是为整个社会创造更高的价值。

"创新"在这里的意义是要更多地创造新的产品和模式，而不是重复照搬商业领域或公益领域的既定套路。对科技企业而言，"环境友好、公平薪酬、扶危济困、公益慈善"等传统企业的社会创新之举固然重要，但抑制平台本身的负外部性、平衡平台与公众的关系，应当成为互联网企业社会创新中的重要环节，这些都不是传统公益擅长解决的问题。

在我们看来，可持续社会价值创新是一种方法论。企业在经济上高质量发展和在社会上创造价值，必须走可持续社会价值创新之路。可持续社会价值创新也是企业推动共同富裕的方法论。可持续社会价值创新的本质，是一场从自我价值到社会价值的创新。社会价值创新是在商业利益和社会效益上取得良好平衡的"社会事业"（social purpose business）。

3 这是一本什么书？

> "敢于冒险的人需要支持者，好的想法需要布道者，被遗忘的群体需要倡导者。"
>
> ——微软公司创始人比尔·盖茨

在过去四年多的时间里，我和我的团队一直在与腾讯SSV的各个部门合作。我们在观察和思考，甚至有时候参与对可持续社会价值创新具体问题的设计。在此期间，我们也接触了很多其他公司。它们来自各行各业，但都有一个特点，那就是对"社会价值"充满了好奇，希望做出新的贡献，甚至走出新的道路。

在与这些公司交流的过程中，我们常常举腾讯SSV的例子。腾讯抓住了企业社会创新的机遇，成为国际社会创新浪潮中的"弄潮儿"——通过调整内部组织结构，成立了SSV这个平台。腾讯SSV选准了几个关键的方向，既有市场潜力，同时又能解决众多紧要的社会问题，比如基础研究、碳中和、乡村振兴、教育公平化、健康普惠、社会应急等，还在实现共同富裕等关键议题上成为领跑者。当然，仅仅有这些是不够的，腾讯一直在思考、迭代、进步。它作为一家在国内乃至国际上体量巨大的公司，做出如此"大动作"，从提出创立SSV起就吸引了无数人的目光，注定成为业内讨论的对象。在对企业、社会、国家甚至人类命运的思考方面，欧美企业界起步比较早。这一次，腾讯作为中国科技企业的代表，有望引领思想潮流，给中国企业界甚至全球企业界的"义利观"带来重大启发。

基于此，一个念头在我的脑海中产生：为什么不写一本书呢？以腾讯的故事为素材，总结企业社会创新之路，更重要的是给众多像腾讯一样的科技企业或者像它一样追求可持续社会价值创新的公司一个工具箱。

我想写一本"四有新书"，它包括4个目标。第一，有理论：给"可持续社会价值创新"下一个定义，提供一个可分析的理论框架；第二，有故事：以腾讯和其他优秀的企业为例，有人物、访谈、案例和衍生产品；第三，有工具：成为使用指南，帮助企业高层建立可持续社会价值创新部门、项目、产品甚至业务线；第四，有评估：帮助企业高层进行自我评估，同时也有助于第三方进行评估。

6 条标准与 3 条路径

我在《寻找"座头鲸"：中国企业是如何进行社会创新的？》

一书里讲过，成功的企业社会创新有 6 条标准。前 4 条是向内的功夫，后 2 条是向外的功夫。

（1）老板工程：企业高层管理层的强烈支持和承诺。

（2）社会使命：要有明确的共同目标，提出站在人类发展与福祉高度上的愿景。

（3）模式创新：融入公司的核心业务流程。

（4）治理结构：逐步创建一个支持社会创新的公司治理结构。

（5）共益伙伴：明确和满足合作伙伴的共同利益诉求。

（6）规模扩张：寻找实现规模化的成功模式，在扩张的过程中防止"使命漂移"。

结合科技公司的特性，这 6 条标准可以进一步归纳为 3 个特点，也是可持续社会价值创新的 3 条路径。

（1）技术平台+：强调利用数字技术和平台优势，实践可持续社会价值创新。

（2）企业治理+：强调联动公司各个产品和业务，相互支撑、分兵合力。

（3）跨界联盟+：强调组建跨界、跨部门的团队，激发各方所长。

"可持续社会价值创新"的 3 个要素，分别对应着 3 种不同的价值创造（见图 1-2）。

```
                    可持续社会价值创新
          ┌───────────────┼───────────────┐
        "可持续"          "社会价值"         "创新"
       ┌────────┐       ┌────────┐       ┌────────┐
       │ 自我价值 │       │ 协同价值 │       │ 创新价值 │
       ├────────┤       ├────────┤       ├────────┤
       │·公司治理│       │·政府合作│       │·科技创新│
       │·员工权益│       │·国际合作│       │·社会创新│
       │·环保举措│       │·商业伙伴│       │·机制创新│
       │·社会责任│       │·社会组织│       │·产品创新│
       │·企业文化│       │·文化媒体│       │·人才创新│
       └────────┘       └────────┘       └────────┘
```

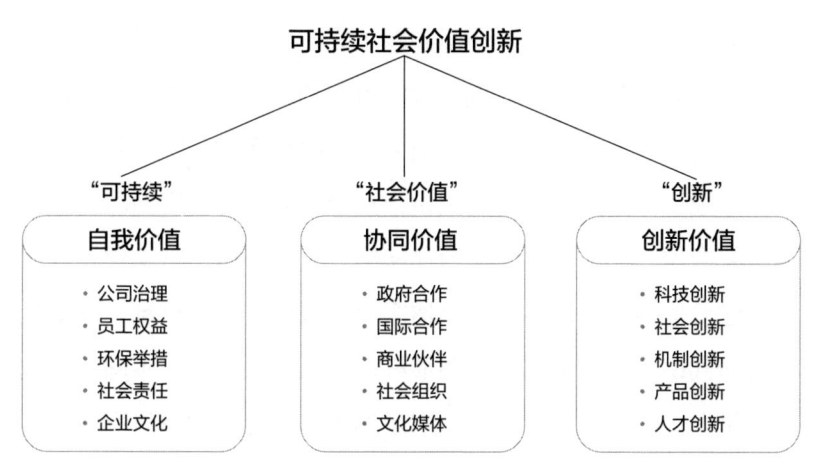

图 1-2　可持续社会价值创新的 3 个要素

（1）"可持续"——自我价值

公司治理，指改善公司组织结构；员工权益，指保障平等就业机会、消除歧视性待遇、落实合理薪酬与职业安全保障等；环保举措，指关注环境恶化及气候问题；社会责任，指将社会价值的创造与共享融入整个业务体系之中；企业文化，指实现公司可持续发展、设置长远目标。有限度的商业化支撑，将这一概念与传统的、纯粹的公益和慈善区分开来。商业要素在这里是作为一种可持续模式出现的，它的意义是使创造社会价值这一目标可以长期运转，而不是像捐款那样提供一次性帮助。

（2）"社会价值"——协同价值

政府合作是指企业能够通过社会价值创新更好地完成社会治

理任务；国际合作通过对国际问题（比如环保、人权、医疗问题等）的社会价值创新，实现与国际组织和部门的合作；商业伙伴是指从简单的慈善模式走向企业内生性的自我成长，与其他商业伙伴形成合作网络；社会组织是指从企业基金会发展到与其他社会组织合作，形成社会组织合作网络；文化媒体指与文化和媒体界构建价值传播共同体，通过透明信息披露和对话机制，驱动社会创新共识与可持续实践。在最终的结果与目标上，不同于传统商业是为了创造更多的利润，它是为了整个社会创造更高的价值。

（3）"创新"——创新价值

创新常常被认为是一种"创造性破坏"。在经济学家熊彼特看来，创新是打破经济发展循环周期、创造经济增长的根源。在新质生产力成为经济高质量发展强劲推动力的今天，科技创新的重要意义不言自明。可是如果认为技术进步能摧枯拉朽一般解决一切障碍，则不免陷入了"技术决定论"的陷阱。生产力的发展一定需要相应的生产关系来支撑，因此，科技进步需要夯实社会基础。具体到互联网企业，一方面，科技创新需要社会创新来构筑护城河；另一方面，社会创新为互联网技术的创新应用拓展了更大空间。推进中国式现代化的核心就是要抓好这两个创新，通过科技创新发展新质生产力，通过社会创新优化生产关系。"科技向善"正是调节新质生产力和新型生产关系的一个途径。正如腾讯倡导"科技向善"那样，"科技是一种能力，向善是一种选择"。虽然很多企业日益意识到科技向善的重要性，却对如何抵达彼岸感到茫然。

基于此，我们将全书的主体框架分为3组关键价值：组织变革与自我价值、共益伙伴与协同价值、科技向善与创新价值。在每组价值里，我们列举12个相对应的问题，在此基础上汇总企业可持续社会价值创新36策（见表1-1）。

表1-1 企业可持续社会价值创新36策

组织变革与自我价值12策	高层决策：如何让企业高层真正重视社会价值？	1. 为什么企业高层要重视可持续社会价值创新？
		2. 如何让可持续社会价值创新成为企业核心战略？
		3. 如何让可持续社会价值创新成为企业高层共识？
	战略升级：如何将可持续社会价值创新融入企业的使命？	4. 为什么要将可持续社会价值创新融入企业的使命？
		5. 将可持续社会价值创新融入企业的使命要遵循哪些关键原则？
		6. 将可持续社会价值创新融入企业的使命要经过哪些主要步骤？
	模式创新：如何将可持续社会价值创新融入企业的核心业务流程？	7. 如何确定可持续社会价值创新的优先策略领域？
		8. 如何打造可持续社会价值创新的"钱袋子"？
		9. 如何找到对的人、做成对的事？
	治理创新：如何创建一个支持可持续社会价值创新的公司治理结构？	10. 为什么要有一个牵头负责的部门？
		11. 如何实现上下一心？
		12. 怎样促进跨部门协作？
共益伙伴与协同价值12策	可持续社会价值创新前：如何选择和动员共益伙伴？	13. 如何选择待解决的社会问题？

第一章 可持续社会价值创新是一种方法论

（续表）

共益伙伴与协同价值12策	可持续社会价值创新前：如何选择和动员共益伙伴？	14. 如何将可持续社会价值创新与政府的需求耦合在一起？
		15. 如何选择共益伙伴？
		16. 如何动员和协调共益伙伴？
		17. 如何确定共益伙伴参与的次序和程度？
	可持续社会价值创新中：如何协同共益伙伴？	18. 如何与合作者在价值上达成共识？
		19. 如何跟进合作项目的执行与发展？
		20. 如何提升合作伙伴的执行力？
		21. 如何复制和推广项目成果？
	可持续社会价值创新后：如何与共益伙伴实现可持续社会价值创新？	22. 如何与共益伙伴分配利益和资源？
		23. 如何与共益伙伴避免科技负外部性？
		24. 如何传播可持续社会价值创新的效用？
科技向善与创新价值12策	科技研发阶段：如何保障科技创新进行可持续社会价值创新？	25. 如何提升科技资源的整合能力？
		26. 如何促进人才的开放式协作？
		27. 如何在科技研发中进行风险防范与管理？
	数字化产品与服务阶段：如何提升科技产品的社会价值创造能力？	28. "科技善品"的目标与原则有哪些？
		29. 如何敏锐地捕捉社会痛点？
		30. 如何负责任地设计"科技善品"？
	应用扩散与共享阶段：如何拓展科技创造社会价值的应用范围？	31. "科技向善"如何做到内部引领协同？
		32. 如何让科技赋能共益伙伴？
		33. 如何共建"科技向善"的社会生态？
	社会化应用与反馈阶段：如何让科技应用通过社会大众的时空检验？	34. 如何让科技更好地聆听社会反馈？
		35. 如何建立并完善"科技向善"的社会评价体系？
		36. 如何应对科技负外部性，及时寻求共识与解决方案？

可持续社会价值创新 36 策概述

组织变革与自我价值 12 策

企业追求社会价值创新是组织变革的驱动力之一。如何变革才能更好地实现组织的社会价值呢？以下从 4 个层面总结答案为：①将可持续社会价值创新融入企业高层决策，成为企业的核心战略；②将可持续社会价值创新融入企业的使命，成为战略升级的引擎；③将可持续社会价值创新融入企业的核心业务流程，落实可持续的社会价值创新；④将可持续社会价值创新融入组织架构，成为组织保障。

具体而言，每个层面主要解答：如何让企业高层真正重视社会价值，如何将可持续社会价值创新融入企业的使命，如何将可持续社会价值创新融入企业的核心业务流程，以及如何创建一个支持可持续社会价值创新的公司治理结构。

一、高层决策

这里回答 3 个问题：为什么企业高层要重视可持续社会价值创新，如何让可持续社会价值创新成为企业核心战略，以及如何达成企业高层共识。

第一，可持续社会价值创新最关键的一步是得到企业高层的重视和支持，确保其权威性和合法性。因为可持续社会价值创新需要企业把经济资源转移到对社会更有益的领域，用于社会价值的创造和创新。

第二，从决策角度而言，注意力代表着决策者对特定事务的关注程度。在多重约束下，决策者的注意力被视为一种稀缺资源。因此，要想让可持续社会价值创新成为企业核心战略，就要关注"问题触发"和"偏好驱动"这两个影响注意力分配的关键因素。直接发起对话以及组织公开活动并尽量获得企业高层支持，是成功触发问题的方式。

第三，让可持续社会价值创新成为企业高层共识的4个步骤：①企业的关键决策者需要在小范围内达成共识；②适度扩大范围，广泛听取意见，特别是相关部门负责人的建议；③通过反复讨论达成阶段性共识；④在落实过程中不断深化共识。当然，企业高层达成共识不是一蹴而就的，而是需要耐心和时间，更需要方法和技巧。

二、战略升级

这里回答3个问题：为什么要将可持续社会价值创新融入企业的使命，可持续社会价值创新融入企业的使命要遵循哪些关键原则以及经过哪些主要步骤。

第一，企业的经济目标和社会使命是辩证统一的。企业发展到一定阶段，无法回避的一个问题就是企业存在的目的和员工工作的目的，答案不能只是为了生存和追逐利润，必须有更高的社会价值追求。创造可持续社会价值的规模可能有大有小，但都应该将社会价值创新视为立足之本，主动承担社会责任，让社会价值创新成为一个持续的过程。

第二，企业的使命表明一个企业的战略方向和优先级排序，这是对组织动力和资源分配问题的回应，必须与每个企业自身的特性相结合。将可持续社会价值创新融入企业的使命，需要遵循内生、开放、共创3个主要原则。

第三，将可持续社会价值创新融入企业的使命需要经历4个主要步骤，即战略定调、组织架构调整、行动策略分解和持续的全员沟通。

三、模式创新

这里回答3个问题，即如何确定可持续社会价值创新的优先策略领域，如何打造可持续社会价值创新的"钱袋子"，以及如何找到对的人、做成对的事。

第一，企业需要识别和遴选战略优先事项，也就是甄别那些最重要、最有决定意义的问题。在确定优先策略的过程中，要把握3个原则。一是保持数量适中，优先事项的确定意味着精力和资源的集中投入，太多显然不好，但太少也可能出问题；二是识别关键优势，可以通过这种方法来确定最重要的行动，找到"人无我有，人有我优"的那些关键要素；三是提供清晰和具体的指引文件，让企业的高管和员工作为参考，成为自己工作中先后次序的"指南针"。

第二，社会价值创新需要资金、人力、资源的密集投入。企业做社会价值创新的资金池，从来源上讲，主要是由3个部分组成的：一是来自企业利润，二是来自社会创新项目的自身收入，三是撬动合作伙伴的资金投入。

第三，确定了优先策略领域，解决好资金问题，接下来的关键就是找到能够做成事的人。通过"活水计划"发动内部员工参与或者招募新员工都是找到成事者的方式。奉献、务实、自驱精神是衡量成事者的标准。首先，目前社会价值创新领域尚没有一个成熟的市场认可机制，相对于商业领域，其回报率较低或难以预测，没有奉献精神的人是很难真正坚持住的。其次，社会价值创新需要仰望星空的想象力，但更需要脚踏实地，从一线出发和推进。所以，没有务实精神的人，很难找到真正的解决方案。再次，社会价值创新的衡量标准有多个维度，有深有浅、有虚有实、有大有小，所以没有自驱精神的人很容易浅尝辄止，无法深入问题的实质。最后，提前设计好相关的淘汰机制，通过定期复盘和回顾，及时做好相关岗位的人员调整工作。

四、治理创新

这里回答3个问题：为什么要有一个牵头负责的部门，如何实现上下一心，以及怎样促进跨部门协作。

第一，公司治理结构是指一整套关于公司的组织体系以及各个组织结构的权力义务的制度安排，是决策层和执行层的有机结合，决定了企业为谁服务、由谁控制以及风险和利益如何分配等一系列根本性问题。只有将可持续社会价值创新嵌入公司治理结构，才能实现制度化和规范化。治理创新的第一责任人是公司的创始人和核心高管，他们的认知水平和价值导向将发挥关键性、决定性作用。对大多数企业来说，相比于商业价值，企业的社会价值似乎属于可选动作而不是必选动作，将可持续社会价值创新嵌入公司治理结构，是向前迈出的实质性的一大步，是自我加压和主动变革，这样的企业发展空间巨大，但也充满挑战。

第二，做好内部宣传工作，是实现内部共情、上下一心的关键步骤。宣传策略需要做到"内外有别"。首先，在内容上侧重员工比较关心的内容：这是一个什么样的部门？这个部门成立之后，"我"能不能加入？这个部门需要一些什么样的人？这些问题都是员工比较关注的，需要予以回应。其次，对内稿件在措辞上要更务实、更直接。如果把可持续社会价值创新表述得过于宏大，在实际中可能起到反作用。

第三，跨部门协作的有效实现需要 4 个步骤：①设立明确的牵头部门，牵头部门应主动承担起协调和沟通的责任，既不要唱"独角戏"，也不要搞"一家独大"；②寻找最大公约数，要秉持互惠互利的原则，寻找各个部门之间合作的利益基点；③避免为了协作而协作，所有的协作都是根据项目本身的目标需要，去寻找不同业务部门之间合作的价值点；④协作机制常态化，设计好内部结算机制。牵头部门如果是一个没钱、没人、没资源的部门，那就没办法拉动业务部门一起做事。但可以通过内部业务结算的方式，由牵头部门承担业务部门需要的相关人力。

共益伙伴与协同价值 12 策

企业作为社会组织无法做到所有资源自给自足，而是需要依赖外部环境，通过组织间的协同配合实现组织效率最大化的目标。因此，社会价值创新并非完全由企业自己来承担，而是需要一个生态圈，如同经济价值的创造需要产业链中的"小伙伴们"协同配合一样。参考"共益企业"的定义，我们把社会价值创造中的"小伙伴"叫作"共益伙伴"，它们包括但不限于政府、社会企业、商业伙伴、科研机构、公益组织等。

在这一部分，我们将从如何选择和动员共益伙伴、如何协同共益伙伴、如何与共益伙伴实现可持续社会价值创新 3 个方面，介绍企业如何在可持续社会价值创新的前、中、后 3 个阶段实现协同价值。

一、可持续社会价值创新前

在可持续社会价值创新前，围绕如何选择和动员共益伙伴，企业需要回答 5 个问题：一是企业如何选择待解决的社会问题，作为自己创造社会价值的发力点；二是企业如何将可持续社会价值创新与政府的需求耦合在一起；三是企业如何选择共益伙伴；四是企业如何动员和协调共益伙伴；五是企业如何确定共益伙伴参与的次序和程度。针对这 5 个问题的核心要点如下。

企业需要根据自身的核心资源和优势，结合解决社会问题的方式，从两个方面来选择待解决的社会问题。政府是社会治理的主导力量，企业需要谨记坚守自身的协同和配合作用，将其贯穿可持续社会价值创新完整的 3 个阶段，做到"不缺位、做到位、不越位"。同时，企业需要将可持续社会价值创新融入政府治理体系，通过这种方式来获得政府的支持。当然，企业在创造社会价值的过程中难免会受到政府以及社会各界的质疑。因此，企业一方面需要借助外部专家、学者以及团队的力量帮助解决合法性和科学性方面的质疑，另一方面需要不断与政府沟通，帮助其充分了解企业创造社会价值的初心、方案和计划等内容。

专业和志趣相投是企业选择共益伙伴的重要指标。其中，"专业"既指专业知识和技能，又包括配套的体制机制，比如组织网络、制度规则等。"志趣相投"主要表现在共益伙伴在价值观、做事动机、工作方式以及方法层面与企业的一致性。在某种情形下，志趣相投决定了合作后工作的顺利开展以及在发生问题和冲突时的反应，最终事关可持续社会价值创新项目的成败。

寻找利益最大公约数是企业动员共益伙伴最有效的方式。企业一方面要评估和管理共益伙伴显而易见的利益和诉求，促使彼此之间利益一致；另一方面要积极挖掘潜在的利益点，拉动与共益伙伴的合作。共益伙伴的参与次序由项目进展、工作需求以及企业结识合作者的时机决定，参与的深度和广度则由彼此之间的价值观、熟悉程度、信任程度，以及共益伙伴的专业程度和可替代性决定。

二、可持续社会价值创新中

在可持续社会价值创新中,企业需要围绕如何协同和提升共益伙伴的行为和能力,回答4个问题:一是如何与合作者在价值上达成共识;二是如何跟进合作项目的执行与发展;三是如何提升合作伙伴的执行力;四是如何复制和推广项目成果。针对这4个问题的核心要点如下。

第一,可持续社会价值创新需要依赖集体智慧,因此企业与共益伙伴的关系并非商业合作中甲方与乙方的关系,而是基于价值观、信任、协商共创的伙伴关系。如前文所述,首先,企业需要选择价值观、利益和目标一致的"小伙伴",找到共同的价值基座,寻找共享、共赢的连接点;其次,与商业合作关系不同,企业与共益伙伴在社会价值创新项目中是平等、协商、共创的合作伙伴关系,需要在长期合作中深入了解共益伙伴;最后,企业与共益伙伴并非以营利为目的,而是一起持续地"做好事"。

第二,企业需要根据共益伙伴的规模和发展程度,从组织结构、培训、监督等方面建立管理机制。具体而言,首先,企业需要全程参与,在过程中监督和反馈;其次,企业需要将项目的内容和流程标准化,并通过培训的方式减少执行过程中的行为偏差;最后,企业应该放权给共益伙伴,在具体的执行过程中不参与共益伙伴自身组织网络的监督和管理。

第三,培训、数字技术和适度竞争是企业提升共益伙伴执行力的主要方式。首先,共益伙伴的专业化程度不同,为了确保项目的质量和效果,企业需要通过培训的方式提升共益伙伴的执行能力；其次，企业和共益伙伴在社会价值创新过程中积累的成果，可以通过小程序、应用软件等数字技术沉淀，进而降低其他共益伙伴参与创造社会价值的门槛；最后，企业与部分共益伙伴的合作基于战略视角，这类"小伙伴"的利益和动机与企业相左，企业需要适当地引入竞争机制，引导和提升它们的执行能力。

人才、制度和技术是企业推广和复制经验的三把钥匙。培养与汇聚将社会愿景融入技术研发流程的"社计师"，是可持续社会价值创新的深层动力。项目组织结构、运营逻辑、流程设计等内容的标准化和制度化，能够为创新过程中的经验和教训提供载体，进而便于积累、迭代和传播。同样，以数字技术为基础，将创新成果数据化、工具化、产品化，赋能更多的共益伙伴，将有助于降低项目推广和扩散的难度和阻力。

三、可持续社会价值创新后

在可持续社会价值创新后，企业还面临3个问题：一是如何与共益伙伴分配利益和资源；二是如何避免科技负外部性；三是如何对可持续社会价值创新的效用进行有效传播。针对这3个问题的核心要点如下。

首先，社会问题通常需要多方协作来解决，因此社会价值往往是共益伙伴创造的，从某种角度来说，社会价值也具有共享属性。其中的商业价值或者经济价值，可以在协作共创初期与各方制定好分配机制，甚至对非经济价值的分配，诸如新思路、新发展模式、新组织形式等，在不违背商业原则和企业自身利益的前提下统筹兼顾，秉持效率优先原则，并以解决社会问题为最终目的。

其次，企业和共益伙伴会寻找实现规模化的成功模式，在此过程中要避免使命漂移。互联网企业通常运用数字化手段创造社会价值，在解决社会问题时不可避免会遭遇数字化技术带来的负面效应，诸如数据隐私、算法歧视、抢夺劳动力等问题。一方面，企业和共益伙伴要更多地与社会交互，借助外部专家，从更客观的社会角度对技术进行评估和前瞻，理解社会对具体产品"善"的界定和期待；另一方面，企业也要提高数字素养的普及率，鼓励共益伙伴在社会价值创新过程中向正面结果发展，避免负面结果。

最后，对社会价值的效应进行有效传播，唤起利益相关者和受众正确、全面地了解企业行为，从而有助于社会价值创新的整体收益和可持续发展。这需要企业提前布局，注重在传播策略上与国家战略方向一致，并与社会文化环境相互适应。在传播操作层面，要考虑企业内部和外部两方面的连接性。在社交媒体发达的当下，企业内部的信息可以快速地传播到外部，因此企业内部需要做好多部门的资源整合，利用新的传播媒介和形式，更自然地对外输出社会价值。而与外部利益相关者和受众的连接，不仅限于罗列相关社会问题的解决之道，还要追求极致的内容，打造可以体现企业"深度"与"温度"的品牌故事。需要注意的是，传播过程绝不是要"说好话、摆成绩"，而是通过各种平台与渠道建立全盘的传播机制，以此阐述企业故事与长期战略目标，通过叙事的力量激发一个更好的世界，由"传播价值"实现"价值传播"。

科技向善与创新价值 12 策

企业进行可持续社会价值创新,需要结合自身的核心能力。对于具有数字技术和平台优势的科技公司而言,如何利用优势进行社会价值的可持续创造,不仅需要关注技术创新与应用的绩效、利润、收益等经济价值议题,而且需要关注科技的社会价值创新过程,在科技创新与应用的目的、对象、方式等方面关注"社会性"需要。所以,科技企业在科技研发、技术产品设计以及社会应用及扩散的过程和结果层面,都应具有创造社会价值的意识,能够满足社会需求,解决社会问题,并且创造性产生新的社会关系或者共益机制(产品、服务、模式等)。

这一部分从企业作为科技实践主体的角度,在科技研发、产品设计、技术扩散与社会化应用的不同阶段,探索可持续社会价值创新的可实现路径。这种技术实践既有益于社会发展,又能增强社会力量参与技术创新的行动力,共享技术应用红利,共建共益机制,重塑健康和谐的社会关系,有效防范社会风险,持续增进社会福祉。

以下共分为 4 个层面。第一,聚焦科技研发阶段,回答有哪些关键要素保障科技公司进行可持续社会价值创新,让"科技向善"从愿景落地为实践;第二,聚焦技术落地应用场景、形成产品或服务阶段,回答如何打造"科技善品",提升科技产品创造社会价值的能力;第三,聚焦应用扩散与共享阶段,回答如何拓展科技产品创造社会价值的应用范围,将科技善能进一步释放;第四，聚焦社会化应用与反馈阶段，回答如何让科技应用通过社会大众的时空检验。

一、科技研发阶段

具体而言，在科技研发阶段，关键性基础保障要素有 3 个方面：第一，整合科技资源的能力；第二，社会可持续性力量的支持；第三，长效的风险防范与管理机制。围绕以上 3 个关键要素，企业需要回答 3 个问题：如何提升科技资源的整合能力，如何促进人才的开放式协作，如何在科技研发中进行风险防范与管理。核心应对之策要点如下。

首先，从企业组织结构上看，科技资源的整合与有效运用主要面对两个方面的挑战：一是技术烟囱，即技术互相独立，数据整合困难；二是部门墙。从企业内部来讲，需要建立具有敏捷特性的技术组织体系；培养开源文化，对内做到开源协同，打破信息孤岛，实现跨部门、跨系统的无障碍和透明化数据交易与共享，对外推动行业发展，为建设"全球技术共同体"贡献力量；同时，升级新基建的保障和服务能力，促进数字基础设施建设降本增效，提升社会各领域实际的利用效能。

其次，创造社会价值不仅需要技术智能，更需要集体智慧。企业需要对内建立人才开放式协作新模式，聚焦社会议题，打造多学科人才的"蓄水池"，将社会议题与科技人才深度"绑定"；对外需要搭建开放协作型交流平台，采取更多合作交流的方式，持续吸引更多的"社计师"参与科技研发。

最后，在研发过程中注重风险防范与管理，需要企业预先研判、提前布局，建设伦理治理体系，保障科技伦理规则落地；技术人员不仅需要将风险管理贯穿科技研发的整个生命周期，更应该积极探索新的技术方法，解决旧的技术顽疾，推动科技突破，更好地助力可持续发展。

二、数字化产品与服务阶段

在数字化产品与服务阶段，需要将科技向善的理念落地为行动，提升科技产品的社会价值创造能力。企业需要回答3个关键问题："科技善品"的目标与原则有哪些，如何敏锐地捕捉社会痛点，如何负责任地设计"科技善品"。核心应对之策要点如下。

首先，企业在设计产品、探索应用场景时，应以解决社会痛点作为产品创新的目标，持续践行"向善"的伦理价值观，提供可持续性公共服务。衡量产品是否具有可持续社会价值的关键就在于：通过产品的设计，让用户在使用产品的过程中培养"善"的行为与习惯，让更多的人共同参与、共同传递、共同创造社会价值。

其次，敏锐地挖掘社会痛点需要产品团队、用户研究团队、技术研发人员等共同努力。其中，面向社会需求建立深度的感知体系是敏锐挖掘社会痛点的基础，技术人员亲历社会应用场景是关键环节，在初期将用户体验纳入产品设计是必备条件。

最后，产品设计师应践行负责任的设计，这需要懂人性，更需要懂人心，时刻重视用户的身心健康与社会的可持续发展，积极引导用户参与产品设计，让用户来完成产品设计的"最后一公里"。

三、应用扩散与共享阶段

在科技应用扩散与共享阶段，需要拓展科技创造社会价值的应用范围，进一步释放科技善能。企业需要回答3个关键问题："科技向善"如何做到内部引领协同，如何让科技赋能共益伙伴，如何共建"科技向善"的社会生态。核心应对之策要点如下。

首先，企业不断聚合内部赛道业务特点和生态优势，推动公司各业务部门参与开拓具有社会价值的技术应用场景。一方面，企业要从技术能够带来的可能性出发，让科技"跑出"实验室，让科研成果与具有社会价值的应用场景相结合，不断让科技能力形成使用门槛更低的产品，或者转化为提高社会资源利用效率的工具。同时跨部门合作，共创社会价值应用场景。在企业内部，管理层需要一些调度空间，让部门之间通晓彼此的资源优势，围绕共同的价值理念，成为彼此的资源助力，在企业原有的产品体系与商业应用场景里，寻找科技发挥社会价值的契合点。另一方面，企业不仅需要激发技术人员的志愿服务精神，更需要把技术与场景的桥梁搭建起来。通过搭建平台，让技术能力持续对接场景，让技术人员持续贡献专业能力。

其次，企业对外需要持续输出技术能力，推动共益伙伴共享技术红利，优化技术扩散网络，扩大技术社会价值创新模式的影响范围，在企业外部形成社会价值共创的生态系统。具体举措有：提供或共创标准化的数字化工具；平台赋能，降低行业数字化门槛；加强对前沿技术的探索，提升行业信任度；推动成立产业互联网创新平台和技术发展联盟，对关键核心技术进行联合攻关等。

企业不断提高技术开放与共享能力，不仅助力社会领域及传统行业进行数字化转型，也不断优化技术资源配置，连接更多的社会资源，促进生态链上共益伙伴之间的协作与社会价值共创。

最后，在社会层面上，企业应该积极推动技术创新，助力社会健康、公平发展，共建"科技向善"的社会生态。一方面，需要科技创新与应用维持社会秩序，成为社会治理中"惩恶"的有力助手，助力社会风险的防范与化解；另一方面，积极探索科技支撑社会治理创新机制和模式，促进社会各方参与"扬善"。这需要企业积极"补位"，依托大数据、底层技术和海量用户优势，与政府、行业、民众共同构建现代化社会治理模式，提升社会治理能力现代化，充分发挥高新科技的支撑作用。

四、社会化应用与反馈阶段

在科技产品或服务进入社会化应用阶段时，聚焦如何让科技应用通过社会大众的时空检验。企业需要回答以下3个问题：如何让科技更好地聆听社会反馈；如何建立并完善"科技向善"的社会评价体系；如何应对科技负外部性，及时寻求共识与解决方案。核心应对之策要点如下。

首先，对于企业来讲，不能忽视社会应用者在可持续社会价值创新过程中的作用，需要时刻倾听社会反馈的声音。科技高管必须站在社会价值的高度去思考，科技怎样创造新的社会价值、新的社会关系和新的社会影响力。通过倾听，不断审视自身、组织内部和科技创新过程中缺失了什么，不断学会通过非科技的眼睛看待世界，为所有人都能理解和接纳的科技缔造一份新的社会契约；企业也应畅通社会反馈通道，切实履行科技主体责任。比如，企业要让客户反馈系统真正发挥有效作用，客户反馈系统不仅反哺业务，也应成为有效发挥产品持续造血、系统自我更新能力的有效手段。而且，科技真正实现社会价值，不是靠企业自身的宣传，而是靠社会群体的真实评价。这就需要企业社会责任部门或用户研究部门等持续追踪、倾听社会群体的心声。为了使科技能够更好地倾听社会反馈的声音，还应建立可持续的激励机制，鼓励更多的社会人士参与监督技术治理，促进企业提高科技伦理问题的透明度，使科技创新、应用和社会信任形成良性循环。

其次，企业需要将科技应用、数字化产品和服务纳入社会评估体系，为用户、公众、监管等利益相关者提供评价准则，切实将数字责任直接体现在提供数字化产品或服务的过程中。具体来看，企业应该从数字化产品与服务着手，系统性地提供实践评价准则：结合企业、行业等宏观层面实现社会价值的影响因素，细化在科技实践过程、数字化产品及服务层面的社会价值内涵；从产品用户和业务类型考虑评估维度；结合过往实证研究，归纳总结数字产品或服务的责任履行范围；纳入企业内部相关人员，作为专家明确探讨执行层的标准；通过网络舆情数据分析、用户问卷扫描来初步验证评估方案的维度完备性和合理性。

最后，企业应该建立应对科技负外部性危机的管理团队；把危机管理纳入员工管理的一部分；已经产生社会风险时应该扩大沟通，建构风险信息公开和协作交流机制；在风险分配方面必须做到公开、公正、公平，增强风险分配的透明度，确保人们对现代技术风险的不确定性以及潜在危害等有知情权，进而从根本上缓解和消除公众的疑虑与猜忌。企业应着眼于"长期主义"，重新构建社会对科技企业的信任。科技的发展始终面临公众信任的拷问，企业需要建立科技为人服务的价值观，不仅要向公众表达科技为良善的社会关系服务，更重要的是，企业不能单方面强调科技在支持效率方面的突出表现，当科技表现不佳时，企业也应开诚布公，抱持"庆祝新鲜的失败"的态度。只有让公众知晓科技的能力与限度，不断调整公众对科技的心理预期，才能在科技产生负外部性时，让公众对企业抱有理性、积极、信任的态度。

可持续社会价值创新评估

前面从组织变革、共益伙伴、科技向善等角度，讲述了在公司的业务体系下进行可持续社会价值创新的原则和具体思路。在最后一章，我们将聚焦如何对这些社会创新项目和实践进行风险识别以及有效的评估。社会价值作为企业的无形价值，需要一个标准化的评估工具。企业的社会价值不是企业的成本，而是企业的增长预期，需要一个模型来衡量。模型的建立一是要保证其可靠性，使模型是可验证的，从而保证模型对投资者或社会相对透明和开放；二是社会价值作为未来企业的创新动力以及管理抓手是需要量化的，可量化才能实现管理的提升。只有好的评估考核模型，才能促进更有效的社会创新。

这一部分将聚焦可持续社会价值创新几大原则在创新项目和实践中的立项以及执行年终考核的具体表现。我们将总结现有的、成熟的评估原则，具体分析这些指标在设立之初的意图与期待。只有知道这些原则从何而来，我们才能更好地理解每项社会创新到底能给企业带来什么。

具体而言，立项之初，在议题和项目选择上，企业高层需要考虑为什么去做一个议题，以及如何设计项目的评估方法。我们根据自我价值、协同价值、创新价值三大原则划分考核维度，同时根据具体的项目进行操作示范。

一级指标体系主要从企业的自我价值、协同价值和社会价值出发。根据利益相关者模型，将企业的核心利益相关者划分为不同的价值核心。公司股东、员工、消费者、社区构成企业自我价值的利益核心，供应商、政府、媒体、社会组织构成企业的协同价值核心。其中，自我价值是企业的核心利益所在，通过自我价值的创造和输出，可以达到利益相关者的价值共享。协同价值基于相关利益的合作系统，让企业创造更多的社会价值。例如，基于良好的供应链、政府、媒体关系，实现包容和协同性增长，这种增长模式是互惠共生的，包含合作伙伴和外部组织。实现利益的趋同才能放大社会创新的价值，形成规模效应。

二级指标体系有10个维度，包含公司治理、员工权益、环境保护、社会责任、企业文化、政府组织、国际组织、合作伙伴、社会组织、文化媒体。根据利益相关者模型，则划分为5个维度。

同时，对于项目人员，企业在做立项方案时应该有自己的评估体系和标准。根据前文所述原则，我和团队成员做了一种评估工具——SSVT 模型，用其中的原则指导项目选择和执行设计，从而帮助我们筛选和优化执行方案。

SSVT 模型 =Sustainable（可持续）+Synergy（协同共创）+ Value（社会价值）+Technology（技术）

"可持续"主要涉及项目或实践的可持续性，例如项目的激励机制，以及项目执行过程的组织投入和资金投入等。

"协同共创"主要评估项目或实践对公司业务或未来发展的一致性，以及项目对公司价值的输出点，以此整合社会创新与经济价值。

"社会价值"主要聚焦项目或实践覆盖的直接利益群体、是否存在目标漂移、项目覆盖程度以及公平性等。

"技术"是一个广义概念，包括组织模式或制度。它主要聚焦项目或实践需要的技术可及性，以及这些技术对于公司、社会的辐射意义。

基于以上维度构建一个四维模型，通过进行一致性、竞争性视角分析，具体构建某一项目和实践的 SSVT 模型，帮助项目执行者选择适合公司的项目或实践，以及对当前项目的执行方案进行风险识别。

最后，对当前各种社会创新评估工具（共益企业认证、ESG 指标、GRI 指标、SDG 等）进行综述，并对其中部分指标进行具体分析，帮助公司管理人员和项目人员理解这些指标背后的目的和意义，以及了解社会对企业的期待。

第二章

组织变革与自我价值

组织具有生态特征，有生命周期，要经历诞生、成长、发展、衰退和消亡的过程。如果不适时进行变革、创新、再生，组织就无法实现可持续发展，因此，变革是组织发展过程中的一种经常性活动。在复杂多变的新形势下，组织变革是企业发展的根本推动力，是提升企业核心竞争力的有效途径。组织变革也是一项系统工程，既包括组织高层、管理层和普通员工等内部行动者的认知创新，也包括组织战略、组织结构、组织文化等规章制度的内容创新。

组织的自我价值可以分为两类：被市场认可的经济价值和被社会认可的社会价值。无论是东方还是西方，商业组织以经济价值最大化为核心价值取向，衡量企业好坏的重要指标就是利润的多少。利润是企业的"安身之本"，不会赚钱的企业不是好企业。但是，只会赚钱的企业也不是好企业。古今中外的商业领袖无不强调，企业的真正价值在于以服务社会为己任，而不是单一的经济价值维度。在当今新商业文明的大潮中，企业的价值更多地体现在为所有利益相关者提供价值，而不是股东利益至上。企业存在的价值是为自己，也是为社会、为他人。只有将利己与利他融为一体，组织才能实现真正的自我价值。无社会价值，则无企业

"立命之本"。

在新商业文明的时代背景下，企业必须有社会价值的意识觉醒和理性自觉，顺势而为，积极投身可持续社会价值创新。企业的社会价值越大，越能实现公司的自我价值增值，最终走向高质量发展之路。组织变革是企业实现自我价值、践行可持续社会价值创新的必然要求。组织必须及时调整和优化自己的结构和管理机制，在识别和应对潜在风险的基础上，提出更符合可持续社会价值创新的目标。

然而，任何组织变革都意味着权力结构、利益分配、行为习惯等方面的重大调整，难免会遇到各种阻力。知名管理学家拉里·格雷纳认为，"变革中的最大阻力可能来自公司的最高层"。就可持续社会价值创新而言，企业高层的价值观是实现组织变革和自我价值的核心驱动力。只有在高层决策的强力驱动下，才有可能实现企业战略的改变，继而通过组织结构的调整，优化企业治理模式。只有在企业完成自我价值全面升级的前提之下，企业才有持续的动力和稳定的机制保障，在可持续社会价值创新领域做出更多实质性贡献。

本章将介绍以下4个方面：如何让可持续社会价值创新成为企业核心战略，如何将其融入企业的使命，如何将其融入企业的核心业务流程，以及如何创建一个支持可持续社会价值创新的公司治理结构。通过这些方面，探讨企业如何通过组织变革来主动拥抱可持续社会价值创新并实现自我价值。

高层决策:如何让企业高层真正重视社会价值?

高层决策通常是指由企业高层做出的具有全局性、长远性的战略决策。一般情况下,完全达成一致的高层决策并不多见,因为战略决策意味着利益的调整和理念的突破,即使充分听取了各方意见,最后仍然需要企业高层来定夺。

高层决策者通常认为企业内部是最值得关注的,但是真正影响决策的因素是在企业之"外",而不是在企业之"内"。外部环境是真正的"现实",而且从来不是从组织内部就能够实现有效控制的。特别是当企业的规模不断扩大,看上去日益成功时,内部错综复杂的形势与挑战将会占据决策者更多的精力和时间,乃至无暇顾及外部环境的真正变化和发展趋势。所以,企业高层需要时刻保持"朝外看"的习惯。

高层决策者密切接触且最熟悉的是组织的内部,"朝内看"是他们的天然优势。但是,决策者的时间很容易成为"别人的时间",在日常繁杂的工作中,决策者需要坚持一些判断标准,才能将注意力放在真正重要的事项上。同样,要想获得高层决策者的关注和重视,也需要一些向上管理的方法和技巧,才能将他们的目光吸引过来。

18世纪末19世纪初的法国经济学家萨伊认为,企业家把经济资源从生产效率较低的领域转移到生产效率较高且回报率更大的领域。由此推论,可持续社会价值创新需要企业结合自身核心能力,尽可能地将各类资源转移到对社会更有益的领域,它肩负创造社会价值的使命,为了实现这个使命,就需要可持续地开展创新活动。

企业进行可持续社会价值创新,最关键的一步是得到企业高层的重视和支持,确保其权威性和合法性,将企业资源用于社会价值的创造和创新。本节的第1问从外部环境的角度切入,对现实需求和全球发展趋势进行概览,表明企业高层为什么必须将社会价值提升至企业核心战略层面。第2问和第3问聚焦内部机制,介绍了高层决策者注意力分配和企业高层共识的重要性。通过科技向善的案例,说明就吸引高层决策者注意力而言,问题触发和偏好驱动是两个关键点。关于如何达成企业高层共识,主要是通过腾讯总经理办公室的决策机制来展示的,其中一些原则和方法对其他公司颇具有启发意义。

第1问：为什么企业高层要重视可持续社会价值创新？

一、重要性

企业高层对可持续社会价值创新的重视至关重要，主要基于以下5个原因。

1. **战略引领**。企业高层的决策直接关乎企业的战略方向。可持续社会价值创新作为一种前瞻性战略选择，需要企业高层明确方向、坚定决心并引领全员参与。中国移动作为全球最大的移动通信运营商之一，自2006年起就开始实施战略性企业社会责任管理，设立可持续发展指导委员会，制定了《中国移动企业社会责任管理办法》等规章制度。董事会对公司的社会责任事务承担全部责任，董事长担任可持续发展指导委员会的主任，确保企业高层深度参与。中国移动在国务院国资委中央企业负责人经营业绩考核中，连续20年入选最高级别的A级企业名单。

2. **资源配置**。只有企业高层重视，才能确保企业内部在资金、人才、技术等关键资源上给予可持续社会价值创新足够的支持，从而推动创新的有效实施。苹果公司首席执行官蒂姆·库克明确表示："我们有责任确保我们的星球能够为未来的世代提供健康的生活环境。通过投资可再生能源，我们不仅能够减少对环境的影响，还能推动新技术的发展，这对于公司的长期成功至关重要。"为了推动清洁能源的使用，苹果公司承诺在其全球供应链和运营中实现100%的可再生能源使用。苹果投入巨额资金用于研发清洁能源技术，并与供应商合作确保可持续采购和生产。这种资源配置不仅体现了苹果对可持续社会价值创新的重视，也为其赢得了环保领导者的声誉。

3. 风险防控。企业高层对可持续社会价值创新的关注有助于企业及时发现并应对潜在的社会和环境风险，确保企业在追求经济效益的同时不损害社会和环境的长期利益。吉利汽车是中国知名的汽车制造商，企业高层注重环境与可持续发展。吉利汽车的创始人李书福认为，一个没有社会责任感的企业无法实现永续经营，吉利集团始终把社会责任看作企业发展的强大原动力。吉利汽车首席产品战略官唐黎明表示，企业和社会的和谐发展是吉利发展的底层逻辑。吉利汽车积极投资研发新能源汽车，推动绿色出行，减少环境污染和碳排放，不仅响应了国家的环保政策，也降低了环境法规变化可能带来的合规风险。吉利汽车在安全生产、社区发展和供应链管理中都展现了企业的社会担当。

4. 品牌塑造。企业高层的支持和倡导有助于将可持续社会价值创新融入企业文化，进而塑造企业积极、负责任的品牌形象，增强企业的社会影响力。Patagonia（巴塔哥尼亚）是一家美国的户外品牌，长期以来将可持续性和环境保护作为其核心价值。该品牌创始人伊冯·乔伊纳德坚持"不扩张、不上市、全力以赴做环保"的理念，在品牌建设的多个环节不遗余力地提倡环保，不仅使用环保材料制造产品，还鼓励顾客修复和再利用旧产品。这种对可持续发展的承诺帮助Patagonia树立了鲜明的品牌形象，并在市场中获得了忠实的追随者。

5. **激发创新**。企业高层的重视和推动能够激发企业内部员工的创新活力和创造力，形成全员参与、共同推动可持续社会价值创新的良好氛围。谷歌高层承诺在可再生能源项目上投入超过10亿美元，致力于在2030年实现全球运营净零排放，这一目标不仅包括减少直接排放，还包括通过技术和数据帮助其他组织和消费者减少碳足迹。谷歌高层鼓励员工参与制定可持续目标或者提出创新提案，提供内部创业机会，使员工在设计、能源管理、技术创新方面能够发挥关键作用。谷歌的这些做法吸引了大量有才华、有社会责任感的员工，帮助公司维持了低员工流失率。

因此，企业高层对可持续社会价值创新的重视是推动企业实现可持续发展、创造长期价值的关键。

二、难点与挑战

企业高层在重视和推动可持续社会价值创新时，可能会面临以下难点与挑战。

1. **理念转变困难**。在传统经营理念中，企业往往更注重短期经济利益，而忽视长期的社会和环境影响。因此，要推动企业高层从传统的经营理念转变为注重可持续社会价值创新，需要克服思维惯性和路径依赖。

2. **利益冲突难以协调**。在推动可持续社会价值创新时，可能会遇到不同利益相关者之间的利益冲突，如股东、员工、消费者、社区等。企业高层需要妥善协调这些利益冲突，以确保创新顺利推进。

3. **创新能力不足**。可持续社会价值创新需要企业具备跨领域、跨学科的创新能力，包括技术研发、产品设计、市场营销等方面。然而，一些企业可能在这些方面存在能力短板，需要企业高层引导并推动相关能力的提升。

4. 风险不确定性。 可持续社会价值创新往往涉及新的领域和模式，存在一定的风险和不确定性。企业高层在决策时需要权衡风险和收益，制定合理的风险管理策略。

5. 外部环境制约。 政策法规、行业标准、社会认知等外部环境因素可能对可持续社会价值创新产生制约。企业高层需要积极与政府部门、行业协会、社会公众等沟通合作，争取有利的外部环境支持。

为了克服这些难点，企业高层可以采取以下措施：通过定期举办研讨会或工作坊等，邀请可持续发展领域的专家交流，帮助企业高层更新知识体系并开阔视野；定期组织到国内外知名企业和同行业知名企业学习，汲取先行者的宝贵经验；设立多方参与的咨询委员会或可持续发展委员会，让股东、员工、消费者和当地社区代表共同参与协商与决策过程，确保各方声音都能被听到；加强理念宣导和培训，提升全员对可持续社会价值创新的认识和认同感；建立跨部门的创新团队，整合内外部资源，提升创新能力；制定明确的风险管理和应对措施；积极参与相关政策和标准的制定过程，争取更多的话语权和支持。

三、方法与策略

企业高层在推动可持续社会价值创新时，可以采取以下方法与步骤。

1. **明确可持续社会价值创新战略**。分析企业当前的社会责任状况，识别改进的空间；确定企业的核心价值观和长期愿景，将可持续社会价值创新纳入企业战略框架；制订具体的可持续社会价值创新计划，包括时间表、责任人、资源需求和目标等。

2. **建立组织结构和文化**。成立专门的可持续社会价值创新团队或部门，负责推动相关工作的实施；培养和引进具有相关背景和专长的人才，提高团队的创新能力和执行力；营造开放、包容、协作的企业文化，鼓励员工积极参与创新活动。

3. **加强研发和创新**。投入足够的研发资金，支持可持续社会价值创新相关技术的研发和应用；与高校、科研机构等合作，共同开展技术研究和创新活动；关注新兴技术和趋势，及时将新技术应用于产品和服务的创新中。

4. **推动利益相关者参与和合作**。与政府、行业协会、社会组织等利益相关者建立良好的合作关系，共同推动可持续社会价值创新；鼓励供应商、客户等商业伙伴参与创新过程，共同打造可持续的价值链；加强与公众的沟通和互动，了解社会需求和期望，提升企业的社会影响力。

5. **持续改进和评估**。建立完善的评估体系，定期对可持续社会价值创新工作进行评估；根据评估结果及时调整战略和计划，确保创新活动的持续性和有效性；鼓励员工提出改进建议，持续优化创新过程和管理体系。

通过实践以上方法与步骤，企业高层可以推动企业在可持续社会价值创新方面取得实质性进展，为企业和社会的长期发展创造更多价值。

案例

01 腾讯的变革之路：从用户、产业到社会，再到推动可持续社会价值创新

腾讯的发展历程充满选择与挑战。从创业初期的互联网探索到如今引领可持续社会价值创新，每一步都凝聚着腾讯高层的深思熟虑和坚定决心。

早在 20 多年前，互联网刚刚崭露头角，马化腾便敏锐地捕捉到这一时代机遇。他喜欢编写程序，希望自己的作品能被更多人使用。正是这种对用户体验的极致追求，让腾讯在创业初期就确立了"一切以用户价值为依归"的理念。这一理念如同腾讯的基因，贯穿于公司发展的始终。

然而，随着互联网的飞速发展，腾讯也面临着前所未有的挑战。2010 年的"3Q 大战"让腾讯意识到，一家独大的发展模式不可持续。于是腾讯开始转变思路，提出"开放共赢"的战略，与合作伙伴共同创造新生态。这一变革让腾讯从封闭走向开放，从单打独斗走向合作共赢。

到了 2018 年，腾讯再次面临转型的压力。在这个关键时刻，腾讯高层果断启动"930 变革"，将战略重心从消费互联网拓展到产业互联网。这一变革让腾讯成功突破了发展瓶颈，实现了业务的多元化发展。

腾讯并未止步于此。在成立的第 23 个年头，腾讯高层提出了"推动可持续社会价值创新"的核心战略。这一战略旨在将腾讯的业务发展与社会责任相结合，通过创新的方式解决社会问题，创造可持续的社会价值。为了实现这一战略，腾讯不仅在内部推动创新文化的建设，还积极与外部合作伙伴共同探索创新模式。

正如马化腾所言，腾讯的愿景及使命是"用户为本，科技向善"，本质是用科技的能力更好地去关心人。而社会价值的创造，正是把抽象的善和关心，具体化为可执行的战略、行动、产品与运营过程。只有我们对社会痛点始终保持足够的同理心，也就是关心，才能始终保持可持续社会价值创新的敏锐、活力与深度。

如今，"扎根消费互联网""拥抱产业互联网""推动可持续社会价值创新"已成为腾讯战略新蓝图的三大支柱。这三大支柱相互支撑、相互促进，共同推动腾讯不断前行。

回顾腾讯的变革历程，我们可以清晰地看到一条从用户、产业到社会，最后再到可持续社会价值创新的逻辑主线。这条主线不仅体现了腾讯对市场变化的敏锐洞察和快速响应能力，更彰显了腾讯高层对可持续社会价值创新的坚定信念和不懈追求。正是这种信念和追求，让腾讯在激烈的市场竞争中保持领先地位，为社会创造了巨大的价值。

第 2 问：如何让可持续社会价值创新成为企业核心战略？

一、重要性

企业核心战略是指那些事关企业生死存亡和百年大计的全局性谋划。让可持续社会价值创新成为企业核心战略具有重要意义，主要体现在以下几个方面。

1. **顺应全球可持续发展大趋势**。将可持续社会价值创新融入企业核心战略，有助于企业更好地顺应全球可持续发展趋势。随着环境保护、社会公平、经济发展等全球性问题日益严峻，各国政府和国际组织都在积极推动可持续发展，以期共同应对这些挑战，实现经济、社会和环境的协调发展。企业作为社会的重要组成部分，有责任也有义务参与其中。IKEA（宜家家居）致力于在全球范围内推广可持续的生活方式。通过采用环保材料、设计节能产品、提高资源利用效率等措施，IKEA 不仅降低了自身运营对环境的影响，还引导消费者选择更加环保的生活方式。这种战略使 IKEA 在全球范围内赢得了广泛的赞誉和支持，也推动了家居行业的可持续发展。

2. **提升企业社会责任感和公信力**。可持续社会价值创新强调企业在追求经济效益的同时，也要关注社会和环境效益，将这一理念融入企业核心战略，有助于提升企业的社会责任感和公信力。星巴克公司长期以来一直注重社会责任和可持续发展。除了提供优质的咖啡产品外，星巴克还积极参与社区建设、支持公平贸易和推动环保行动。例如，星巴克致力于减少单次使用咖啡杯的数量，鼓励顾客使用可重复利用的杯子，并通过回收和再利用咖啡渣等废弃物来减少环境污染。这些举措不仅提升了星巴克的社会责任感，还增强了消费者对公司的信任和忠诚度。

3. **增强企业竞争力和创新能力**。可持续社会价值创新要求企业不断探索新的商业模式、产品和服务，以满足市场和社会的双重需求。这种创新可以为企业带来新的增长点和竞争优势。通过实施可持续社会价值创新战略，企业可以激发内部员工的创新精神和创造力，提高企业的整体创新能力和市场竞争力。苹果公司是全球科技行业的领军企业之一，在产品设计、生产和包装等方面注重环保和可持续性，采用可再生材料和节能技术来降低环境影响。这种将创新和可持续性相结合的战略，使苹果公司在全球市场上保持了领先地位。

4. **促进企业与社会的共赢**。可持续社会价值创新致力于实现企业与社会的共赢。通过将社会责任和可持续发展理念融入企业战略中，企业可以更好地了解社会需求和期望，积极回应社会关切，实现经济效益与社会效益的双重提升。IBM（国际商业机器公司）通过开发一系列创新的解决方案，致力于解决社会问题并推动可持续发展。"智慧城市"计划就是指IBM利用先进的信息技术和数据分析能力，与全球各地的城市合作，帮助城市改善交通拥堵、提高能源效率、优化垃圾处理等方面的问题。这不仅改善了城市居民的生活质量，还为城市管理者提供了更有效的决策支持，充分展示了企业如何通过技术创新促进社会进步。

二、难点与挑战

让可持续社会价值创新成为企业核心战略的难点与挑战主要来自以下 5 个方面。

1. 经济利益的短期压力。 企业往往面临追求短期经济利益与投入可持续社会价值创新之间的冲突。可持续社会价值创新需要长期的投资和回报周期,而股东和市场往往更关注短期的财务表现,这导致企业在决策时可能更倾向于追求短期利益。例如,石油公司在面临油价下跌和市场竞争加剧的情况下,为了维持短期内的盈利水平,削减了在可再生能源和环保技术方面的研发投入,这会导致公司在长期内错失转型的机会,并在可持续发展方面落后于竞争对手。

2. 技术和资源的约束限制。 实现可持续社会价值创新往往需要先进的技术和充足的资源支持,但并非所有企业都具备这些条件,技术和资源的限制可能成为企业实施可持续战略的主要障碍。例如,一家小型制造企业希望采用更环保的生产工艺,但由于缺乏必要的技术支持和资金投入,难以实现这一目标。这导致该企业在市场竞争中处于不利地位,并面临环保法规的处罚。

3. 文化和组织结构的阻力。 企业内部的文化和组织结构可能阻碍可持续社会价值创新。传统的企业文化和管理模式可能强调短期利润和服从性,而非创新和可持续性。例如,一家大型跨国公司试图推动一项全球性环保倡议,由于公司内部各部门之间的利益冲突和沟通不畅,该倡议在执行过程中困难重重。最终,由于缺乏跨部门的合作和支持,该倡议未能取得预期的效果。

4. 市场和政策环境的不稳定性。市场和政策环境的不稳定性可能使企业难以预测和规划可持续社会价值创新的长期影响。市场需求的快速变化和政策法规的调整，都可能对企业的可持续战略产生重大影响。例如，一家新能源汽车制造商在研发和推广电动汽车方面取得了显著成果，但由于政府补贴政策的突然调整和市场需求的下降，该公司的销售业绩和财务状况受到严重冲击。这导致该公司在短期内无法继续投入大量资源进行可持续的技术创新。

5. 无法获得企业内部决策者的支持。企业决策层或高层的时间和精力被各种各样的事务占据。从决策角度而言，注意力代表着决策者对特定事务的关注程度。在多重约束下，决策者的注意力被视为一种稀缺资源。所以，如果无法吸引并获得决策层的注意力，就无法让可持续社会价值创新成为企业的核心战略。

为了克服这些难点，不仅企业自身需要制定长期规划、培养创新文化、优化组织结构、密切关注市场和政策动态，政府和社会各界也应提供必要的支持和引导，共同推动可持续社会价值创新成为企业核心战略。

三、方法与策略

使可持续社会价值创新成为企业核心战略的具体方法和步骤，可以细分为以下6个部分。

1. 明确愿景与目标。明确的愿景和目标是企业实现可持续社会价值创新的前提，它能够指引企业前行的方向，确保所有行动都围绕一个共同的目标展开。例如，Patagonia 的创始人在一次登山途中目睹自然环境受到破坏的景象，他的内心深受触动，决心要通过企业的力量来保护这个蓝色星球。于是，Patagonia 的愿景应运而生——"通过使用商业力量来解决环境问题"。为了让这个愿景落地，Patagonia 设定了一系列具体目标。它不仅要减少生产过程中对环境的影响，还要确保出售的每一件产品都能在使用过程中对环境产生最小的影响。这些目标不仅指导 Patagonia 的日常运营决策，还成为该企业与消费者沟通的桥梁。

2. 分析内外部环境。洞察机会与挑战，为企业战略奠定基础。企业在进行可持续社会价值创新时，必须全面分析内外部环境，识别自身的优势和劣势，以及市场、政策、技术等方面的机会和挑战，从而为制定合适的战略奠定基础。例如，IKEA 在进行可持续战略转型时，首先审视了自己的供应链，发现虽然 IKEA 以提供实惠的家居产品而知名，但其供应链中却存在破坏环境和引起社会不公平的问题。这既是挑战，也是机会。IKEA 意识到通过改进供应链，不仅可以减少环境影响，还能与供应商建立更紧密的合作关系，共同推动可持续发展。与此同时，IKEA 也密切关注全球可持续发展的趋势和法规变化，随着消费者对环保问题的日益关注，那些能够提供可持续产品的企业将在市场中占据优势地位。因此，IKEA 决定将可持续发展融入其核心战略。

3. 制订实施计划。制订详细的实施计划是将可持续社会价值创新从策略层面落实到行动层面的关键步骤，它确保企业能够有条不紊地推进创新活动并取得预期成果。例如，苹果公司为减少产品碳足迹制订了具体计划，包括使用可再生能源生产并设计高效电池等，以此推动供应商采取可持续的做法。这些计划的执行使苹果在可持续发展方面取得了显著进展。

4. **整合资源与建立合作伙伴关系**。汇聚力量，共创可持续的未来。企业需要整合内部资源并与外部合作伙伴建立紧密关系，共同推动可持续社会价值创新的实现。这种合作能够汇聚各方力量，形成强大的合力。例如，宝马公司与供应商合作，确保采购的材料符合可持续标准，同时与学术和研究机构合作研发新技术。这种跨界合作给宝马在可持续创新方面带来了显著成果。

5. **持续监测与评估**。持续监测和评估是确保可持续社会价值创新战略实施效果与预期相符的重要环节。通过定期评估和调整，企业可以及时发现问题并采取改进措施。例如，联合利华设立可持续发展目标并定期公布进展报告，展示公司在环境和社会方面的成就和挑战。这种透明度和持续改进的态度赢得了消费者的信任和认可。

6. **持续沟通与教育**。增强内外部利益相关者的理解和支持，与内外部利益相关者保持沟通与教育，是推动可持续社会价值创新的重要手段。通过传播理念、分享成果和邀请参与，企业可以增强各方的理解和支持。例如，可口可乐公司通过多种渠道与消费者、投资者和合作伙伴分享在可持续包装和水资源管理方面的努力，成功地将可持续发展融入企业的核心战略中，树立了良好的品牌形象。

> 案例

02 可持续社会价值创新如何成为腾讯的必然选择？

　　1998年到2003年是腾讯创立之初解决生存问题的阶段，初创团队通过移动增值业务实现了营收，解决了生存难题。

　　2006年初，腾讯高层意识到生存不再是唯一的问题，企业越大意味着责任越大，于是开始思考如何更可持续地回馈社会。当时的想法是每年拿出利润的一个百分比来回馈社会，由于公司的整体营收和规模相对较小，所以又设置了一个底线，那就是每年不低于2 000万元。董事会也进行了授权，但为了不影响股价，并未对外宣布。

　　用什么样的组织形式来使用这笔钱呢？经过一番调研，腾讯公益慈善基金会于2007年成立了，这是国内互联网行业第一家在民政部登记注册的全国性非公募基金会。在筹建基金会的过程中，腾讯发现有很多跨国企业在承担社会责任时，都强调把企业的核心资源以及能力贡献出去以推动社会的发展，所以在基金会成立之后，腾讯就聚焦于如何把自己的互联网技术能力贡献给社会。而腾讯公益平台的搭建，是为了能够更好地整合腾讯的连接能力，助力中国公益行业的发展。

　　2010年，腾讯成立企业社会责任部，负责从集团层面制定和实施社会责任战略。腾讯在各个事业群设置了社会责任联络员，鼓励组建专门的团队，结合业务来践行社会责任。

　　自2015年起，腾讯公益平台发起中国最大的全民公益节，即"99公益日"，为众多公益慈善项目筹集资金。2019年11月11日，在腾讯公司成立21周年的当天，马化腾、刘炽平及腾讯总办向 40 000 多名员工发布了全员邮件，正式对外公布了腾讯的全新愿景及使命，即"用户为本，科技向善"（见图 2-1）。

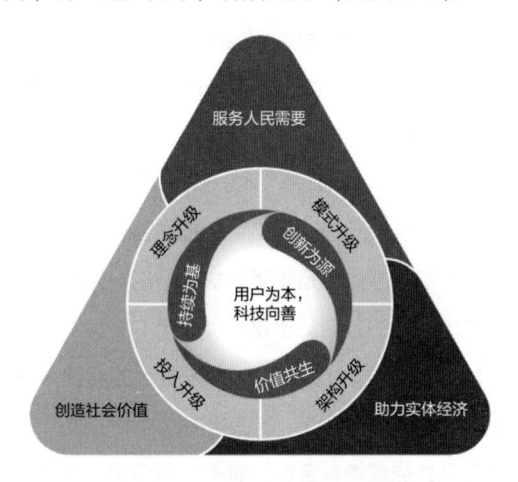

图 2-1 腾讯的愿景及使命

基于在传统公益、技术公益、企业社会责任等领域的多年探索、实践和积累，腾讯发现科技平台对社会的责任和义务比想象中大很多，并不仅仅是拿出定额利润做公益捐赠这么简单，而是需要更多地发挥科技平台的创新力做更多的事。

社会对头部的互联网企业有更多的期待，如教育、医疗、养老、可再生能源等行业，不仅仅是作为商业产业而存在，还具有服务社会的公共属性。这些行业的公共属性很强，更多的是要遵循普惠和公平的原则，只有在细分领域才可以用市场逻辑来运行。

腾讯投资的很多公司，除了商业获利，本身也有很强的社会公益属性，它们愿意携手产业做一些深度探索。一方面是讲求公共属性，另一方面是在某些领域为整个社会做前期探索，所以起初是没有办法讲究回报的，但却有助于生长一种可持续发展的模式，并与各个业务线联动。

可持续社会价值创新是对解决社会问题的前瞻探索，仅靠腾讯公益慈善基金会和企业社会责任部是无法承担的。正如腾讯公司总裁刘炽平所言，"当我们看整个世界的潮流时，很明显可以感觉到科技是能给社会带来更多价值的"。当我们思考"科技向善"背后到底要有怎样的项目时，也有很多的讨论，其中一个就是要不要进行一次更大的升级。"930 变革"时，腾讯扎根消费互联网、拥抱产业互联网、进行科技升级，提出"科技向善"新使命，把这些全部放在一起的时候，感觉还是少了一块。多次讨论后，我们觉得社会价值创造是比较好的方向。于是，腾讯于 2021 年 4 月再次启动战略升级，以 SSV 为核心发动机，投入更大的组织力量，依托自身的科技能力，聚焦普惠事业，创造更多的社会价值。

无论是腾讯公益慈善基金会、腾讯公益平台，还是腾讯企业社会责任部、腾讯可持续社会价值事业部，它们都围绕一个一脉相承的主题——腾讯如何利用互联网科技的力量推动社会发展。正如腾讯公司副总裁、SSV 业务负责人陈菊红所言，腾讯在多次的战略升级中意识到，面对不确定性和层出不穷的挑战，企业要保持定力，关键的一点就是以韧性求发展，坚持使命驱动，立足核心能力，致力于价值创造。可持续社会价值创新战略升级，正是腾讯作为一家数字科技公司追求更具韧性、更可持续发展的关键举措。因为对公益的深度了解以及对商业力量的笃信，所以它重视"可持续"；因为刻在企业基因里的用户价值与社会价值内在一致性，所以它强调"社会价值"；因为创新是互联网企业的基石，所以它强调"创新"。一路走来，可持续社会价值创新最终成为腾讯的必然选择。

案例

03 "科技向善"的三道关:从关键议题到公司战略

2018年1月,腾讯公司主要创始人之一、前CTO(首席技术官)张志东提出了"科技向善"这个概念。他当时已经从腾讯退休,所以能在一个比较超脱也比较敏锐的位置发现这个问题的必要性和重要性,但这个概念一开始并未引起公司内部的重视。当时的主要疑虑在于:"喊了这个口号,能否做得到?"2019年第二届"科技向善"论坛上,张志东正式提出"科技向善"概念,引起了广泛关注。

其实,"科技向善"新愿景的种子早在2017年底就已种下。腾讯研究院在张志东的指导下,于2017年底启动"科技向善"项目,初衷是为腾讯产品与服务面临的一些全新而复杂的社会问题寻找解决方案和有效行动。从2018年到2019年1月,腾讯研究院先后主办"科技向善·过载"与"科技向善·刷新"两届论坛,吸引了公司内外、行业内外、学界与政府许多人对这一理念的认同和对这一话题的关注。

2019年4月,腾讯的决策者举办了一次高级别的"务虚会",讨论是否要旗帜鲜明地提出"科技向善"。原本计划讨论3个小时,后来进行了长达4个半小时的讨论,主要聚焦在如何定义这块新的业务、公司需要为此做出什么调整,包括如何确定新业务的目标和考核标准、它和商业的业务有何区别、具体要做哪些方向等。最终,腾讯不再犹豫,总办成员一起下定了决心,确定将"科技向善"作为公司未来新的愿景及使命。

2019年5月4日凌晨,马化腾发布一条朋友圈,首次对外透露"科技向善"将成为腾讯公司新的愿景及使命,引起广泛热议。2019年11月,腾讯总办向40 000多名员工发布全员邮件,正式公布腾讯新的愿景及使命是"用户为本,科技向善"。2021年4月,腾讯宣布第四次战略升级,将"推动可持续社会价值创新"纳入公司核心战略,牵引所有核心业务,全面落实"科技向善"的使命。

从2018年初提出时"遇冷"到2019年"热议"再到2021年"落实",在三年的时间内,可持续社会价值创新的关键议题"科技向善"成功通过了三道关:首先,实现了从内向外的扩大化;其次,实现了从外向内的催化;最后,升级为公司的愿景及使命。

第3问：如何让可持续社会价值创新成为企业高层共识？

一、重要性

社会价值创新意味着组织变革，而变革意味着利益调整和潜在冲突，因为个体或部门通常追求自己的利益最大化，如果企业高层不参与协调或者不管不问，组织变革将举步维艰，甚至无法落地。让可持续社会价值创新成为企业高层共识的重要性，主要体现在以下3个方面。

1. 确保战略一致性。当企业高层对可持续社会价值创新达成共识时，能够确保企业的战略方向和日常运营决策都围绕这一核心展开，避免出现战略上的分歧和资源浪费。例如，在绿色转型的初期，GE（通用电气公司）的高层对于是否要大力发展可再生能源和环保技术存在分歧。一部分人认为，传统能源业务是公司的利润支柱，而可再生能源市场尚不成熟，投资风险较大。另一部分人则坚持认为，随着全球气候变暖问题日益严峻，绿色转型是公司未来发展的必然选择。为了达成共识，GE进行了一系列内部讨论会和外部咨询会，共同探讨绿色转型的必要性和可行性。经过一段时间的努力和协商，GE的高层最终达成绿色转型的共识。在达成共识后，GE加大了对可再生能源和环保技术的研发投入，推出了一系列创新产品，如高效的风力发电机组、太阳能发电系统等。同时，公司还积极与全球各地的政府和合作伙伴合作，推动绿色能源项目落地实施。这些努力不仅提升了 GE 的环保形象，还为公司带来了新的业务增长点和市场份额。

2. 提高决策效率。企业高层共识可以减少决策过程中的犹豫和拖延，使企业能够迅速地响应市场变化和社会需求。例如，H&M 是国际知名的快时尚品牌。随着全球环保意识不断增强，快时尚产业因其高污染、高能耗的生产模式而面临巨大的环保压力。面对这一挑战，H&M 的高层团队迅速达成共识，决定在全球范围内推广可持续时尚理念。他们认识到只有通过转型，才能使企业在日益严格的环保法规和消费者日益增长的环保需求下保持竞争力。正是在企业高层共识的推动下，H&M 制定了可持续时尚战略，短短几个月内就完成了从传统快时尚品牌到可持续时尚品牌的转型。

3. 增强企业凝聚力。企业高层共识能够在企业内部形成强大的向心力，使所有员工都围绕共同的目标努力，从而提高企业的整体竞争力。例如，作为全球科技巨头，谷歌高层认识到只有将环境可持续性和社会价值纳入企业的核心战略，才能确保谷歌在未来竞争中的领先地位。基于这一深刻共识，谷歌制定了一系列可持续创新战略，包括优化数据中心的能源消耗、开发环保产品、推广可再生能源等。这些战略不仅得到了高层的全力支持，也在整个企业内部得到了广泛响应。谷歌员工积极参与各种可持续发展项目，通过跨部门合作和分享最佳实践等方式，共同推动谷歌在社会价值创新方面取得显著成果。正是企业高层共识所形成的强大向心力，使谷歌员工能够紧密团结在一起，朝着共同的目标努力。

二、难点与挑战

让可持续社会价值创新成为企业高层共识通常会面临以下5个难点。

1. **缺乏全面的可持续发展视野**。有时候，企业高层可能缺乏对可持续发展全面、深入的理解。他们认为可持续发展仅仅是环保或社会责任的某一方面，而没有将其视为企业整体战略和创新的核心。这种视野的局限性可能导致企业高层在推动可持续社会价值创新时缺乏足够的动力和决心。

2. **在实现路径上无法达成一致**。虽然企业高层也认同可持续发展和社会价值创新的重要意义，但在具体的实现路径上缺乏共识，这会导致很多管理者在具体的落地执行过程中感到迷茫或无从下手，难以实现有效行动。

3. **对新生事物的抵触情绪**。传统的经营模式、管理方式和对企业成功的定义，都可能使部分高层难以真正理解或接受新的可持续发展理念，从而对可持续社会价值创新存在抵触情绪，在执行时出现曲意逢迎或故意回避的做法，无法真正落到实处。

4. **利益相关者的不同诉求**。企业高层需要平衡不同利益相关者的诉求，包括股东、客户、员工、供应商和社区等。这些利益相关者可能对可持续社会价值创新持有不同的观点和期望，导致企业高层不得不面临复杂多变的多方利益的考量。

5. **缺乏数据和评估工具**。在推动可持续社会价值创新时，企业高层可能需要依赖数据和评估工具来证明项目的可行性和价值。然而，有时这些数据和工具不足以支持决策，或者难以准确衡量和比较不同项目的社会和环境影响。这可能导致企业高层在决策时缺乏充分的信息和依据。

为了克服这些难点和障碍,企业高层需要展现出坚定的决心和领导力,积极推动可持续社会价值创新在企业内部落地实施。企业可以采取一系列措施,如加强企业高层对可持续发展的教育和培训、引入外部专家和顾问以提供指导和支持、制定明确的执行方案和实现路径、加强内部沟通和协作的广度与力度、与利益相关者沟通合作以达成共识、积极寻求更有效的评估方法,以及收集更多高质量的数据等。

三、方法与策略

在通常情况下,企业高层达成共识需要4个步骤。

1. 企业的关键决策人必须在小范围内达成共识。这通常涉及企业的核心领导团队,如CEO(首席执行官)、CTO、CFO(首席财务官)等。他们需要在深入讨论和理解的基础上,对可持续社会价值创新的重要性、必要性以及可能给企业带来的长远影响初步达成共识。这一步是基石,为后续的行动定下基调。

2. 在关键决策人达成共识后,需要适度扩大范围,广泛听取意见。特别是那些与可持续社会价值创新直接相关的部门负责人,他们的建议和看法对于达成全面、深入的共识至关重要。通过组织研讨会、座谈会等形式,让更多的人参与讨论,不仅可以集思广益,还能增强团队之间的凝聚力和向心力。

3. 通过反复讨论和修改,达成阶段性共识。在这一过程中可能会遇到各种困难和挑战，比如不同部门之间的利益冲突、对创新项目的担忧和疑虑等。正是这些困难和挑战，推动着高层团队不断深化对可持续社会价值创新的理解，寻找更加合适的解决方案。每一次讨论和修改，都是对共识的锤炼和升华。

4. 不断深化共识。共识的达成并不意味着结束，而是新的开始。在将可持续社会价值创新理念转化为实际行动的过程中，企业会遇到各种预料之外的情况和问题。这时，高层团队需要保持灵活和开放的心态，及时调整策略和方法，确保项目顺利进行。同时，他们还需要密切关注市场动态和社会反馈，以便在必要时对共识进行修正和完善。

总之，企业高层达成共识是一个复杂而漫长的过程，不会一蹴而就。相对于企业高层较为熟悉的商业领域，可持续社会价值创新还是一个比较新颖且更具有挑战性的新领域。因此，让可持续社会价值创新成为共识，企业高层不仅需要具备前瞻性的眼光和坚定的决心，也需要耐心和时间，更需要方法和技巧。

案例

04 让企业高层达成共识的核心方式：总办决策

很多企业会设立一个名为"总经理办公室"的部门，简称"总办"。腾讯总办作为一家数万亿市值企业的中枢，自然备受瞩目。腾讯总办成员一般由高级执行副总裁及以上职位的核心高管组成，总数保持在 16 人，这些核心高管分管各个事业群，事业群则由负责具体业务的部门组成。

腾讯内部的各个业务部门像是一个又一个创业公司，当它们需要获取资源、开拓并组建新业务时，都需要向总办汇报。因此，对于各个业务部门来说，腾讯总办的角色类似投资人。当各个业务部门进行跨部门协作时，腾讯总办则充当牵头人的角色，进行全局协调。

腾讯总办双周开一次例会，据参会人介绍，每一个议题提出后，马化腾不会先表态，而是想要听到每一个人的态度和意见，所以会议时间往往较长。腾讯总办的例会是没有表决制度的。正如腾讯公司高级副总裁、党委书记奚丹所言，20多年里，腾讯总办没有一次决策是靠表决产生的。在决策过程中，马化腾并没有被赋予一票赞成或一票否决的权力，但他的意见至关重要。按照腾讯公司高级管理顾问杨国安的说法，他在协助召开总办会议时，会有意安排马化腾先发言，这样参会人员就会知道讨论的尺度在哪里。例如，在2018年关于"930变革"的总办例会上，马化腾第一个发言，他主要提出两个问题——"云到底是不是腾讯最重要且一定要做的？""腾讯一两千个总监级干部中，30岁以下的有多少？"这两个问题一经提出，其他人就知道这次例会与以往都不相同。

腾讯总办以达成共识为决策的前提。如果反对成员比较多，那么某项决策便会被暂时放到一旁。如果大多数成员赞同，则反对者可以保留自己的意见。正如杨国安所言，对于所有大的变革，最核心的是总办要达成共识，因为每一个人看到的问题不一样。多年企业组织革新的一个重要经验就是，大会之前要先开小会，重要的事情先在小会上解决，摸完底了，大概就知道大家在大会上要讲什么，这样才能在会上达成共识。

可持续社会价值创新理念的酝酿和提出，很大程度上是因为在2020年抗疫的过程中，12 000多名腾讯员工背靠背地朝着同一个目标努力，用创新服务社会需求，其投入度和配合度远超商业热情。这股创新力和凝聚力让马化腾和刘炽平深有感触，两人电话探讨了一个多小时，称"930变革"后提出扎根消费互联网、拥抱产业互联网，再后来又提出"科技向善"，但感觉还是少了一块。随后，腾讯公司高级副总裁、腾讯公益慈善基金会理事长郭凯天加入进来，他发现在社会价值创新方面，腾讯要动真格了。三人讨论多次，达成基本共识后，将社会价值创新的议题提上总办会议议程。

在总办会议上，大家对于要不要做社会价值创新这件事情本身并没有太大异议，讨论的核心在于要怎么做。社会价值创新到底是什么？它与企业社会责任或公益慈善的区别在哪里？要不要把社会价值创新提升到战略层面？战略的更新和落实意味着组织结构的调整，在商业组织内部设立一个以实现社会价值为目标的部门是否可行？这些问题让原定90分钟的讨论时间延长到4个小时。

总办成员经过激烈的讨论，就一个核心问题达成了共识：用户价值和社会价值具有内在统一性，在企业内部可以存在一个可持续的非营利部门，这个部门不以营利为目的，但可以有收入，收入将用于社会价值创新，因为只有这样做才是可持续的。

高管们争论的另一个焦点是，如果同一件事情既有业务部门在做，又有社会价值创新部门在做，应当如何划清边界呢？例如，"耕耘者"振兴计划与农业农村部的合作是公益性质的，腾讯的产业部门也在做农村数字化服务，但内容却是收费的，这样一边是免费的，另一边是收费的，同一件事情不就产生冲突了吗？对服务对象来说，他也会产生困惑："既然有些业务可以免费做，为什么还要收钱呢？"关于如何解决这个问题，大家达成了一个原则性意见，那就是坐下来一起沟通，共同协商一个解决办法。例如，在创新办学这件事上，"腾讯教育"业务板块起初是免费的，但也有一些收费的课程，哪怕免费和收费并存，也没有出现因为二者的冲突而丢单的情况。

总办会议之后，讨论范围逐步扩大，行政、人力、传播等部门负责人相继参与了多轮讨论，最终确定了"可持续社会价值创新"这个新理念，组建了SSV（可持续社会价值事业部），举全公司之力，与核心业务线联动，在落地执行中不断深化和扩大共识。

战略升级：如何将可持续社会价值创新融入企业的使命？

企业的使命是企业经营目的和终极追求的概括性总结，是企业的逻辑起点。企业的使命有两方面的含义：一是"你能为谁做什么事"，二是"你将成为什么样的企业"。一家强有力的企业必须靠使命驱动。

惠普公司的创始人戴维·帕卡德说过，"很多人都会错误地认为，一个公司的存在只是为了赚钱。每家企业都应该更深入地寻求自身存在的真正理由"。惠普的使命不是为了制造电子测量仪器，而是通过技术上的贡献，让人们的生活变得更美好；迪士尼公司的使命不是为了制作卡通动画，而是让人们变得快乐；麦肯锡的使命不是做管理顾问，而是帮助企业和政府更加成功。可见，企业的使命反映了企业在利润之外存在的深层原因。

长期以来，关于企业的责任研究存在两个截然不同的派别。

以米尔顿·弗里德曼为代表的一派认为，作为经济实体的企业只具有经济责任，其他责任必须服从或包含在经济责任中；以弗兰奇为代表的一派认为，企业的法人地位意味着企业具有道德人格，企业责任不仅是经济责任，还包括对环境、政府和公众的责任。

实际上，无论是从理论还是从实践上来讲，企业的经济目标和社会使命始终是辩证统一的。企业发展到一定阶段，无法回避"企业存在的目的"和"员工工作的目的"这两个问题，答案绝非追逐利润或迫于生存，而是必须有更高的社会价值来支撑。

把社会利益和企业利益双赢作为企业的发展目标，已经成为许多优秀企业的经营哲学。松下幸之助以多年来经营企业的切身体会，将企业的使命分为三个层次：第一，企业是为了社会的繁荣发展而存在，而不是为了企业的繁荣发展而存在；第二，精神的丰盈和物质的丰富二者缺一不可，企业的使命是为整个社会创造财富；第三，利润不是企业的最终目标，只是实现企业使命的重要保障性因素，为社会做贡献与取得合理利润并不矛盾，利润其实是对完成企业使命给予的报酬。

那么，如何实现社会价值与商业价值的和谐共赢？将可持续社会价值创新融入企业的使命应该遵循哪些关键原则、经过哪些主要步骤？案例5将以腾讯可持续社会价值创新的演变过程为例，厘清企业社会责任的源流和社会价值创新的发展特点。案例6和案例7将继续深入剖析腾讯在具体落地和实践可持续社会价值创新过程中的取舍之法以及探索路径，希望能够为有兴趣和有意愿实践可持续社会价值创新的企业提供借鉴。

第 4 问：为什么要将可持续社会价值创新融入企业的使命？

一、重要性

将可持续社会价值创新融入企业的使命，不仅是现代企业发展的必然选择，更是企业走向未来的关键所在，其重要性主要体现在 4 个方面。

1. 拥抱全球新商业文明浪潮。在全球范围内，经济效益和社会目标的融合趋势日益明显。从长远看，那些不仅仅关注利润的使命驱动型公司具有更突出的绩效表现。新商业文明强调企业不能只追求利润最大化，还要承担社会责任，关心员工福利、消费者权益和社区发展。社会价值引领经济价值的时代已然来临。早在 2006 年，哈佛商学院大学教授迈克尔·波特和 FSG 咨询公司联合创始人马克·克雷默就提出 CSV（创造共享价值），并描绘了一个理想蓝图——社会利益与企业利润结合在一起，成为经济增长的新模式。食品生产商玛氏公司和牛津大学合作，发起一场名为"互惠经济学"的运动，通过 14 年的实践，为企业提供切合实际的建议，赋能全球企业通过满足社会和环境需求而获得超越式增长。2019 年，美国近 200 位大企业 CEO 组成的商业圆桌会议声称摒弃"企业的唯一目标是为股东创造价值"，强调企业社会责任，宣称企业有责任为所有利益相关者服务。2020 年，第 50 届世界经济论坛年会发布《达沃斯宣言》，明确提出企业不仅仅是创造财富的经济单位，作为社会体系的一部分，它所实现的是人类和社会的期望。

2. **顺应战略发展方向**。将可持续社会价值创新融入企业的使命，也是顺应国家战略的发展方向。2020年10月，党的十九届五中全会将"人的全面发展、全体人民共同富裕取得更为明显的实质性进展"确立为2035年基本实现社会主义现代化远景目标之一。2021年8月，中央财经委员会第十次会议指出，"构建初次分配、再分配、三次分配协调配套的基础性制度安排"。2022年3月，国务院国有资产监督管理委员会成立科技创新局和社会责任局，推动国有企业履行社会责任，注重企业社会价值。2022年10月，党的二十大报告指出，"分配制度是促进共同富裕的基础性制度"。这些举措释放出一个清晰的信号：共同富裕是中国式现代化的重要特征，解放和发展生产力是社会主义市场经济的根本目标。在全面建设社会主义现代化国家的新征程中，在扎实推动共同富裕的政策方向下，打开视野、提升格局，从国家和社会的战略方向思考企业存在的意义，是中国企业家必须面对的一个重大命题。企业若仅以追求自身利益和经济收益为最终目标，缺乏更深层次的社会价值，则企业的可持续发展也将受到影响。

3. **满足用户期望和需求**。当今社会，消费者对企业履行社会责任有着越来越高的期望。他们希望企业不仅关注经济效益，更要关注社会效益。如果说一个人最大的成就是为社会创造了财富，那么一个企业最伟大的成就，就是为社会创造了价值。所以，企业需要通过可持续社会价值创新，将社会责任融入企业文化和日常运营中，积极履行对员工、消费者、社区等利益相关者的责任，树立良好的企业形象。把可持续社会价值创新融入企业的使命，不仅可以推动社会的可持续发展，企业也可以满足用户的期望和需求，赢得市场的认可和尊重，实现经济效益和社会效益的双赢。例如，娃哈哈集团通过建立生产基地，带动了相关产业链的发展，为当地居民提供了大量就业机会，促进了地区经济的发展。娃哈哈在生产过程中采用环保技术和材料，减少了生产过程中的碳排放，推动了可持续发展，赢得了消费者的信任和支持。

4. 为企业自身发展提供行动指南。 使命是关于企业存在的目的或理由的宣言，它揭示了企业为何存在及其所追求的核心价值和目标。使命是企业的公开宣言，不仅刻画了企业的独特性质，更传达了其经营哲学、宗旨和坚守的价值观。当企业将可持续社会价值创新融入使命时，效果尤为显著。这样的使命不仅为内部员工提供了明确的工作方向，也为外部利益相关者，如投资者、合作伙伴和消费者等，提供了清晰的认知框架，帮助他们更好地理解企业的根本价值和发展目标。通过践行可持续社会价值创新的使命，企业能够在激烈的市场竞争中实现持续稳健的发展。例如，星巴克的企业使命是"激发并孕育人文精神，每人，每杯，每个社区"。这一宣言不仅体现了星巴克对高品质咖啡的追求，更强调了其在社区建设、文化传承方面的责任。星巴克通过提供优质的咖啡体验、营造温馨的消费环境、积极参与社区活动来实践企业使命。这种将社会责任与商业价值紧密结合的做法不仅赢得了消费者的喜爱，也为星巴克在全球范围内的稳健发展提供了有力支撑。

二、难点与挑战

企业使命深刻揭示了企业存在的根本目的及其追求的核心价值，同时也明确了企业的经营领域、发展理念以及在社会经济中应扮演的角色。将可持续社会价值创新融入企业使命通常会面临3个方面的挑战。

1. 文化理念的冲突。企业内部根深蒂固的传统理念与可持续社会价值创新相悖，这是众多企业在可持续社会价值创新转型过程中面临的首要难题。因此，将可持续社会价值创新融入企业使命时，企业必须正视这种文化惯性，通过有效的沟通和引导，逐步转变企业高层和普通员工的思维方式和行为习惯。企业还需要在制度层面进行相应调整，确保新的价值观能够在企业内部真正得到落实和践行。例如，麦当劳使用的包装材料，曾经在很长一段时间内受到环保人士的批评。尽管麦当劳面临可持续包装的压力，它的企业文化仍然强调快速、便捷和低成本，导致在采用更环保的包装材料方面进展缓慢。这种文化理念的冲突使得麦当劳在可持续发展方面遇到了困难，影响了品牌形象和市场竞争力。

2. 组织结构的僵化。企业内部的组织结构往往是在长期的发展过程中逐渐形成的，具有一定的稳定性和惯性。当企业试图将可持续社会价值创新融入使命时，这种僵化的组织结构可能成为阻碍。它无法适应新的战略需求，导致决策缓慢、沟通不畅和协作困难。例如，诺基亚曾经在手机行业占据领先地位，但随着智能手机的兴起，其组织结构未能及时调整以适应市场变化。诺基亚的内部组织结构过于复杂，决策层级过多，导致创新项目推进缓慢，无法及时响应市场需求。最终，诺基亚在智能手机市场的竞争中逐渐落后。

3. 缺乏必要的能力和资源。 将可持续社会价值创新融入企业使命需要企业具备相应的能力和资源支持。许多企业在这个方面存在明显不足：要么缺乏具备相关专业知识和技能的员工，无法有效地实施创新项目；要么缺乏必要的资金和技术支持，无法承担创新带来的风险和成本。为了克服这一障碍，企业需要制订全面的能力建设计划和资源调配策略。这可能包括招聘具备相关专业知识和技能的员工、提供必要的培训和发展机会、寻求外部合作伙伴的支持，以及合理分配和利用有限的资源。通过不断提升自身的能力和资源水平，企业可以更好地实施可持续社会价值创新项目并取得成功。

总之，将可持续社会价值创新融入企业使命是一项具有挑战性的任务，需要企业正视并解决文化理念的冲突、优化僵化的组织结构、提升必要的能力以及解决资源配置等问题。

三、方法与策略

将可持续社会价值创新融入企业使命是一个需要细致考虑的综合过程，至少应该遵循以下3个基本步骤。

1. 明确企业的核心价值观与可持续社会价值创新的契合点。 企业需要深度审视现有的使命和价值观体系，不仅要理解字面意义，更要洞察背后的精神实质，以判断是否与可持续社会价值创新理念相契合。在此基础上，企业还需要敏锐地识别市场、社会和环境的变化趋势，从中发掘与企业业务紧密相关的可持续社会价值创新的机会。例如，特斯拉在其核心愿景中强调"推动世界向可持续能源转变"，这与可持续社会价值创新高度契合。特斯拉不仅将电动汽车作为减少碳排放的重要手段，还通过太阳能技术和储能解决方案进一步推动清洁能源的普及。这种深度的契合使特斯拉在市场竞争中占据先机并赢得了消费者的广泛认可。

2. 对组织结构做出适度调整，以便更好地体现企业使命中的可持续社会价值创新要素。企业需要审视现有的组织结构，识别并调整那些阻碍可持续社会价值创新的内部结构。这可能包括简化决策流程、打破部门壁垒、建立跨部门协作机制以及赋予员工更多的自主权和决策权。通过组织结构的优化，企业可以更加灵活、高效地推动可持续社会价值创新使命的落地与实践。将可持续社会价值创新融入企业使命，不应该只是一句宣传口号或者一个笼统的目标，而应该有相应的组织保障。例如，中石油为了体现对新能源、新材料的重视进行了组织结构调整，将集团财务部、资金部、资本运营部重组为集团财务部和股份财务部，撤销对外合作经理部，将其并入发展计划部等。这些调整简化了决策流程，打破了部门壁垒，实现了组织结构的精简，增加了金融、投资、新能源管理职能，由此确保对新能源、新材料等业务布局进行有效指引和强化。

3. 加强内部沟通与培训，充分调动企业内部资源。企业需要向员工清晰传达可持续社会价值创新的使命，通过提供必要的培训和支持，帮助员工理解企业为何要将可持续社会价值创新融入使命之中。比如，微软通过定期举办的内部会议、在线学习平台以及专门的可持续发展培训项目等，不断提高员工对可持续发展这一使命的认知度和参与度。微软鼓励员工利用公司的技术和资源，自主发起和参与与社会价值创新相关的项目，从而在公司内部形成浓厚的创新氛围。这些举措不仅推动了微软在社会价值创新方面的进展，也增强了员工的归属感和使命感。再比如，谷歌通过内部培训和教育项目，提高员工对可持续发展和社会价值的认知，鼓励员工将其融入日常工作和生活。

案例

05 将可持续社会价值创新融入腾讯公司使命的"来龙去脉"

在科技公司腾讯的内部，一场关于企业未来方向的深刻讨论正在悄然进行。企业高层敏锐地意识到，单纯的商业成功已不再是衡量企业价值的唯一标准。在这个快速变化的时代，如何将企业的力量与社会价值相结合，成为一个亟待解决的问题。

经过总办扩大会议多次激烈的讨论，"可持续社会价值创新"这一新理念逐渐浮出水面。它不仅是腾讯对未来发展方向的战略洞察，更体现了企业对社会价值的深度思考和高度期待。腾讯的用户价值与社会价值之间存在着天然的一致性，但如何在众多企业中脱颖而出，展现出独特的差异性呢？答案就隐藏在"可持续"三个字中。

"可持续"不仅与联合国的可持续发展目标相契合，更与高质量发展的要求紧密相关。它超越了传统公益慈善和企业社会责任的范畴，秉持自我生发和成长的长期主义理念。在财务层面，它追求的是自我造血的能力；在组织层面，它期望能够带动更多的组织和个体参与进来，实现规模化的社会效应。

当"可持续社会价值创新"这一提法得到腾讯高层的认可后，一位核心高管进一步指出："腾讯之所以选择这条路，是因为我们拥有强大的科技和产品能力。"这些核心能力可以用一个词来概括，那就是"创新"。腾讯希望通过创新改变原有问题的解决模式，以新的路径、新的数字化能力和新的技术路径来推动社会价值的实现。

然而，这一战略决策并非一帆风顺。2021年4月，当腾讯宣布投入可持续社会价值创新事业时，社会和行业内掀起了热议。质疑声此起彼伏："真的有必要把社会价值升级到战略层面吗？""投入这么多钱，真的能赚回来吗？"面对这些质疑，马化腾坚定地表示："这不是开玩笑，也不是锦上添花，更不是可有可无。这是腾讯的自我加压，是我们主动选择的路。"

在这条探索之路上，腾讯遇到了不少困难和挑战。有些人认为可持续社会价值创新太难了，不知道从何做起；有些人担心投入会"打水漂"，得不到应有的回报。但腾讯坚信，只有真正踏上这条创新之路，才能发现广阔的蓝海。因为有时候并不需要付出太大的成本，就可以创造巨大的社会价值。虽然可持续社会价值创新不以营利为目的，但它却可以带来营收，这正是"可持续"的真正含义所在。

面对外部的质疑和压力，马化腾以睿智且坚韧的态度回应："再大的压力，也可以转化为动力。我们只需要认真做事，用行动和成果来证明我们的选择是正确的。"在全球范围内，大体量的企业难免会遭遇各种挑战和误解。但腾讯坚信，只要企业重视社会价值的创造并付诸实践，就一定能够赢得社会的认可和尊重，并实现持续健康的发展。

第 5 问：将可持续社会价值创新融入企业的使命要遵循哪些关键原则？

一、重要性

原则是行事的依据，可以抽象，也可以具体。原则像一个指引行动的灯塔，特别是在人们面临重要的选择却左右为难时。美国"对冲基金教父"、桥水基金创始人瑞·达利欧结合自己 40 多年的职业生涯，写了《原则》一书。他认为原则基于人们对事物本质和运作规律的认知，是人们围绕目标、以成功的结果为导向的行为准则，随着人们对事物认知的转变或加深，原则也会不断变化和调整。在将可持续社会价值创新融入企业使命的过程中，至少需要遵循以下 3 个原则。

1. 内生原则。内生原则强调企业应将可持续社会价值创新的理念视为其核心价值和使命的有机组成部分，而不仅仅是外部要求或附加任务。内生原则意味着企业真心相信并将可持续社会价值创新视为企业存在和发展的核心意义和根本目标。只有"内生"，企业才能保持长期定力，在实现社会价值创新的同时不断探索，实现从无到有、从有到优的突破和发展，并逐步外化为企业高层和全体员工的集体行动。

2. 开放原则。企业将可持续社会价值创新融入自己的使命，不仅需要从自身出发，也需要重视与外部环境的互动。只有与政府、行业机构、社区等利益相关者保持开放沟通，才能更好地理解社会需求和期望。"开放"强调的是企业需要更加积极主动地公开展示自己在可持续社会价值创新方面的具体努力，清晰地表达对外部支持的具体需求。这样才可以集思广益，增强企业自身的创新能力，而且还有助于及时纠偏，更为精准地将企业的可持续社会价值创新落到实处。

3. **共创原则**。将可持续社会价值创新融入企业的使命，需要充分链接和调动尽量多的利益相关者共同参与和创造。共创强调的是包容性、合作性和参与性。可持续社会价值创新目前还是一个全新的领域，更需要企业提升自身的包容性，加强与核心利益相关者的合作，确保社会各界的广泛参与，从而提高有效性和成功率。共创意味着共赢，各个参与方都能从中获得成长机会，本质上是资源的整合和优化。

二、难点与挑战

将可持续社会价值创新融入企业的使命，通常需要遵循的 3 个关键原则是内生原则、开放原则和共创原则。遵循这 3 个关键原则主要面临以下 3 个难点。

1. **可持续社会价值创新异化为公关手段**。外因是事物发展变化的条件，起催化作用；内因是事物发展变化的根本原因，起决定性作用。对企业而言，可持续社会价值创新是一种在认知不断升级后的自觉行为，而不是被迫行为。如果企业进行可持续社会价值创新只是一种表面功夫，不仅难以真正推动社会进步，而且最终会有损企业形象。

2. 利益相关者的信任缺失。可持续社会价值创新要面临和解决的往往是一些具有复杂性和长期性的社会难题，因为好解决的问题早已被解决。换句话说，社会价值创新是一个在缝隙中寻找光明的领域。与商业领域不同，社会价值创新领域是不需要考虑竞争对手的。因为很多社会问题，即使多方通力合作，也难以实现系统性改变，所以务必保持开放。开放意味着企业关注社会议题的整体格局变得完全不同了，也意味着企业需要有效管理和整合来自不同利益相关者的意见和资源，在复杂形势和动态变化中不断构建信任关系。在开放原则下，企业需要保持高度透明，以赢得利益相关者的信任。

3. 平衡多样性与统一性的需求。共创是指多人共同参与创造。共创模式的产生与发展源于现实需求，由于时间有限，个体精力和能力也是有限的，而共创可以最大程度地发挥每个人的优势，实现资源的优化整合，弥补个体的不足。价值共创最早是由《金字塔底层的财富》的作者、管理学家 C. K. 普拉哈拉德在 2004 年提出的，指的是以个体为中心、企业与消费者共同创造价值的理论。现在，"共创"已经成为社会热词。2021 年 10 月，脸书网宣布更名为"Meta"，以反映"Metaverse"（元宇宙）带来的新机会，它认为元宇宙是一个巨大的共创生态。在共创过程中，企业需要平衡多样性和统一性的需求。多样性可以带来更多的创意和视角，但也可能导致意见分歧和冲突；统一性则有助于达成共识和协作，但也可能抑制创新和多样性。

三、方法与策略

将可持续社会价值创新融入企业的使命，在遵循内生、开放、共创 3 个关键原则方面可以参考以下 4 点。

1. **企业高层以身作则**。高层管理者应当真正成为可持续社会价值创新的积极倡导者和实践者。他们的行为和决策不应是"喊口号"或"公开秀"，而是需要通过具体的决策和行动，体现对这一使命的信心和决心，真正参与可持续社会价值创新。

2. **员工积极参与**。建立员工参与机制并提供必要的支持，鼓励员工积极参与可持续社会价值创新活动，比如设立"员工社会价值创新日"、开展社会价值创新大赛等。只有充分调动员工在可持续社会价值创新方面的内生动力，才能真正激发企业整体的创新活力和凝聚力。

3. **建立长期互信关系**。企业应当与外部利益相关者建立稳定的合作关系，并通过持续的沟通和透明的信息共享机制来培养互信。这种关系的建立有助于企业更好地理解社会需求，共同解决问题。

4. **不断完善利益共享机制**。企业应当建立一个公平、明确的利益共享机制，不仅支持利益相关者真正参与决策过程，确保其声音和需求被听取和考虑，而且要定期评估和完善现有利益分配机制的成效，不断收集反馈，及时做出优化调整。

> 案例

06 腾讯的社会价值共创三要素：共同愿景、内生动力、共享机制

共创是多个参与主体持续开展合作和共同参与创造的一种行为模式。共创模式的产生与发展源于现实需求。个体的时间、精力和能力都是有限的，而共创可以最大限度地发挥每个人的优势，实现资源的优化整合，弥补个体的不足。就可持续社会价值创新而言，它是一个"复合体"，需要多方共同参与，任何一方关起门来都做不成。在一些领域，有些企业具备一定的产业和技术优势，能够加速该领域的社会价值创新，但这些企业只能是参与者或促进者，而不是主导者。社会价值创新既有痛点，也有断点，需要多方参与来共同解决，有些企业可能解决了某些痛点问题和断点问题，但需要在合适的时机引入其他主体持续跟进，最终由多方共同完成社会价值创新的目标。

在数字时代的浪潮中，腾讯作为科技引领者，一直在探索如何更好地实现可持续社会价值创新。腾讯深知单打独斗无法解决这个问题，需要多方的共同参与和努力。腾讯最看重的就是共创，希望把各个业务部门调动起来，共同参与可持续社会价值创新。通过人力成本和业务成本的内部结算模式，解决业务部门的成本压力和人力压力，一方面激发业务部门参与创造社会价值的热情，另一方面也不会影响商业模式，便于形成共创氛围，最终推动项目落地。数据显示，在腾讯 SSV 中，60%～70% 的业务是跨事业群共创形成的。在多年实践的基础之上，腾讯提出了社会价值共创的三要素：共同愿景、内生动力、共享机制，并在实践中不断探索和应用。

腾讯的社会价值探索者明白，要实现社会价值共创，首先必须建立共同愿景。共创的前提是共识。就社会价值创新而言，首先需要对社会价值达成共识。每个人都有一个自己的圆，如果多人共同参与创造，那就需要找到交集。所有的合作都是这样的，不管是商业的，还是公益的。无论是企业内部不同的部门，还是企业外部不同的合作伙伴，合作共创的前提首先是要确定这件事是不是大家都想做成的或者至少乐见其成的。如果只是一厢情愿，即使单方面给钱、给资源，其他人仍然会很勉强。如果这件事是大家都想做成的，那就值得一做，大家一起商讨并确定共同愿景。在后续的推进过程中，遇到具体问题或分歧时，协商起来就会更顺畅，因为毕竟大家有共同的目标。这个愿景是大家共同的追求，是激发团队凝聚力和创造力的源泉。因此，在每一个社会价值创新项目中，腾讯都致力于与合作伙伴共同明确这个愿景，并将其贯穿于项目的始终。

激发内生动力是共创模式持续发展的关键。腾讯通过一系列激励机制和内部政策，鼓励员工积极参与社会价值创新项目。它相信，只有当员工感受到自己的工作和努力有价值、有意义时，才能真正激发创造力和热情。2023年2月，腾讯公司总裁刘炽平在内部专访中号召全体腾讯人行动起来，通过工作、公益和志愿服务参与"向善实践"——"一线的接触和亲身参与很重要，每个人只有真正去做、去实践，才会有切身的感受，它会增加我们与社会的触点"。在腾讯总办动员并亲自实践下，员工覆盖比例从4%提升至16%，1 300多名管理干部报名了"向善实践"项目，越来越多的管理干部和员工参与其中。2023年，在多方努力下，"向善实践"被纳入腾讯公司内部团建。"向善文化"在实践中得到进一步深化，激发了管理新活力。

2023年，"员工向善实践"小程序在腾讯公司内部上线。通过这个小程序，员工可以自己发起项目，成为"向善实践主理人"，更多小伙伴可以在这里选择加入合适的项目。在"99 员工公益周"期间进一步升级小程序，通过主题组队、成长积分、社交分享等功能，让大家寓善于乐，优化了员工参与体验，点燃了群体参与热情。目前，"员工向善实践"小程序已与企业微信打通，嵌入工作台并上线"我的向善日程"功能，让员工能够一目了然、及时参与已报名的活动。此外，小程序上线"邀请同事"功能，只要将活动分享给同事，即可邀请对方一起参与"向善实践"；"广场"功能给所有主理人和志愿者提供了一个"表达"的场所，大家既可以在这里发表自己的"向善故事"，感召更多人一起参与，也可以对相关项目进行评价，便于项目进一步优化。腾讯每一位正式员工在"员工向善实践"小程序、"志愿者 K 吧"中发起项目或参与项目，还会获得公司配发的公益金，他们可以选择将公益金投入更多自己感兴趣的公益项目，在小程序里实现"向善闭环"。

在腾讯看来，共享机制是实现资源优化整合的关键。腾讯的整个产品技术实际是分布式设计逻辑，不论是微信视频号，还是其他产品，都是让参与者把流量用起来，让他们用腾讯的技术、能力和数字化工具帮助自己实现增长与发展。这其实就是一种通过技术进行共享的逻辑。在这个过程中腾讯获利很少，但创造的社会价值却很大。正是通过推动共享机制，才更有可能实现共创，让共创成为腾讯最为突出的组织特征。腾讯还通过开放自己的技术和资源平台，与合作伙伴共享技术和资源，降低项目的实施难度，提高资源的利用效率。这种共享机制不仅促进了合作伙伴之间的深度合作和交流，更为整个行业树立了新的合作模式和标杆。

综上所述，腾讯通过树立共同愿景、激发内生动力和推动共享机制等措施，成功地推动多方参与、资源优化整合和共同实现目标。未来，我们期待看到更多像腾讯这样的企业加入社会价值共创的行列中来，共同为构建美好未来贡献力量。

第 6 问：将可持续社会价值创新融入企业的使命要经过哪些主要步骤？

一、重要性

分步骤将可持续社会价值创新融入企业的使命具有重要意义，具体可以归纳为以下 3 点。

1. 确保稳健性和可控性。逐步将可持续社会价值创新融入企业使命，而不是一下子进行大规模、大范围的变革，这种渐进式做法有助于降低风险，确保融入过程的稳健性和可控性。通过小规模试点和逐步推广，更好地掌握变革的节奏和方向。这样企业就能够在融入过程中及时发现问题并进行调整，避免步子过大而导致混乱和挫败。通过分步骤融入，企业可以逐步建立适应可持续社会价值创新的组织结构和流程，确保变革顺利进行。

2. 促进深度整合与协同。通过分步骤融入，企业可以推动各部门、各业务线之间的协同合作，打破传统的组织壁垒和思维定式，激发创新的活力和潜力。企业可以将可持续社会价值创新的理念和实践与自身的核心业务和战略目标相结合，实现内外部资源的优化配置和高效利用。这种深度整合和协同效应有助于企业在可持续社会价值创新领域形成独特的竞争优势，实现经济、社会和环境的共赢。

3. 培育持续进化与创新的能力。通过逐步引入可持续社会价值创新的理念和实践，企业可以不断优化现有的业务模式和思维方式，激发组织的创新活力。在阶段性发展过程中，企业可以积累宝贵的经验教训，为未来的创新活动提供有益的参考和借鉴。同时，分步骤融入也有助于企业建立一种开放、包容和创新的组织文化，吸引和留住优秀的人才，为企业的可持续发展和创新提供源源不断的动力。

二、难点与挑战

在将可持续社会价值创新融入企业使命的具体过程中，通常会遇到以下 3 种挑战。

1. 企业对自身使命缺乏深刻理解与正确认知。企业使命不仅仅是一个简单的口号或标语，而且是企业在社会经济发展中应承担的核心角色和责任，它反映了企业存在的根本原因和价值追求。然而，许多企业往往忽视了对使命的深入思考和明确定义，导致使命变得模糊、空洞或过时。当企业对自身使命缺乏深刻理解时，它们可能难以识别社会和环境中的机遇和挑战，也无法有效地将可持续社会价值创新融入企业的使命。

2. 企业缺乏可持续社会价值创新所需的资源和能力。将可持续社会价值创新融入企业使命不仅需要坚定的决心，还需要相应的资源和能力作为支撑。这些资源包括资金、技术、人才等，而能力则包括研发、创新、市场开拓等。然而，许多企业在这些方面存在不足，导致"使命"只是停留在文字上，无法真正落到实处。例如，缺乏资金可能使企业无法投入足够的资源进行社会价值创新方面的探索；缺乏技术人才可能使企业难以开发兼具市场价值和社会价值的产品或服务；缺乏市场开拓能力可能使企业无法有效地将新的理念和实践推广给更多的利益相关者。

3. **企业在遇到阶段性困难时无法坚持**。将可持续社会价值创新融入企业使命是一个长期且复杂的过程，其中不可避免会遇到各种阶段性困难。这些困难可能来自市场的不确定性、技术的瓶颈、内部管理的挑战、外部环境的突变等。当企业面临这些困难时很容易产生挫败感，甚至可能不得不放弃。这种情况不仅会导致企业无法真正实现可持续社会价值创新，还可能损害企业的长期竞争力和声誉。企业需要培养一种坚韧不拔的文化，领导层需要以身作则，展示出对可持续社会价值创新的坚定信念和决心；企业还需要建立一套有效的风险管理和应对机制，以便在遇到困难时能够迅速做出反应和调整。

三、方法与策略

将可持续社会价值创新融入企业使命，通常需要经历以下4个关键步骤。

1. **设定并完成阶段性目标**。设定清晰的阶段性目标对于引导企业逐步融入可持续社会价值创新至关重要。通过设定短期、中期和长期目标，企业可以更有针对性地规划资源和行动，确保每一步都朝着正确的方向前进。例如，耐克作为全球领先的体育用品公司，设定了一系列清晰的阶段性可持续发展目标。它致力于在2030年以前实现全球供应链碳中和，并在产品设计、生产和包装等方面大幅减少环境影响。通过逐步实现这些目标，耐克不仅提升了自身的环保形象，也为整个行业的可持续发展树立了榜样。

2.**评估成果并及时调整推进策略**。在完成阶段性目标后，及时评估成果并根据实际情况调整策略，是确保可持续社会价值创新真正融入企业使命的关键。这种评估和调整有助于企业发现潜在问题，及时调整方向和分配资源，确保创新活动的长期效益。例如，星巴克在推进社会价值创新的过程中，定期评估其社会责任项目的成果。当发现某些项目未达到预期效果时，及时调整策略，重新分配资源。星巴克曾在其供应链中发现咖啡农民的生活条件不佳，于是加大对咖啡农民的扶持力度，通过提供培训和技术支持帮助他们改善生活条件。这种策略调整使星巴克的社会责任项目更加贴近实际需求，取得了更好的效果。

3.**持续沟通与协作**。持续沟通与协作是确保各方共同参与、形成合力的关键。企业需要与内部员工、外部合作伙伴以及社会公众保持密切沟通，共同推动创新活动的实施。例如，微软在推进社会价值创新的过程中，积极与各类合作伙伴进行沟通和协作。它们与政府机构、非营利组织、教育机构等建立合作关系，共同推动环保、教育公平等社会问题的解决。通过持续沟通与协作，微软成功地汇聚了多方力量和资源，推动了创新活动的深入开展。

4.**保持激励与认可**。激励与认可是激发员工积极性和创造力的关键。企业需要建立合理的激励机制和认可体系，鼓励员工积极参与创新活动并对其贡献给予肯定。例如，苹果公司为了鼓励员工参与环保行动和创新活动，建立了一套完善的激励机制。它为创新提出环保建议的员工提供奖励和晋升机会，并在公司内部设立环保榜样奖项，以表彰在环保方面做出突出贡献的员工。这种做法有效地激发了员工的积极性和创造力，推动了苹果公司在社会价值创新方面不断进步。

> **案例**

07 双向驱动模式如何将可持续社会价值创新融入腾讯公司的使命？

"可持续社会价值创新"的提出不是心血来潮，也不是表态，它是腾讯在发展过程中不断自省和提升认知的必然结果。

进入移动互联网时代以来，无论是社交微信，还是移动支付，抑或是产业互联网，腾讯的产品在人们日常生活中的渗透度和使用率非常高。一家社会属性如此强的企业，如果要实现长期发展，需要关注的不仅仅是业务这么简单。

这种新情景促使马化腾思考，他认为社会价值是企业发展的底座，而不是点缀。这个底座必须往下扎根，扎到更多领域，链接其他业务板块，相互支持，企业才可能成长，否则树木还未长高就已经到了天花板。越大的平台企业，越能深刻地感受到这一点。如果全世界都认为一家企业的发展与其社会贡献之间没有合理的比例，那么这家企业肯定会遇到各种各样的问题，是不可能向上生长的。

正是基于这种思考和认知提升，腾讯最终把可持续社会价值创新作为新的核心战略。这是腾讯历史上第一次不是出于商业目的，而是为了社会价值进行的战略升级。

事实上，如何与社会和谐共处，成为近年来全球互联网公司共同面临的紧要课题。就可持续社会价值创新而言，并没有一条完整清晰的路径可供参考。在某种程度上，这条路甚至是一片空白，不确定性非常大。

腾讯高管在一系列的内部讨论会中，对于可持续社会价值创新到底要做什么、怎么做有很多争论，但每个人都非常支持这件事情。为何定调如此一致？用马化腾的说法，"如果没有疫情，没有一万多人的参与，没有打过这样的'大仗'，确实很难想象大家能够一拍即合、一呼百应"。

回顾抗疫的那段时间，在40 000多名员工的腾讯内部，"部门墙"消失了，所有人奔着一个社会目标，投入热情已然大大超过商业目标。战"疫"期间，总办也深度参与其中，虽然不是核心业务，但参与人数却是最多的。战"疫"之后，内部的共鸣自然就产生了，不仅对员工的影响大，对管理层的影响也特别大。

总办希望将这种突发状况激发出来的创造热情，变成更长期、更自主的创新能力。在某种程度上，社会价值和商业价值对企业的发展具有根基性意义，特别是从腾讯目前的体量来看，迫切需要商业价值和社会价值齐头并进。

正是这股自下而上的创新热情和自上而下的创新决心，与自下而上的推动力和自上而下的决策力一起，形成了双向驱动模式。由此，可持续社会价值创新成功融入了腾讯公司的使命。通过这种双向驱动模式，腾讯的可持续社会价值创新战略开始落地生根。通过投资、合作、研发等多种方式，推动了一系列具有较高社会价值的项目和产品。这些项目和产品不仅提升了人们的生活质量，更在环境保护、教育公平、医疗健康等领域产生了深远的影响。

正如腾讯公司高级副总裁、腾讯公益慈善基金会理事长郭凯天所言，科技向善、可持续社会价值创新应该是一家企业的内在驱动力。企业的发展要处理好自己和用户以及社会方方面面的关系，符合国家发展的方向，符合用户的期望和要求，符合社会不断进步的物质文化需求。如今,腾讯已经将可持续社会价值创新融入企业的使命和血液中。它坚信,只有不断追求社会价值,才能为企业创造更广阔的发展空间。而这场双向驱动的创新之旅,也将成为腾讯发展史上重要的一笔。

模式创新：如何将可持续社会价值创新融入企业的核心业务流程？

企业的核心业务是指那些具有竞争优势并且能够带来主要利润的业务。核心业务堪比企业的命根子，是企业的安身立命之本。将可持续社会价值创新融入企业的核心业务流程，就是将社会价值创新作为"强心剂"，为企业创新发展注入新动力。

为什么要对社会价值创新与企业核心业务进行整合？美国当代著名思想家、批判社会学代表人物、哈佛大学教授丹尼尔·贝尔认为，后工业社会的经济形态正在从商品生产向公共服务演变，人们无法用市场条件来衡量公共服务的价值。他将公司的模式分为两种：经济化模式和社会学化模式。经济化模式的局限性在于经济增长产生了越来越多的"外溢因素"，或成为其他私人部门直接承担的成本，或被分配给整个社会，最典型的案例就是空气污染；社会学化模式则以公共利益等明确概念为行动的出发点。

越来越多的企业已经接受并认同社会价值和商业价值应该齐头并进，是企业存在和发展的双基石。实际上，核心业务与社会价值并不矛盾。追求利润最大化是公司核心业务的根本驱动力，相对而言，社会价值目前尚未形成得到认可和回报的市场机制，核心业务可以为社会价值创新提供可靠的物质基础。

与企业社会责任和企业慈善捐赠不同，将可持续社会价值创新融入企业的核心业务流程，表明企业在社会价值创造中会全力以赴，对企业而言，这是一个非常高的目标和要求。只有具有长远眼光和不凡定力的企业，才有可能做出这样高瞻远瞩的战略选择。更为重要的是，这样的战略选择只是迈出了第一步，紧接着就是更具挑战的战略执行阶段。

战略执行包括三个关键部分。第一，识别和遴选战略优先事项，也就是甄别那些最重要、最有决定意义的问题；第二，资金、人力、资源的密集投入，仅仅停留在概念层面的社会价值创新是最没有力量的；第三，战略计划的动态落实，战略计划的实施不是按照图纸建房子，而是在具体环境中持续演进。

那么，如何确定社会价值创新的优先策略领域？如何打造社会价值创新的"钱袋子"？如何找到对的人、做成对的事？案例8将以腾讯SSV的实践探索为例，阐释企业如何在纷繁复杂的社会问题中，寻找和确定一条适合自己的可持续社会价值创新之路。案例9将聚焦腾讯的资金池，说明哪些资金可以用于可持续社会价值创新。从案例10到案例12将通过深度解读腾讯SSV的人员特点和处事风格，阐释人才在战略执行过程中所发挥的关键作用。

第7问：如何确定可持续社会价值创新的优先策略领域？

一、重要性

确定可持续社会价值创新的优先策略领域的重要性，主要体现在以下5个方面。

1. 实现战略聚焦与资源优化。 通过集中有限的资源并投入最具潜力的领域，避免资源分散和浪费，企业可以更有效地推动社会价值的实现。例如，巴斯夫是全球知名的化学公司，关注到建筑行业的能耗问题，特别是在节能和环保方面的迫切需求。巴斯夫将节能建材作为优先策略领域，利用其在化学材料研发方面的专长，研发出新型节能建筑材料，这些材料不仅具有优异的保温性能，还能有效降低建筑物的能耗。这种充分利用自身在化学领域的专业知识和技术优势，专注于与核心业务紧密相关的社会创新实践值得借鉴。

2. 提升社会影响力。 优先策略领域的选择有助于企业集中力量解决关键社会问题，从而在社会中产生更大的影响力。这种影响力不仅可以提升企业的品牌形象，还能吸引更多合作伙伴共同推动社会价值的实现。例如，可口可乐公司将水资源保护作为其优先策略领域，致力于在全球范围内保护和改善水资源，特别是在水资源短缺的地区。可口可乐公司与当地社区和多个非政府组织合作，在全球范围内开展了一系列水资源保护项目，包括雨水收集、净化水供应和水资源教育等,提高了公众对水资源问题的认识。

3. **增强创新能力和竞争力**。确定优先策略领域有助于企业深入了解和掌握相关领域的动态和技术发展趋势,从而增强企业的创新能力和市场竞争力。通过持续的创新和实践,企业可以不断推出符合社会需求的产品和服务。例如,丹纳赫集团是一家全球领先的科技创新公司,该公司确定了一系列社会价值创新的优先策略领域,并将其作为公司战略的核心。在生命科学领域,它致力于开发更快速、更准确的诊断工具,以改善疾病的早期发现和治疗效果。在环境应用领域,它专注于开发高效能源和减少环境污染的技术解决方案。通过优先解决这些问题,丹纳赫不仅推动了科学和技术的发展,还为社会带来了巨大的价值。它的创新产品和服务在全球范围内得到了广泛应用。

4. **实现可持续发展与长期效益**。优先策略领域的选择应基于可持续发展的原则,确保企业的创新活动不仅满足当前社会需求,还能为未来的社会发展奠定基础。这种长期效益的实现有助于企业赢得社会的信任和尊重。例如,联合利华确定可持续生产和消费为其优先策略领域。公司采取了一系列措施,如减少包装材料的使用、引入可回收的塑料瓶和纸质包装、与供应商合作以确保原材料的可持续来源、推动公平贸易等。这些举措不仅让联合利华赢得消费者的信任,也为企业自身发展探索出一套可持续的商业模式。

5. **推动社会问题的解决和进步**。通过确定优先策略领域并投入资源进行创新和实践,企业可以推动社会问题的解决和进步。

这有助于改善社会环境和生活条件，提高人们的生活质量和幸福感。例如，微软将解决全球范围内的数字鸿沟问题作为优先策略领域，通过"Ariband"计划提供宽带接入，让生活在偏远地区或经济欠发达地区的人也能享受到互联网带来的便利。该计划特别关注老年人、残疾人和经济困难家庭，通过设计易于使用的界面和提供经济实惠的上网套餐，确保这些人能够享受互联网带来的数字福利。

二、难点与挑战

确定可持续社会价值创新的优先策略领域非常重要，但在实际操作过程中，企业常常会遇到以下4个难点。

1. **社会问题的复杂性和长期性**。社会问题往往涉及多个相互交织的因素，如经济、环境、文化等，且解决这些问题需要长期、持续的努力。这种复杂性和长期性使企业在确定可持续社会价值创新的优先策略领域时面临挑战。例如，贫困问题是一个典型的社会问题，它不仅涉及经济收入低，还与教育水平低、健康状况差、环境恶劣等多个方面紧密相关。如果一家企业想要通过提供就业机会来解决贫困问题，它可能发现除此以外，还需要投入资源来改善当地的教育、医疗和基础设施等条件。只有长期投入和多方面协作，才能有效地解决贫困问题。

2. **不同利益相关者的多样性期待**。企业面临的利益相关者包括股东、客户、员工、政府、社区等，它们对企业的期望和需求往往不同甚至相互冲突。这种多样性期待使企业在制定可持续社会价值创新策略时需要平衡各方利益。例如，股东可能关心成本增加对利润的影响，消费者可能关注产品是否安全、环保，政府可能希望企业减少污染、提高能源效率等。企业需要在不同的期望和需求之间找到平衡点，才能制定出既符合自身利益，又能满足社会期望的策略。

3. **数据获取与分析的复杂性**。评估社会价值和制定创新策略需要大量准确、可靠的数据支持。但在实际操作中，企业可能会发现数据获取困难、数据质量参差不齐、数据分析方法复杂等问题。如果一家公司想要将可再生能源作为优先策略领域，需要收集关于当地社区环境、经济和社会状况等多方面的数据。但是，这些数据可能分散在不同的机构、部门或数据库中，格式和标准也可能不一致，导致数据整合和分析变得复杂且耗时。此外，数据分析方法的选择和应用也需要专业的知识和技能。

4. **技术创新的不确定性**。新技术和创新方法的不断涌现为企业提供了新的机遇和可能性，同时也伴随着技术可行性、市场接受度、投资回报等方面的不确定性。这种不确定性使企业在制定可持续社会价值创新策略时需要更加谨慎和灵活。例如，一家公司希望开发一种新型生物降解塑料替代品以解决传统塑料污染问题。然而，这种新技术尚未经过大规模应用验证，其技术可行性、生产成本、市场接受度等方面都存在很大的不确定性。如果企业过早地投入大量资源进行研发和生产，可能会面临技术失败、市场不接受或投资回报率低等风险。

三、方法与策略

确定可持续社会价值创新的优先策略领域是一个复杂而关键的过程,需要企业谨慎思考、充分调研。以下是确定优先策略领域的 6 个方法。

1. 明确问题的本质与断点。在确定优先策略领域之前,企业需要深入了解社会问题的本质并识别问题的断点。包括思考:为什么某个问题长期存在而未得到解决?政府部门和商业机构为何没有介入?行政或商业力量介入后,为什么仍然没有得到有效解决?问题的核心难点在哪里?通过充分的调研和分析,企业可以更准确地把握问题的本质和断点,为后续制定策略奠定基础。

2. 评估自身资源与能力。企业需要评估自身的资源和能力,以确定是否具备解决某个社会问题的条件。包括思考企业的技术、资金、人力等资源,以及企业的核心竞争力和优势。通过评估自身资源与能力,企业可以更加明确自己在可持续社会价值创新领域的定位和角色。

3. 筛选与确定优先事项。在明确了社会问题以及自身资源与能力以后,企业需要筛选并确定优先事项。这可以通过制定筛选标准,如影响范围、紧迫性、可行性等,来缩小选择范围。同时,企业也可以借鉴其他成功者的经验,结合自身的实际情况,确定最适合自己的优先策略领域。

4. 识别关键优势与行动方向。即使已经确定了优先事项,企业仍然需要识别自身的关键优势以明确行动方向,这可以通过分析企业的核心竞争力、独特资源以及市场机会等来实现。通过识别关键优势，企业可以更加集中地投入资源和精力，提高社会价值创新的效率和效果。

5. **制订具体计划与指引**。确定优先策略领域需要具体而清晰的计划和指引。企业需要提供详细的实施计划，包括目标、步骤、时间表、责任人等，以确保策略的有效实施。同时，企业还需要提供清晰的指引文件，为高管和员工提供参照，指导他们工作的先后次序和行动方向。

6. **持续评估与调整**。确定优先策略领域后，企业需要持续进行评估和调整。这包括监控实施计划的执行情况，评估策略的实际效果，以及根据市场变化和社会需求进行必要的调整。通过持续评估与调整，企业可以确保优先策略领域的有效性和适应性，进而实现可持续的社会价值创新。

案例

08 腾讯的"排除收缩法"：寻找可持续社会价值创新的独特之路

腾讯在探索可持续社会价值创新的道路上，始终遵循三大原则：国家认可、社会受益、公司擅长。这三大原则如同指南针，指引着腾讯在浩瀚的社会议题海洋中寻找属于自己的航道。而在其中，腾讯所采用的一种独特的方法——"排除收缩法"，成为它精准定位优先策略领域的利器。

曾经有一份涉及 400 亿元资金、包含 100 多个项目的提案摆在腾讯的面前。经过深思熟虑，腾讯决定放弃这个项目。原因是该项目大多属于政府的职责范围，是职能部门应该承担的责任，而且仅仅需要资金方面的支持。对于这样的项目，腾讯选择了不碰。因为它深知自己的使命是通过技术和创新的力量，去尝试解决那些行政力量目前尚未顾及或无法有效解决的社会问题。

同样，对于那些只通过商业手段就可以解决的问题，腾讯也选择了不碰。它清楚地认识到，商业能解决的社会问题，归于商业之力与市场之手就可以。腾讯更希望的是在商业失灵的地方，将有限的资源投入那些真正需要它且能够发挥最大效能的社会议题中去。

正如腾讯 SSV 业务管理部前总经理赵国臣所言，面对"海量"议题，SSV 确定了两个基本原则。第一，凡是带着诚意提交的议题都要回复，因为公开宣布会引来社会各方的参与，如果他们的提议最后石沉大海，就会认为腾讯不友好或没诚意；第二，由 SSV 业务管理部统一做出判断，包括企业高层收到的相关议题，都转到 SSV 业务管理部来跟进处理。

在这样的理念指导下，腾讯开始了筛选一系列社会议题的工作。SSV 收到各种各样的提案，从几百页的专业报告到只有几句话的初步设想都有。有的提案是员工老家的村支书希望通过乡村振兴战略解决家乡的问题；有的提案是由机构提出的总额高达 400 亿元、细分为 100 多个项目的庞大规划；还有的提案是针对某一个具体的社会问题的深入分析和解决方案。面对海量的议题，腾讯明白必须要有所取舍，把握好战略方向。

在这个过程中，"排除收缩法"再次发挥了重要作用。腾讯首先排除了其他公司可以做，而且已经有很多实体产业涉入其中的项目。它认为，在这样的项目中，腾讯的参与并不会形成明显的优势，也无法发挥最大的效能。相反，它更希望将精力集中在那些"非腾讯莫属"的项目上。这些项目通常能够充分发挥腾讯的技术能力和多年积淀的经验优势，帮助一些组织提升解决社会问题的效率或改变解决社会问题的方式。

最终，经过层层筛选和深入研讨，腾讯确定了包括乡村振兴、碳中和、教育普惠、基层医疗、养老、社会应急、数字文化等在内的赛道，以此作为可持续社会价值创新的优先策略领域。这些领域既有长期深耕的，也有初步探索的，更有全新开拓的。例如，数字文化就是腾讯最具优势和特色的领域。腾讯在数字文化领域有着深厚的积累，产品矩阵和用户基础强大。腾讯 SSV 在该领域的探索和创新，有助于推动数字文化产业的繁荣发展。目前腾讯 SSV 在执行的项目有数百个，项目金额从 1 万元到 100 亿元不等。但无论项目大小，腾讯始终坚持不变的选择逻辑，那就是社会价值的必要性以及非腾讯不可。

"排除收缩法"不仅帮助腾讯精准定位了可持续社会价值创新的优先策略领域，更让它在这个过程中明确了自己的使命和责任。它深知，只有真正将技术和创新的力量投入社会最需要的地方去，才能实现可持续社会价值创新，而这正是腾讯一直在努力追求的目标。

第8问：如何打造可持续社会价值创新的"钱袋子"？

一、重要性

"万事非财不举"。资金是推动可持续社会价值创新的核心，在以下4个关键节点中的重要性尤为突出。

1. 初始阶段。初始资金对于社会创新项目至关重要，支持项目从理念走向实践，包括研究、开发和实施等。充足的资金能够降低失败风险，激励更大胆的尝试。

2. 跑通试点阶段。随着项目的成长，更多资金被用于扩大影响力和服务范围，吸引和保留致力于社会价值创新的人才。

3. 快速发展阶段。持续的资金流是保证项目长期可持续的关键，支持项目在初步成功后的持续运营和进一步发展。

4. 成熟阶段。资金支持必要的研究和评估，确保资源的有效利用，同时对未来方向进行调整。

总之，资金是实现社会变革目标的关键。没有足够的资金支持，即使是最具创意和潜力的项目，也难以实现其社会变革的目标。

二、难点与挑战

1. 资金的可持续投入。可持续社会价值创新需要长期稳定的资金投入。只有确保资金来源的稳定性，才能有效减少外部波动的负面影响。例如，苹果公司推出了一个"人人能编程"的教育创新项目，旨在为学生提供编程教育资源，帮助他们掌握数字时代的基本技能。为了确保项目的可持续发展，苹果采取了一系列措施来稳定项目资金来源。苹果与教育机构、非营利组织和政府部门建立合作伙伴关系，这些合作伙伴不仅为该项目提供资金支持，还共同开发和推广编程教育资源。此外，苹果利用自身的品牌影响力和市场地位，通过公益捐赠、众筹等方式为该项目筹集资金。这些举措降低了单一资金来源的风险，实现了资金的多元化和稳定性。

2. 投资与盈利的平衡。在初始投资和短期盈利之间找到平衡点，探索自给自足的商业模式以维持运营。例如，Water.org 是一个专注于提供清洁水源的非营利组织。它通过与微金融机构合作，提供小额贷款来帮助家庭建立清洁水源和卫生设施。这种方法减少了初始投资的压力，同时通过贷款的回收实现了自给自足，保证了项目的可持续发展。

3. 利益相关者期望的整合。协调不同利益相关者的预期，包括财务预期和量化的社会效益，以获取更多资金投入。福建福龄金太阳是 2007 年创办的福建养老服务代表性企业。创始人黄小蓉基于成熟的家政服务模式，致力于为社会提供养老解决方案。金太阳整合了政府和社会资源，让政府为养老基本服务买单，结合消费者和企业资源，让市场为增值服务买单，从而建立起一个可盈利、可扩展的三方联合服务体系。

三、方法与策略

不同的组织在筹集资金以支持其可持续发展项目时，可以考虑以下方式。

1. 社会组织。社会组织通过慈善捐款、政府补助和社区筹款，来筹集社会价值创新项目所需要的资金。这些项目可能包括提供教育资源、改善公共卫生或促进环境保护。例如，乐施会通过大众捐赠、政府资助及合作伙伴关系来支持全球减贫项目。"微笑列车"是一个为唇腭裂患者免费提供手术等相关治疗的国际慈善机构，它通过私人捐赠、企业合作伙伴关系（例如与医药公司合作）、慈善拍卖等方式筹集资金。

2. 社会企业。社会企业结合商业模式与社会目标，在商业向善的活动中筹集资金。例如，Tom's Shoes 采用"买一捐一"的模式，每卖出一双鞋就会给需要的儿童捐赠一双鞋，通过销售其产品（鞋子、眼镜等）来筹集资金，并将部分收入用于支持有需要的社区。这种模式不仅通过销售产品创造收入，还通过社会影响力吸引了更多消费者和投资者的支持。

3. 企业社会责任项目。企业通过参与社会创新活动来提升自身品牌形象和社会责任感，通常会在内部设立专项基金或企业基金会支持社会创新项目。谷歌的慈善机构 Google.org 使用公司利润的一部分来资助创新技术以解决全球问题，比如可再生能源技术和教育平等。星巴克通过其基金会支持多个社区发展项目，比如教育和青年就业等。

4. 基金会。基金会，特别是大型慈善基金会，是社会创新领域不可或缺的重要支持方。基金会作为公益行业的上游组织，通常是社会创新资金的提供方，其核心特征是资金聚合型组织，以捐赠、低息贷款、项目相关性投资等方式，为一些社会创新项目提供资金支持。例如，比尔及梅琳达·盖茨基金会在全球范围内资助公共卫生和教育项目，通过投资社会创新来改善全球健康。它采取了多元化资金来源策略，不仅使用比尔·盖茨夫妇的个人捐款，还吸引其他捐赠者和组织的资金，支持全球健康和教育项目。这种模式强调了合作和资源共享的重要性，为实现更广泛的社会影响提供了强有力的保障。

5. 社会责任投资。 社会责任投资（Socially Responsible Investment, SRI）强调在追求财务回报的同时，兼顾投资的社会效益与环境效益。这类投资可以为社会创新项目带来稳定和长期的资金支持。美国可持续责任投资论坛（US SIF）数据显示，美国使用可持续投资策略的资产规模在 2020 年初达到 17.1 万亿美元，相比过去 10 年增长超过 4 倍，占美国本土专业管理资产的 33%。

6. 网络众筹。 利用网络平台进行众筹，可以直接从社会各界募集小额资金。这种方式灵活、快捷、能够触及广大群众，提高项目的知名度和社会参与度。例如，随着空气质量的日益恶化，空气净化器成为许多家庭的必备品，尤其是有小孩的家庭对空气净化器的需求更为迫切。"三个爸爸"团队看到了这一市场机会，决定研发一款专为儿童设计的空气净化器。该团队将京东众筹作为众筹平台。由于"三个爸爸"儿童空气净化器定位准确，满足了市场的需求，加上京东众筹平台的强大流量和用户的信任基础，该项目在众筹期间获得了巨大的成功，不仅迅速达到目标金额，还超额完成了筹款任务。

可见，多元化资金来源是确保社会创新项目可持续发展的关键。每一个组织都需要根据其独特的需求和资源，采取不同的策略、与不同来源的资金进行匹配、确保资金的可持续性，共同推动社会创新事业的发展。

> 案例

09 腾讯 SSV "钱袋子"的三层打造法：企业利润＋项目创收＋撬动资金

在数字化时代的推动下，腾讯致力于为可持续社会价值创新打造可持续的资金保障。这一过程涉及多个资金来源的平衡与整合，同时也面临一系列挑战。

第一，初始资金来自腾讯公司的利润。目前腾讯计划在可持续社会价值创新方面投入 1 000 亿元，每年按固定比例把公司利润捐赠给腾讯基金会，基金会通过资助其他公益组织，探索社会问题的解决之道。腾讯 SSV 的几大实验室则是自己组建研发团队或技术团队，像是深潜器一样深入社会问题的核心，研发有效的解决方案。理想的模式是，无论是通过基金会还是通过实验室，这两种方式都可以产生化学反应，最终推动形成一个整体的、系统化、科技的和普惠的解决方案。

第二，增量资金主要来源于特定项目的收入。可持续社会价值创新在具体项目上的逻辑起点并非利润，但是非商业项目收费并产生利润也很正常。总办经过几轮讨论后达成了共识：项目收费的目的并不是要变成利润,且这部分收入不会并入腾讯的利润表中,而是重新投入该项目。例如,可以用这些收入帮助项目合作伙伴提升运营能力,实现可持续发展;也可以设立一个公益资金池,提供更多普惠服务。这种自给自足的模式使公司能够将商业活动与社会责任相结合,实现双赢的局面。它不仅促进了项目的自我维持和发展,也体现了腾讯在寻求可持续社会价值创新时的独特思考。

第三,腾讯积极吸引外部合作伙伴,包括政府和其他机构,以扩大其"钱袋子"。比如,腾讯与广州市政府签署了战略合作协议,共同推进"智慧广州"建设。这一合作涵盖了智慧政务、智慧交通、智慧医疗等多个领域。广州市政府提供了相应的政策支持和资金投入,用于支持相关项目的研发和实施,腾讯则提供技术支持和解决方案。再比如共富乡村项目,政府将其纳入重点支持范围,提供相应的政策扶持和资金投入。腾讯还积极与基金会、金融机构、农业企业等合作,为项目的顺利实施提供了更有力的资金保障。

腾讯定期从利润中拿出一部分资金来建设基础资金池,这是一个明智的决策,因为它确保了可持续项目的初期资金不会影响公司的整体财务健康。从理论上说,如果具体项目创造收入,就可以成为新的增量资金。这种模式对于那些寻求将社会责任融入其商业模式的公司来说,提供了一个有价值的参考。但是,这也需要公司具有创新的商业策略以及有效执行这些策略的能力。通过吸引政府和其他合作机构的投入,腾讯成功地扩大了可持续项目的资金来源。这不仅提供了额外的资金,还增加了项目的公信力和可见度。

腾讯展示了一个大型企业如何通过多元化资金来源支持社会价值创新,它不仅依赖企业自身的利润,还涵盖项目收入和外部合作伙伴的资金。这种模式确保了可持续社会价值创新项目的资金安全和长期性。

对于其他公司而言,关键在于识别自身的独特优势和挑战,从而制定适合自己的多元化资金来源策略。这可能包括探索与政府、企业、社会的合作机会，创新商业模式和社会参与模式，以及有效管理与利益相关者的关系等。通过这种方式，公司不仅能够确保可持续项目的资金安全，还能够增强其对社会的积极影响。

第 9 问：如何找到对的人、做成对的事？

一、重要性

找到对的人、做成对的事，对于任何组织的成功都至关重要。这不是一个空洞的口号，而是直接关系到组织目标的实现、资源的有效利用以及整体业绩的提升。

1. 提高效率和生产力。对的人通常具备相关技能和经验，能够更快地适应工作环境，减少培训和指导时间，从而提高工作效率和生产力。例如，谷歌在招聘过程中以较高的标准筛选候选人，确保加入的员工都具备卓越的技术能力和创新思维。这种策略使谷歌能够持续保持高效的生产力，推动其搜索引擎和众多其他产品不断创新。

2. 增强团队协作。对的人往往具有良好的沟通能力和团队合作精神，能够与其他成员有效地协作，共同解决问题。例如，苹果公司的设计团队以其卓越的协作能力著称。通过精心挑选具有共同设计理念和合作能力的成员，苹果能够持续推出具有颠覆性的产品，这些产品的成功得益于团队的紧密协作。

3. 塑造积极的企业文化。对的人往往与企业的价值观和文化相契合，能够成为企业文化的积极传播者和践行者。例如，Patagonia 致力于环保和可持续性，在招聘过程中强调候选人的环保理念。这使公司能够塑造一种积极关注环境保护的企业文化，吸引了大量具有相同价值观的员工和消费者。

4. 实现组织目标。做成对的事意味着选择与组织目标相一致的项目和任务，从而确保组织能够朝着预定方向前进。例如，IBM通过"企业公民"计划致力于利用技术推动社会进步，其中一项显著的努力是"智慧城市"项目。IBM与全球多个城市合作，利用大数据、人工智能等先进技术，改善城市的交通、能源、水资源管理等方面，旨在提高城市居民的生活质量，实现可持续发展。

5. 优化资源配置。做成对的事意味着合理分配和利用资源，避免浪费和无效投入。例如，宝洁公司在可持续社会价值创新领域的一个突出实践是"儿童安全饮用水项目"。该项目旨在为全球缺乏清洁饮用水的地区提供安全、经济的饮用水解决方案。宝洁通过优化资源配置，如与当地政府、非政府组织合作，利用其在产品研发和供应链管理方面的专长，开发出适合当地条件的水净化技术，并以可持续的方式提供给当地居民。这不仅改善了数百万人的生活质量，也展示了宝洁在社会责任和可持续发展方面的承诺。

6. 增强组织声誉。做成对的事有助于树立组织的良好形象和声誉，赢得公众和利益相关者的信任和支持。例如，微软通过"数字包容性"计划，致力于缩小数字鸿沟，为全球弱势群体提供技术访问和培训机会。这一举措不仅提升了微软社会责任感强的企业形象，还赢得了公众和利益相关者的广泛赞誉。

二、难点与挑战

找到对的人和做成对的事在实践中会遇到多方面的挑战，尤其是在可持续社会价值创新这一新兴领域，这些挑战可能更为显著。

1. 人才认定标准模糊。在可持续社会价值创新领域，由于缺乏公认的人才认定标准，企业在招聘时往往难以准确评估候选人的能力和潜力。例如，当企业在招聘可持续社价值创新的相关负责人时，市场上没有明确的资质要求或认证标准，导致招聘过程中筛选标准模糊，最终可能招不到合适的人。

2. 内部团队对新理念的接受度低。当企业尝试引入新的社会价值创新项目时，可能会遇到来自内部团队的抵触。例如，一家公司计划推出一款环保包装产品，生产部门可能担心新包装会增加成本并影响生产效率，因此对新项目持保留态度，结果导致项目推进受阻。

3. 跨部门合作困难。在实现可持续社会价值创新的过程中，需要不同部门之间的紧密合作。然而，部门间的利益和目标差异可能导致合作难以达成。例如，市场部门希望强调产品的环保属性以提升品牌形象，生产部门则担心这会增加成本，双方难以达成共识。

4. 资源投入不足。可持续社会价值创新项目往往需要长期的资源投入，包括资金、人力和时间。然而，由于这些项目的回报往往不是短期可见的，企业可能在投入上持保守态度。例如，由于缺乏足够的资金和人力支持，一项旨在改善贫困地区教育的项目，在实施两年后可能不得不缩减规模。

三、方法与策略

在追求可持续社会价值创新的道路上，组织需要明确一系列方法与步骤，以确保在有限的资源下做出正确的选择，有效地推动项目的实施。

1. 明确人才标准：奉献、务实、自驱精神。 第一，可持续社会价值创新领域目前尚没有一个成熟的市场认可机制，相对于商业领域，其回报率是较低或难以预期的，需要长期坚守才能寻到突破点，所以，没有奉献精神的人是很难真正坚持住的。第二，可持续社会价值创新需要仰望星空的想象力，但更需要脚踏实地，从一线出发和推进。所以，没有务实精神的人很难找出真正的解决方案。第三，可持续社会价值创新的衡量标准有多个维度，有深有浅、有虚有实、有大有小，所以，没有自驱精神的人很容易浅尝辄止，无法深入问题的实质。

2. 做好内部员工能力建设。 通过内部培训、研讨会和分享会等方式，提高团队对可持续社会价值创新的认识和理解。鼓励员工参与相关项目，让他们从实践中体验和学习新的理念和方法。

3. 设置淘汰机制。 可持续社会价值创新是一个新领域，这种探索性质的工作挑战度较高，一些在商业领域表现很好的员工未必就能适应，所以更需要设置淘汰机制，定期评估社会价值创新团队成员的奉献精神、务实精神和自驱精神，表现不佳的员工需要果断及时调离，以免影响整个团队的士气。

4. 秉持可持续性和创新性原则。 这意味着在决策过程中要充分考虑项目的长期影响力和创新潜力。通过深入的市场调研和需求分析，组织可以筛选出既具有社会价值又具有可持续性的项目。同时，创新性思维和技术应用也是提升项目成效的关键。在这一阶段，耐心和谨慎是必不可少的，因为正确的选择将为后续的成功奠定坚实的基础。

5. **做好目标设置、流程管理、定期复盘和及时止损。** 可持续社会价值创新的项目在实施阶段同样需要精心策划和严格执行。第一，设置明确、可衡量的目标，为团队提供清晰的方向指引。第二，建立有效的流程管理机制，包括利益屏蔽防火墙和否决机制，以确保项目的公益性和合规性。第三，定期复盘，帮助团队及时发现问题和调整策略。通过客观的数据分析和经验总结，团队可以不断优化项目执行方案。第四，当社会价值创新项目出现不可逆转的非预期偏差时，要及时止损并敢于重启。

6. **设置月度监测与预警机制。** 为了确保可持续社会价值创新项目的持续推进和成效，组织需要建立月度监测和预警机制。通过定期跟踪项目进度和成效指标，及时发现潜在的问题并采取相应的调整措施。这种持续优化的方式有助于保持项目的活力和适应性，使其能够在不断变化的环境中稳步前行。同时，这也是对团队能力和执行力的持续锻炼和提升。

通过这些方法和步骤，企业可以更有效地找到对的人并推动做成对的事，从而在可持续社会价值创新领域取得突破和成功。

> 案例

10 腾讯 SSV 的"人才三要素"：有信仰、有好奇、有执念

自腾讯 SSV 成立以来，很多人来申请 SSV 的岗位。那么，如何进行人才筛选？他们需要具备哪些素质才可以胜任？

SSV 对人才的期待实际上非常高，最重要的一个标准就是要有奉献精神。如果是为"加官晋爵"而来，要名、要利、要资源，或者感觉公司亏欠他的人都是不能要的。SSV 确定了三个核心要素：对科技向善"有信仰"，对未知领域"有好奇"，对交付结果"有执念"。这样的人，才是 SSV 需要的人。这背后的逻辑，就是价值观导向。

正如腾讯公司企业发展事业群前人力资源总经理艾兰所言，可持续社会价值创新代表的和呈现的是腾讯的最高理想。所以，腾讯SSV 的员工要对自己有更高的要求和更高的行为准则。只有这样，才能像发光体一样去感染和激发更多的人，照亮腾讯的产品与业务。

腾讯本来就有员工转岗"活水"制度，在 SSV 成立后，内部要求转岗到 SSV 的人比较多，有的人在其他岗位做得非常好，但是被社会价值创新理念吸引，希望加入 SSV，这些人显然是受价值观驱动的人。事业部比较新，也难衡量绩效，所以坚持其实是难度非常大的一件事，不是受价值观驱动的人很难坚持下去。当然，SSV 也会考虑员工激励问题。

此外，为了让腾讯 SSV 具备良好的发展习惯，SSV 管理层经内部讨论后形成了 6 条纪律，并在整个业务部门认真执行（见图 2-2）。

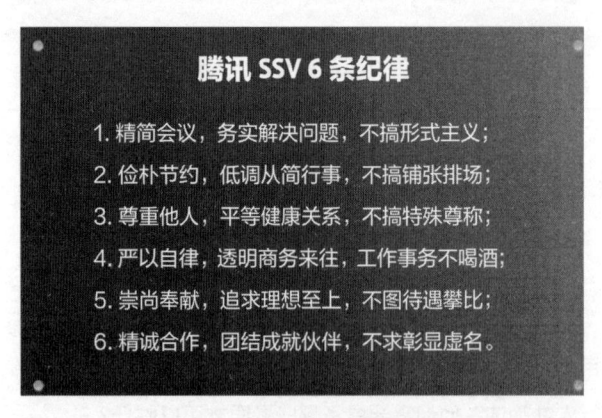

腾讯 SSV 6 条纪律

1. 精简会议，务实解决问题，不搞形式主义；
2. 俭朴节约，低调从简行事，不搞铺张排场；
3. 尊重他人，平等健康关系，不搞特殊尊称；
4. 严以自律，透明商务来往，工作事务不喝酒；
5. 崇尚奉献，追求理想至上，不图待遇攀比；
6. 精诚合作，团结成就伙伴，不求彰显虚名。

图 2-2　腾讯 SSV 6 条纪律

> 案例

11 做对事的"两心法"：耐心与信心

在一定程度上，腾讯 SSV 走在公司内部治理和改革的前沿，是一个新的团队在开拓一个新的业务领域。如何做好行业人才的引入，如何设置流程机制，如何形成评估机制，如何选择合作伙伴和供应商，解决这些问题本身就是一个不断创新的过程。

在设定整体目标时，腾讯坚持"两心法"。一是有耐心，做时间的朋友。相对而言，可持续社会价值创新见效慢、成功率低。那些能快速做好的事早就解决了，不需要腾讯去做。二是有信心，设置可见的里程碑。如果说社会价值创新是一个长期的事情，需要"闭关"且一直做下去，可能十年、几十年甚至上百年以后才能抵达终点，那么任何一家企业，特别是互联网公司，都需要在坚持长期主义的同时，设置合理的短期目标。

在具体的项目管理中，应兼顾以下两个原则：对一些相对成熟的项目或以前有丰富积累的项目，积极推动其成长加速；对一些比较前沿的项目或团队内和行业内知之不多的项目，将其列为值得慢慢投入的类别。两类项目的比例不需要那么绝对或固定，但至少在一些头部和重要的项目上要有所侧重，设置短期目标，无论从士气上，还是从内外认知上，都需要用一些成果来证明自己。

由于腾讯 SSV 的人才来源比较广泛，有些人侧重于政策领域，有些人侧重于公益慈善，真正在可持续社会价值创新这件事上，大家的思考还是很不一样的。有些人说，既然是创新，就应该试错，反复讨论是毫无意义的。比如在医疗领域的社会议题上，大家起初都很兴奋。由于对这个领域并不了解，只要见到一些问题，就认为其实很好解决，实际上却低估了问题的难度，容易带来更大的问题。当真正投入之后才发现成本是无法估量的，而且在尝试的过程中，用试错去学习原先不知道的知识，在没有前期积累的领域中是得不偿失的。

所以大家要学会发挥共创意识，向更多的同事和专家请教；也要学会重启意识，敢于承认自己做得没有那么好，并反思哪些方面需要提升。挫折使人保持耐心，从挫折中得到历练和成长，本身就可以增强信心。

对于已经立项的项目，也不是只要立项通过、经费到位，就可以轻易执行和开展，还需要具备交付意识，这种交付并不是在项目结项时才交付，而是在过程中交付。一般是以季度、半年或一年的时间为周期做内部回顾，将预设的阶段性目标与目前已经实现的目标进行对比分析，适度调整、及时止损。

案例

12 考核管理：适度量化是做对事的关键环节

设置 OKR（目标与关键成果）是腾讯的通用做法，目的就是提升组织效率和目标完成度。这种方法对 SSV 同样有效，通过一个相对量化的框架把很多事情一步步梳理出来，如果因为不够量化或很难量化而不做的话，事情就做不出来了。

当然，SSV 的项目与其他业务项目不一样。在其他业务项目中，一是团队对业务领域非常熟悉，二是业务分为短期目标和长期目标，基本与收入有关。如果某个业务投入了成本却没有创造收入，就会被"砍"掉，但 SSV 的创新项目是不一样的。有时目标虽是模糊的或不可证实的，但只要投入了就会创造社会价值，只不过是结果多或少的差别。基于这个特点，在可持续社会价值创新中更应该想好做事的意义和价值是什么，方法是否有效，以及相关业务指标如何量化。

SSV 业务管理部把项目大致分为三个阶段：一是相对成熟期，团队实践经验积累较多；二是破题探索期，虽然有一定的探索经验，但还在持续；三是全新开发期，议题非常重要，但对具体发展方向的把控还比较弱，总体上是一个动态发展的过程。

由于各个实验室的发展阶段不同，各自的项目发展阶段也不同，所以各个实验室都有自己的 OKR 管理方法。有的实验室上半年的任务就是寻找个体的 OKR，有的实验室是把全部的 OKR 设计出来再做减法。通过几年的探索，腾讯 SSV 在以下关键领域取得了重大的突破（见表 2-1）。

表 2-1 腾讯 SSV 关键领域重点项目进展情况

腾讯 SSV 关键领域	重点项目进展
公益数字化	1."久久公益节" 2024 年，"99 公益日"升级为"久久公益节"，节日公益进化为更持久的行动。久久公益节在激励机制、捐赠人服务、公益互动场景、信任公益建设等方面持续创新。比如：激励机制从聚焦节日调整为覆盖全年，更注重长期发展；善款进展快速反馈，首次对长期捐赠人推出专属配捐；超过 120 个腾讯产品和业务公益场景上线，各种新公益形式深入人心；推动透明公益建设，让"捐的钱去哪里了"的答案逐渐清晰。2024 年 9 月 10 日，为期 10 天的久久公益节收官，互动人次突破 7 亿，捐款人次近 4 600 万，有 5 500 多个项目参与活动，近 2/3 的善款关注乡村振兴领域。 2."数字备灾联合行动" 2024 年 5 月 10 日，腾讯公益慈善基金会联合多家基金会共同发起"数字备灾联合行动"。该行动依托微信支付消费券及身份核实等功能，将救灾模式从传统的受助人线下领取物资，升级为受助人线上使用特定消费券个性化采买必要物资，通过微信生态将受助人与当地商业网络连接起来，用

(续表)

腾讯SSV关键领域	重点项目进展
公益数字化	数字技术加持备灾。这个模式的好处在于能够在保证受助者隐私安全的前提下，让慈善物资发放与领用实现全流程透明，达到精准救助的目的。同时，物资的本地化采买能够节约运输成本，从而在最大程度上促进本地商业生态恢复。2023年12月甘肃省临夏州积石山县6.2级地震期间，腾讯公益平台上线了紧急救援公众募捐项目，支持47家机构的53个项目上线，共382万人次捐出1.28亿元。 **3. 腾讯技术公益** 　　腾讯通过技术创新与生态协作，携手社会专业力量，将互联网技术连接至公益场景，解决社会组织在项目执行、项目传播和自身管理方向上的痛点。 　　在组织管理和基础设施方面，腾讯技术公益为社会组织提供数字工具箱，包括40款云资源及数字产品，满足社会组织数字化转型需求。截至2025年4月，已有1 513家公益机构获得超过4 422份数字工具箱权益。在将创新技术融入项目执行过程方面，腾讯技术公益在生物多样性领域不断探索，逐步摸清工作模式，主要分为做出措施和持续监测两个部分。经过充分调研，腾讯技术公益在持续监测能力的数字化领域发现机会，推出一系列专业调查工具，产出的项目包括"野朋友计划"、鸟类迁飞与防鸟撞设计工具包、观鸟君小程序、雪豹AI识别系统等，辅助保护区或科研机构更好地对物种进行保护或救援。 　　在心理健康领域，腾讯技术公益为服务相关方提供具体的能力，包括AI技术陪聊、智能质检技术、标准化志愿者培训等，拟助力服务相关方提升覆盖面，让更多人得到帮助。 　　在对潜力项目的创新扶持方面，腾讯技术公益针对缺乏资金资助、技术支援、运营指导、传播渠道、志愿者能力的社会企业和社会组织发起创投计划，配资金、捐技术、链资源，帮助它们实现更大的社会价值。目前，腾讯技术公益创投计划已经开展到第三期，共孵化来自各领域的92个项目，产出数十种成果，放大优秀项目的标杆价值，实现社会类项目的良性发展。 **4."分分捐"** 　　2024年，"分分捐"依托腾讯公益和微信支付的数字化连接能力，联合公益组织、企业和用户搭建了"摇一摇，做好事"的公益开放平台创新模式。用户可以通过微信支付"摇一摇"功能，摇出爱心企业提供的公益

（续表）

腾讯SSV关键领域	重点项目进展
公益数字化	金随手做公益。这个模式带动更多用户首次参与公益，通过后续的数字化公益执行反馈，引导公众深度参与公益捐赠。2024年9月5日"中华慈善日"当天，吸引了1.01亿人次参与公益。"分分捐"推出一年多，累计参与人次超4亿，公众筹款4 000余万元，企业捐赠7 000余万元。从"凑个整，做好事"，到"一分钱，做好事"，再到"摇一摇，做好事"，"分分捐"始终围绕"科技向善"，关注如何让公众更低门槛地参与公益。通过不断创新公益模式，助力形成全民公益的社会氛围。
社会应急	1. 微信地震预警平台 　　2024年8月2日，由中国地震台网中心、中央广播电视总台国家应急广播与腾讯联合推出"中国地震台网"全国微信预警服务，微信用户可通过小程序开启"地震预警通知"。地震预警小程序实现了高并发量用户秒级消息推送。当发生可能造成破坏性影响的地震时，小程序会发出强提醒警示，持续提醒用户及时采取避险措施，以降低地震灾害的影响。此外，用户还能通过小程序发出高频音呼救，在被困情况下向救援人员发出求救信号。不同的预警颜色和提示语对应不同影响程度的地震，当影响较小时，仅在微信服务通知内提示，减少对用户的打扰。微信地震预警服务在全国上线，将提供权威、精准、快速的预警信息，为地震紧急避险争取宝贵时间，尽可能减少人员伤亡和财产损失。截至2024年12月31日，已有超过1 226万用户开启预警功能，预警平台累计成功发出146次预警，成功率达100%，平均预警耗时仅713毫秒。 2. "社会救援圈"应急体系建设与"网约式"急救模式探索 　　为提高急救效率与成功率，腾讯与多个城市联合打造黄金急救时间的"社会救援圈"，以科技助力城市社会应急体系建设。 　　"社会救援圈"致力于打造政府主导下的应急开放平台，利用互联网的连接能力，实现急救需求与救援资源的高效匹配，变"偶发式"急救为"网约式"急救。借助微信小程序"企鹅急救助手"，医院的120指挥中心、急诊科等专业医疗力量与社会救援力量可以实现有效连接，多方直观地进行可视化交流：当救护车在途时，急救专业人员可以通过车载视频通话系统远程观察伤患者情况、指导第一现场救援、安慰呼救人，并指引其在现场有效应对。此外，救护车可以通过微信更快、更精准地定位患者所在位置。

（续表）

腾讯SSV关键领域	重点项目进展
社会应急	"社会救援圈"还致力于推广和普及急救志愿者AED（自动体外除颤器）培训、志愿者定位及落实等，让社会救援的生态链更牢靠。通过产品与技术的创新来推动院前急救模式的变革，让专业的急救能力通过多方视频通话系统提前"到达"救援现场，让急救现场的第一目击者成为第一响应人，补上救护车到达前急救空窗期的最后一块拼图，争取4~6分钟的黄金急救时间。截至2024年底，腾讯已与深圳、东莞、苏州、天津、青岛、广州、郑州等城市共建"社会救援圈"，"企鹅急救助手"小程序已接入55.2万急救志愿者、超2.2万台AED，累计成功救助超1.3万名突发疾病的患者。
数字支教	1."企鹅支教" 基于腾讯的数字化能力，搭建人人可学、人人可贡献的在线支教平台"企鹅支教"，助力支教机构提升效率，提供在线教室以连接志愿者和学生实现云端支教，助力支教服务的数字化、智能化。 "企鹅支教"为公益组织提供全方位支撑，从招募志愿者、培训审核、激励管理到智能约排课，再到组织备课上课、实时督课监管，最后生成评价报告及多维度数据看板，助力规范管理、提升效率，以服务更多的志愿者和学校。"企鹅支教"为志愿者提供线上支教平台和服务保障，搭建完整的教务、教学闭环，提供适合乡村教育的课程大纲和教学计划，从备课教研到远程双师支教授课，再到教学评价反馈，追踪教与学效果；提供社区互动和激励成长体系，让志愿者讲师体会到温暖和爱的回馈，带动更广泛的社会大众参与。 截至2024年12月，"企鹅支教"共服务228家公益组织、基金会、高校、企业等。在全国29个省级行政区、184个地级行政区、530个县级行政区落地授课，同期开课（稳定授课中）的学校达3 488所，班级达10 493个，志愿者达104 847人。
基础研究	1.设立"科学探索奖" "科学探索奖"于2018年设立，由杨振宁、饶毅、施一公、潘建伟、高文、谢晓亮等14位知名科学家联合腾讯公司创始人马化腾共同发起。它是目前国内金额最高的青年科技人才资助项目之一。奖项面向基础科学和前沿技术的10个领域，每年遴选不超过50位获奖人，每位获奖人在5年内获得总计300万元人民币奖金且可自由支配。秉承"面向未来、奖励潜力、鼓励探索"的宗旨，"科学探索奖"鼓励青年科技工作者心无

（续表）

腾讯SSV关键领域	重点项目进展
基础研究	旁骛地探索科学技术"无人区"。在人才遴选方面，严格遵循"科学家说了算"的原则；在奖金使用方面，由获奖人自由支配；在奖项运营方面，采用公益运作，不求商业回报，坚持长期运营。截至2024年底，"科学探索奖"共资助6届、297位优秀青年科学家。 2."新基石研究员项目" 　　2022年，腾讯宣布10年内出资100亿元人民币，设立"新基石研究员项目"，这是一项聚焦原始创新、鼓励自由探索、公益属性的新型基础研究资助项目，旨在充分发挥社会资金宽容度高、灵活性强的优势，探索成为国家支持基础研究的有益补充，为研究员"十年磨一剑"创造稳定的科研环境，长期稳定地支持一批杰出科学家潜心基础研究、实现"从0到1"的原始创新。"新基石研究员项目"资助的科学家，每人可获得5年共计2 500万元（实验类）或1 500万元（理论类）的科研经费资助。截至2024年底，共有2期、104位杰出科学家成为"新基石研究员"，预计10年内该项目将资助200～300位杰出科学家。 　　"新基石研究员项目"和"科学探索奖"均由新基石科学基金会出资和运营。2023年10月，腾讯已向新基石科学基金会捐赠人民币100亿元。
碳中和	1. 碳BASE 　　2023年底腾讯推出碳BASE，该平台可以快速给机构、企业等提供包括碳减排场景、积分商城、公益项目、科普教育等板块在内的标准化模板，节约开发时间和开发成本，帮助碳普惠产品的快速搭建，为推动全社会形成绿色生产方式和生活方式提供可信的碳计算技术支撑。碳BASE支持企业和政府通过Open API（开放应用程序接口）灵活开发定制碳普惠产品，实现快速绑定与部署。 2. 碳LIVE 　　碳LIVE是低碳创新等领域知识信息可查找、可访问、可互用、可重复使用的工具箱和开放社区。2023年12月腾讯发布"碳LIVE"国际版，与第28届联合国气候变化大会合作，使这一"低碳朋友圈"扩展到全球。2024年8月，碳LIVE全面开放AI工具"小海豹"，公益领域机构可轻松利用该工具积累知识库，通过大模型将专业知识以对话、图谱等形式向用户传播，形成跨机构、跨团队的专业知识共享网络。截至2024年12月，已有30多家国内外公益机构基于该工具开发大模型对话助手，

(续表)

腾讯SSV关键领域	重点项目进展
碳中和	例如，深圳市零废弃环保公益事业发展中心基于"小海豹"培养了国内首款产品安全 AI 助手。 3. 碳寻计划 　　为响应全球碳减排的紧迫需求，腾讯于 2023 年 3 月推出"碳寻计划"，投入亿元级的催化性资金，推动前沿低碳技术走向规模化应用。2024 年 5 月，首期"碳寻计划"终选名单公布，13 个项目脱颖而出，获得亿元资金和资源的支持。2024 年 12 月，"碳寻计划"二期正式启动，聚焦碳移除、点源捕集、二氧化碳转化利用以及长时储能四大技术，面向全球创新技术团队公开征集方案，打造具有示范性作用的落地项目，孵化有正向经济性潜能的初创企业，同时助力前沿低碳技术的基础能力建设。
数字文化	1."探元计划" 　　探元数字文化开放平台旨在通过技术普惠，推动文化遗产资源实现"人人可用、生生不息"的开放共享模式，为中华文化的传承与发展贡献力量。基于探元平台的能力，腾讯先后发起"探元计划""繁星计划"等项目，为平台的数字资源沉淀、确权授权、数字工具应用、共创场景连接等提供底层技术支撑，助力文博机构数字化提速、提效。 　　这是腾讯推动文化和科技深度融合，运用前沿数字科技焕活文化遗产的共创孵化项目。"探元计划 2024"采用"从 0 到 1 的突破研究""陪伴共闯'无人区'""技术成果扩散"三种路径，面向社会征集文化遗产焕活的数字化解决方案，为各类入围项目给予资金、资源、技术和传播等全方位支持，探索打造可持续的"文化＋科技"创新资助范式。 2."北京中轴线申遗——数字中轴"项目 　　该项目全程助力北京中轴线文化遗产的数字化保护、活化利用及传承创新，为北京中轴线制作了高达 15T 的 3D 资产，构建了迄今为止最为完整的北京老城数字资源库，并探索了这些资源在《和平精英》《天涯明月刀》《元梦之星》等热门游戏中的活化利用，吸引了千万级用户互动。 3."繁星计划" 　　"繁星计划"与 7 个省份超过 280 家博物馆建立了合作，构建了数字资源库，打造文博小程序、文博视频号及数字文创产品，拓宽了文化遗产的传播渠道，让文化遗产的数字成果惠及更广泛的人群。 4."数字甲骨共创计划" 　　通过"微痕增强技术"、"甲骨文全信息数据模型"和"字形匹配"系

（续表）

腾讯SSV关键领域	重点项目进展
数字文化	列算法，实现了甲骨文实物的高保真数字还原以及甲骨文的高效率数字查找，整合了现有字形数据资源，建立了全球最大的甲骨文单字数据库，覆盖143万甲骨文单字，为专家学者和爱好者提供了强大的文字智能搜索工具。
乡村振兴	1. "耕耘者"振兴计划 　　腾讯持续培养乡村数字化人才，通过开展"耕耘者"振兴计划，建立"分段式、进阶式、参与式、重转化"的线上与线下相结合的创新培训模式，培养乡村治理骨干和新型农业经营主体带头人，为乡村振兴注入内生创新动力和活力。自2022年起，该项目被列入农业农村部文件《关于实施"耕耘者"振兴计划的通知》，获民政部第十二届中华慈善奖公益项目和慈善信托奖。截至2024年底，该计划已在全国31个省、自治区、直辖市累计开班1 245期，培训超11.1万人次，超183万人在"为村耕耘者"小程序学习，学员满意度超过97.4%，助力一大批乡村人才发挥"一人带动一村"的作用。 　　为鼓励学员学以致用，"耕耘者"团队研发了服务全国的乡村治理数字小程序"村级服务平台"（包含"粤治美""川善治""鄂参与""青松治""闽治行""好德行""桂智通"等地方版）。截至2024年底，共吸引全国超过7.9万个村庄入驻，服务村民超过1 550万人，发表"村民说事"44.4万件、"党群服务日记"147万篇，"三务"（村级党务、村务、财务）公开49.7万次，发布通知157.9万条、清单8.6万个、大事记38.2万件，有力推动了"积分制""清单制""村民说事""接诉即办"等务实的乡村治理方式，帮助村庄连接情感、信息和财富，有效提升了乡村治理的智能化、精细化、专业化水平。 2. "为村共富乡村"项目 　　在"政府主导、农民主体、腾讯助力、社会共创"的原则下，以乡村经营型人才，特别是乡村职业经理人（简称"乡村CEO"）的创新培养为切入口，同步开展共富乡村试点县示范村建设，探索总结出"机制+人才+数字化"的内生型共富乡村系统化解决方案。如今，以"乡村CEO培养"为核心的解决方案得到了越来越多的制度化支持。截至2024年6月底，该方案已在政府主导下，推广至浙江、广东、云南、广西等17个省份的180多个县级行政区。

（续表）

腾讯SSV关键领域	重点项目进展
乡村振兴	同时，方案在横向拓展上逐步实现培养的规模化，在纵向拓展上逐渐形成进阶式的培养体系。在横向拓展方面，全国乡村CEO的创新培养数量正在实现"个、十、百、千、万"的规模化跨越。2024年8月，中央农业广播电视学校、腾讯和中国农业大学签署合作协议，共同启动了"万名乡村职业经理人培养计划"，这标志着"乡村CEO培养"进入了"万"的阶段。在纵向拓展方面，发展出乡村CEO后备人才、国际乡村CEO高级人才等进阶式培养体系，搭建线上"共富乡村学堂"，截至目前已积累150余节课程、100余位专家导师以及200余个实践村庄基地。 **3.农业科技创新资助项目** 为回应国家对社会力量保障粮食安全、实现产业高质量发展的期待，在可持续社会价值创新战略和科技向善理念的指引下，为村发展实验室开展了农业科技资助的创新探索。在数字种业、设施农业和乡村小微企业技术支持等项目上，发挥腾讯的数字技术优势和创新资助能力，赋能农业科技创新和农业科技转化落地，同步开展乡村技能人才培养，打造试点示范+数字化+人才培养的创新解决方案。 在数字种业项目上，2023年腾讯与中国农业科学院合作，捐赠2 000万元正式开启"国家作物种质库2.0项目"，目前已取得初步成果。在此基础上，各方将继续开展数字种质库项目二期，实施"天书计划"和育种加速器合作。 在设施农业创新项目上，腾讯SSV与深圳市对口支援新疆工作前方指挥部、喀什市人民政府一起，总体规划了"喀什南疆绿洲农业科创中心运营+中式效能温室应用+日光温室智能化改造+设施农业技术人才培养"的系统化创新解决方案。 在乡村小微企业创新发展项目上，腾讯联合广东省农业农村厅、清远市人民政府、百农国创、宁波大学等，组织了全国农业产业技术体系的180名专家，为清远市30个产业、220家乡村小微企业提供技术支持。项目实施以来，乡村小微企业产值增长了50%。
健康普惠	**1."新生儿筛诊治项目"** 在国家卫生健康委员会支持和指导下，腾讯"红雨伞计划"分别于2022年8月和2023年2月在宁夏和贵州落地"新生儿筛诊治项目"，并在贵州进一步拓展到新生儿听力障碍防控方面，支持两个试点市开展听力障碍诊断工作。2023年7月，"红雨伞计划"在宁夏启动"新生儿筛

（续表）

腾讯SSV关键领域	重点项目进展
健康普惠	诊治项目"全覆盖仪式，总结推广试点期的经验，将先天性心脏病筛查、诊断和救助服务范围扩大到宁夏全域，进一步助力当地提升相关领域数字化服务和管理能力。截至2023年12月，"先心病筛诊治项目"全面覆盖宁夏与贵州，共为10万余名新生儿提供免费筛查，初筛率提升至100%。2024年1月，"先心病筛诊治项目"正式列入宁夏回族自治区民生实事。2024年11月，"红雨伞计划"又在四川省21个市（州）落地，通过数字化系统和技术，将省内每年50万新生儿纳入"筛诊治一张网"的系统中，守护他们的健康。 **2. 低资源地区女性两癌综合防控示范项目** 2023年，在国家卫生健康委员会的指导下，腾讯投入1.5亿元，联合国内外多方专家团队，在我国中西部低卫生资源地区开展妇女"两癌"（宫颈癌、乳腺癌）诊断与预防综合行动。项目实施以来，已在山西、四川、云南等中西部地区快速落地，除为筛查、设备采购等提供经费补充外，更重要的是以数字化、智能化能力为依托，提升基层"两癌"筛查效率和质量，推动基层医生能力培养，探索运用自身数字技术和可持续发展能力助力低资源地区女性"两癌"防控。目前，已有超过40万名适龄女性直接从中受益，项目整体将惠及100万名适龄女性。 **3. 数智化系统赋能社区治理** 腾讯结合自身产品、技术和平台优势，紧贴老人需求，打造"健康一网通"平台，成为全国率先完成跨部门、跨领域的公共数据与社会数据融合共享的数智惠民服务平台。该平台创新实现了卫健、社治、民政、医保等多部门的公共数据共享，链接社区、基层医疗卫生机构、三甲医院等资源体系，助力基层医疗卫生机构提升面向社区老年人的慢性病管理及健康服务，让基层社区治理有了"眼睛"和"耳朵"，更能精准施策，多方协同探索以医疗健康为切口、用数智化赋能社区治理的新模式。目前项目已在成都市武侯区、高新区试点，2025年有望在成都超过100家社区卫生服务中心"复制"推广。

治理创新：如何创建一个支持可持续社会价值创新的公司治理结构？

公司治理结构是指一整套关于公司的组织结构体系以及各个组织结构的权利义务的制度安排，是决策层和执行层的有机结合。治理结构决定了企业为谁服务、由谁控制以及风险和利益如何分配等一系列根本性问题。公司是一个集合各类资源的有机体，公司治理结构就像是有机体的神经系统，直接影响公司的发展质量。

现代企业需要保持经济目标和社会目标的均衡，为多个利益相关者服务决定了可持续社会价值创新嵌入公司治理结构具有必然性。中国特色社会主义市场经济体制必然要求体现社会主义的制度特征，以实现最广大人民的利益为出发点和归宿，坚持效率优先、兼顾公平的原则，以民为本和共同富裕是其内在要求。这是中国最大的国情，中国企业尤其需要重视社会价值创新。

要做好可持续社会价值创新，就需要创建一个提供支持和保障的公司治理结构。本质上就是将可持续社会价值创新嵌入公司治理结构中，从而实现制度化和规范化。

将可持续社会价值创新嵌入公司治理结构的第一责任人，就是公司的创始人和核心高管，他们的认知水平和价值观导向在将可持续社会价值创新嵌入公司治理结构的过程中发挥着关键性和决定性的作用。企业要实现可持续社会价值创新，需要尽最大可能对有限的资源进行合理和有效的分配，包括财力、物力、人力等，但最不可忽视的资源就是创始人和核心高管的投入度和支持度。《负责任的企业》作者伊冯·乔伊纳德是 Patagonia 的创始人，他是著名的登山家和环保主义者，虽然环保举措增加了 20%～30% 的额外成本，但越来越多的消费者愿意为此买单，他把自己的爱好变成了美国较大的户外用品公司。

对大多数企业来说，相比于商业价值，企业的社会价值似乎属于可选动作而不是必选动作，将可持续社会价值创新嵌入公司治理结构，显然是继续向前迈出实质性的一大步，自我加压、主动变革，这样的企业发展空间巨大，但也充满挑战。

那么，如何让一个颇有难度的可选动作变成全公司的必选动作？如何举全公司之力做好可持续社会价值创新？如何实现有效的跨部门协作？案例 13 将以腾讯 SSV 的组建过程为例，说明第一责任部门在可持续社会价值创新实践中的重要性。案例 14 将以腾讯企业的共创文化为主线，阐释上下游如何协同实现可持续社会价值创新。案例 15 将围绕跨部门协作的具体原则，说明如何让可持续社会价值创新成为举全公司之力而为之的战略。

第 10 问：为什么要有一个牵头负责的部门？

一、重要性

设立牵头部门在推动企业可持续社会价值创新中具有至关重要的作用。

1. **统一目标与行动**。设立牵头部门能够将企业内部分散的资源和力量集中起来，形成统一的目标和行动计划。通过牵头部门的协调和指导，各部门能够更好地协同工作，减少重复和浪费，提高整体效率。例如，星巴克设立了全球责任部门，致力于推动公司的可持续发展战略。该部门通过统一的目标和行动，成功地将环保、社会责任和经济效益相结合，实现了在全球范围内的可持续发展。

2. **提高决策效率**。牵头部门具备专业知识和实践经验，能够为企业提供科学的决策支持。在决策过程中，牵头部门能够协调各方利益，确保决策符合企业的整体战略和社会价值导向。通过牵头部门的参与和推动，企业能够更快速地做出决策，抓住社会价值创新机遇。例如，微软成立了公共事业部，专注于政府事务、公共政策和社会责任。该部门在微软的决策过程中发挥了关键作用，确保公司战略与社会价值保持一致，提高了决策效率。

3. **整合内外资源**。牵头部门作为企业内部与外部的桥梁，能够有效地整合内外部的技术、资金、人才等资源，为企业引入社会价值领域的创新元素和解决方案。例如，Google.org 不仅负责谷歌内部的社会责任项目，还与外部非营利组织、政府和其他企业合作，共同解决全球性的社会问题。通过整合内外部资源，Google.org 在公共卫生、气候变化和教育等领域取得了显著成果。

4. 促进内部创新。设立牵头部门可以为企业内部创新提供强大的推动力和支持。通过鼓励跨部门合作、提供创新资源和平台来激发企业内部员工的活力和创造力，推动可持续社会价值创新项目不断涌现和实施。例如，华为专门设立推动社会责任与可持续发展的部门，牵头推进社会价值创新工作、定期组织内部创新大赛、为员工提供展示平台等。

二、难点与挑战

设立一个牵头部门，在实践中可能会遇到以下 5 类问题和困难。

1. 组织文化冲突。当牵头部门所倡导的理念、工作方式与企业原有的组织文化存在显著差异时，可能会引发文化冲突。这种冲突可能导致员工对新部门的抵触、不合作，甚至公开反对。例如，IBM 在尝试推动创新文化时，其新设立的牵头部门与原有的稳健文化发生了冲突。新部门鼓励快速试错、迭代更新，但老员工对此表示不满，认为这破坏了公司的稳定性和可靠性。

2. 权力与利益重新分配。牵头部门的设立往往意味着权力和利益的重新分配。这可能会触动某些部门或个人的既得利益，从而引起内部的阻力和反对。例如，当企业设立 ESG 牵头部门时，一些传统业务部门担心这会削弱它们的权力和预算，它们还担心

ESG部门会推动一些对它们不利的政策或项目，因此很可能会反对设置这样的牵头部门。

3. 知识与能力不足。牵头部门在某些新兴领域或复杂领域可能缺乏足够的知识和能力，这导致其在推动相关项目时力不从心。例如，微软长期以来一直是技术领域的领导者，但当公司决定加强在可持续发展和社会责任方面的努力时，才发现内部缺乏这方面的专业知识和经验。微软专门设立了一个牵头部门负责协调和实施与可持续发展相关的项目。然而，这个新部门在初期面临着巨大的知识挑战。因为可持续发展领域涉及广泛的话题，所以需要深入的专业知识和跨学科的思维。微软虽然拥有强大的技术背景，但在这个新领域中仍然是一个学习者。为了弥补这一不足，微软不得不从外部引进专家，加强内部培训，并与相关领域的合作伙伴建立合作关系。

4. 跨部门沟通与协作障碍。牵头部门需要与其他多个部门紧密合作，但不同部门之间可能存在沟通障碍、目标不一致等问题。例如，为了推动社会创新项目，谷歌设立了一个专注于解决全球性问题的研发团队"X实验室"。随着项目的推进，"X实验室"发现与其他部门之间的沟通和协作成为一个巨大的挑战。谷歌设立有多个业务部门，每个部门都有自己的目标和优先事项，而且各部门之间往往缺乏足够的了解和合作机制。"X实验室"项目往往涉及多个领域，需要不同部门的支持和合作，但经常面临来自其他部门的阻力。这种跨部门沟通与协作的障碍导致"X实验室"在推动社会创新项目时遭遇了困难。为了克服这些障碍，谷歌不得不采取一系列措施，如加强内部沟通、建立跨部门合作机制、明确共同目标和激励措施等。

5. **资源投入与短期回报的矛盾**。牵头部门所推动的项目往往需要长期投入，但企业可能更关注短期回报。这种矛盾导致牵头部门在争取资源和支持时面临困难。例如，当耐克决定加强可持续发展战略并设立相关牵头部门时，它面临着资源投入与短期回报之间的矛盾。耐克是一家注重短期业绩和股东回报的公司，但其可持续发展项目往往需要长期投入才能看到成果。这导致新部门在争取资源和支持时遇到了困难，因为企业高层在考虑短期业绩的压力下对这些项目的投入持有谨慎态度。

三、方法与策略

针对上述困难和障碍，企业在设立牵头部门时可以采取以下具体方法和步骤。

1. **明确牵头部门的定位和职责**。企业应根据自身的战略目标和实际情况，为牵头部门制定清晰的定位和职责范围，确保能够有效地推动企业相关部门参与可持续社会价值创新活动。

2. **选拔合适的负责人和团队**。可持续社会价值创新是一个全新领域，企业应选拔具有探索精神和远见卓识的负责人，并组建一支专业知识和实践经验都较为丰富的团队，以确保牵头部门在可持续社会价值创新方面的战斗力和示范性。

3. **建立动态沟通和协作机制**。企业应建立动态有效的内部沟通和协作机制，促进牵头部门与其他部门之间及时实现信息共享，形成推动可持续社会价值创新的合力。

4. 持续监测和评估工作进展。 企业应定期对牵头部门的工作进展进行监测和评估，及时发现问题并采取有效改进措施。考虑到社会价值创新的特殊性，企业应鼓励牵头部门及时总结并且分享相关经验和教训，为未来的可持续社会价值创新活动提供有益的参考和借鉴。

> **案例**

13 企业战略的落地支撑：腾讯 SSV 的缘起与成立

腾讯一直在探索自己的边界和未来。2021 年 4 月，它宣布第四次战略升级，成立了可持续社会价值事业部。这不仅是组织结构的一次重大调整，更标志着腾讯对企业与社会新的定位。

腾讯内部一直有许多关于如何更好地服务社会、实现更高价值的构想。公司创始人马化腾深知这些想法的重要性，但也清楚在过去它们为何总是难以落地。他坦言："我们缺乏一个专门的团队去持续推动这些项目。"一个基于微信平台的社会型应急支持系统的构想，已经在他心中酝酿了四五年，却因为涉及众多协调工作而迟迟未能实现。

腾讯下定决心要让这些构想成为现实。要使可持续社会价值创新的战略真正落地，必须调动公司的全部资源和能力；而要做到这一点，必须有一个核心部门来进行全方位的统筹和协调。这就是 SSV 成立的初衷。

腾讯公司总裁刘炽平对此有着深刻的理解。他说："组织结构调整是战略落地的关键。"为了让可持续社会价值创新真正成为公司的核心业务，腾讯不仅设立了 SSV 这个牵头部门，还配备了强大的领导团队、优秀的产品经理、顶尖的技术专家和精干的运营人员。这是一个全新的开始，一个能够让腾讯更好地连接内外部资源、实现深度链接的开始。

SSV 的成立，让腾讯在可持续社会价值创新方面的投入和产出有了明确的责任主体。对内，它可以协调各部门的资源，确保项目顺利推进；对外，它可以与合作伙伴建立更紧密的联系，共同推动社会价值的实现。这一切让腾讯的战略规划不再是空中楼阁，而是脚踏实地的行动。

当然，每家企业的发展阶段和自身能力不同，对社会价值的理解和实践方式也会不同。但无论如何，对于那些想要真正从事社会价值创新的企业来说，设立一个牵头负责的部门或团队是至关重要的。因为只有这样，才能确保看似"不计成本"的投入能够带来真正的长期价值。

如今，腾讯 SSV 正在整合公司原有的公益与社会责任资源，同时投入新的核心资源和人才。这个部门以稳健的步伐推动着腾讯的可持续社会价值创新战略向前发展。这是一个充满挑战和机遇的旅程，但腾讯已经做好准备，迎接未来的每一种可能。

第11问：如何实现上下一心？

一、重要性

组织的任何一次变革，都像一次"闯关"。组织的决策层和执行层之间存在上下分界的二元结构，如果没有清晰的信息传递，组织成员之间也缺乏稳定的共识，那么组织变革就面临潜在的失败风险，特别是在可持续社会价值创新方面，因为它不是传统意义上的商业项目，而是具有强烈的社会价值取向。所以，必须重视和做好组织动员工作，实现思想、行动、步骤的一致性，努力做到上下一心。

1. 上下一心能显著增强团队的凝聚力。当企业面临外部挑战时，一个团结的内部团队能够迅速响应，共同抵御风险。这种凝聚力不仅来源于共同的目标，更在于每个成员对可持续社会价值创新的真正认可。

2. 上下一心有助于提升团队的执行力。只有决策层和执行层之间达成共识，可持续社会价值创新的战略才能够迅速传到每个角落，员工也会更加积极地响应和执行。这样才能确保相关创新项目的有效实施。

3. 上下一心能激发内部创新力。只有当可持续社会价值创新成为集体行动的共同目标后，员工才愿意分享自己的想法和建议，从而推动可持续社会价值创新。这种创新不仅体现在产品和服务上，还包括管理流程、企业文化等多个方面。

4. **上下一心能增强企业竞争力**。一个全员致力于社会价值创新的企业，不仅具有高品牌价值，还能吸引更多优秀的人才加入，提升企业的整体竞争力。

二、难点与挑战

实现上下一心并非易事。在组织变革和实施新战略过程中，往往会遇到各种困难和障碍。

1. **个体利益差异的问题**。不同员工有着不同的背景和利益诉求，这些差异可能导致在追求共同目标时产生冲突。例如，在推行某个社会价值创新项目时，可能会与某些员工"讲情怀就别想赚钱"的已有认知不同，从而引发抵触情绪。

2. **沟通不畅的问题**。由于缺乏有效的沟通机制或渠道不畅通，信息传递可能失真或产生误解。这不仅会影响员工之间的理解和信任，还可能导致在具体执行过程中出现偏差。

3. **缺乏共同愿景的问题**。如果企业在社会价值创新方面没有一个清晰且具有吸引力的共同愿景，员工可能难以找到价值感和归属感。他们可能会对为什么做商业要兼顾社会价值的思维方式和做法感到迷茫，从而影响整个组织的士气。

4. **管理层与基层脱节的问题**。管理层对基层员工对可持续社会价值创新的认知和期望了解不足，或者基层员工对管理层推动可持续社会价值创新的决心和意图理解不透，都可能影响上下一心。这种脱节不仅会影响可持续社会价值创新战略的实施效果，还可能引发新的内部矛盾和冲突。

三、方法与策略

要实现上下一心，企业需要采取一系列有效的方法和策略。

1. 明确共同目标。 企业需要在可持续社会价值创新领域制定一个清晰、具体的共同目标。这个目标应该能够激发员工对社会问题创新解决方案的热情。通过广泛征求员工意见，组织各类会议和大赛等，确保共同目标符合大多数人对社会价值创新的认知和期待。

2. 加强内部沟通。 建立有效的沟通机制至关重要，包括定期召开会议、员工建议箱、内部论坛等。这些方式不仅有助于确保信息传递顺畅和准确，还能增强员工之间的互动和了解，激发他们在社会价值创新方面的互动行为。

3. 培养企业文化。 通过培训和活动等方式，积极培育一种积极向上、团结协作的企业文化。强调团队精神、责任意识和创新精神的企业文化，更有利于实现可持续社会价值创新。

4. 鼓励员工持续参与。 鼓励员工参与社会价值创新的全过程，让他们感受到自己的价值和重要性。同时，定期收集员工对企业社会价值创新活动的满意度，根据反馈及时调整。通过及时发现和解决问题，来确保企业在社会创新方面始终保持上下一心的良性循环。

> **案例**

14 牵头负责的部门如何"拧成一股绳"?

康德说,我们所有的知识都始于感性,最后以理性告终。情感决定了"想要什么",理性决定了"怎么实现"。

在腾讯 SSV 成立初期,由于员工来自不同团队,还有很多新人加入,大家在理解可持续社会价值创新这件事上存在差异,对如何做到可持续社会价值创新,想法也不一样。例如,在公益资助上,有些人认为捐钱资助相关群体就可以,但有些人坚持要做的不只是捐钱这么简单。SSV 在内部还没有普遍形成共识阶段,主要的任务就是让总负责人和所有项目的负责人一起坐下来,在什么是可持续社会价值创新项目,怎样做可持续社会价值创新项目,用什么思维展开,哪些项目可以做、哪些项目需要做、哪些项目不用做等方面达成共识。

第一,形成共同的做事理念,这一点在新部门成立初期是非常重要的。例如,"环卫工人爱心餐项目"为环卫工人提供一顿 10 块钱的午餐,当消费者消费并选择了捐赠一顿午饭给环卫工人之后,捐赠款会变成券给到环卫工人,环卫工人在哪家店、哪个时间消费,捐赠者都能立即知道,金额也是清晰的。SSV 想要验证这种透明的模式是可以跑通的,在验证可行性之后,就可以撬动更多的公益组织来做同样的事。如果 SSV 花 20 万元或 30 万元给环卫工人捐赠一个月的午餐,虽然也是挺好的传统项目,但并不能止步于此,SSV 应该做的是帮助公益机构做这类事情。

第二,做好问题牵引,这是内部达成共识的重要方式。在议题设计模板上做一些问题牵引,让这些问题的答案更加明晰:SSV 的定位和运营机制通过哪种方式实现?做这个项目究竟要解决什么问题?为什么认为这种方式是有效的?传统的解决方式为什么没有效果?如何证明设计的内容会起作用?未来的生态合作伙伴有哪些?如何针对它们的特点扬长避短?内部可以制定一系列标准,虽然不完全算是标准答案,但至少代表了一些共同点,可以供大家参考。

第三,征询专家意见,可以通过培训或讲座等方式邀请相关领域的专业学者和实践专家。没有一个人能够在社会创新领域真正做到面面俱到,所以在专业指导下达成共识非常关键。议题如何设计、怎样具有终局性质的思考、怎样体现可持续价值、如何设置退出机制、如何评估社会价值等,都需要与相关专家进行深入探讨。比如要想做碳中和储能,就必须在储能领域找最专业的人,请专家给出意见和项目反馈,形成做这件事的框架之后再来讨论细节和立项。在这个过程中不仅有专家团队,还有技术评估团队,所有过程都是确保项目在方向上不会走偏的关键。

案例

15 "核心发动机"SSV与业务部门的双向奔赴模式

SSV有两个核心任务:一是将传统公益方式升级为公益捐赠与可持续价值创造并重,强调利用数字技术和平台优势,实践可持续社会价值创新;二是联动公司各产品、各业务,形成相互支撑、分工合作、牢牢扎根的社会价值创新格局(见图2-3)。

在公司内部设立一个不以营利为目的的部门,这本身就是一个重大的治理结构创新。成立SSV是为了解决组织结构不完善的问题,为践行"科技向善"战略提供一个具体且有力的抓手。解决了组织结构问题,有了专门的预算和专门的人,就可以做起来。改变过去那种做多少算多少、今年不行明年再做一点的心态和做法。

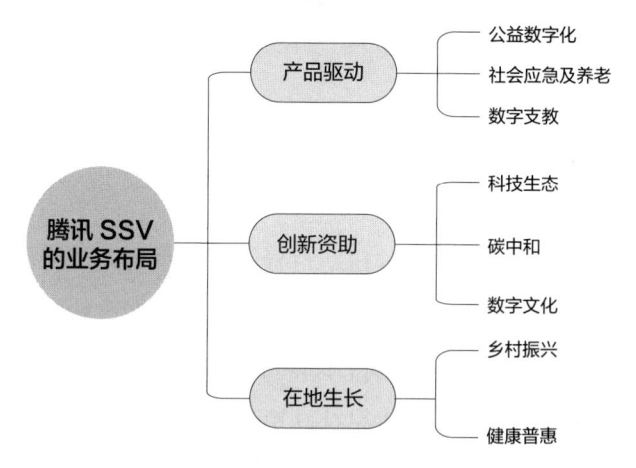

```
腾讯 SSV 的业务布局
├── 产品驱动
│   ├── 公益数字化
│   ├── 社会应急及养老
│   └── 数字支教
├── 创新资助
│   ├── 科技生态
│   ├── 碳中和
│   └── 数字文化
└── 在地生长
    ├── 乡村振兴
    └── 健康普惠
```

图 2-3　腾讯 SSV 的业务布局

按照马化腾的说法："组织架构不到位，很多东西就只能停留在想法，没法推动。在科技向善方面有很多好的想法，有的时候想了好多年，却一直没有办法落地。社会价值的事，大家都有很多想法，也可以做，但因为没有一个机制化的架构，都是靠价值观驱动，所以也不好苛责，毕竟不是本职工作。搭好架构，很多事情就可以顺理成章地开展，有专业团队持续思考并推动，才有办法去实现。"

腾讯既然要利用自身能力解决一些社会问题，就不能仅仅依靠 SSV 团队来做，必须借助和撬动整个公司的核心能力和资源，这就是将 SSV 作为核心发动机的出发点。正如腾讯公司副总裁、SSV 业务负责人陈菊红所言："有时候就是要去做难而正确的事，只有实现上下一心，把它做成一个长期的事情，养成一种习惯，组织才会一直有活力。如果大家觉得一起做是有成就感的，一起做是开心的，那就可以长期做下去。虽然很难，但翻山的过程或者有一天一起实现了一个小的里程碑的时候，那种开心跟在平地上是完全不一样的。所以我呼吁大家一起来翻这座挺难翻的山，一起翻过一座又一座的山，共同打造善的同心圆。"

第12问：怎样促进跨部门协作？

一、重要性

在当今这个错综复杂、日新月异的商业世界中，跨部门协作已然成为企业生存和发展的关键所在。特别是在可持续社会价值创新领域，单打独斗是完全行不通的，因为社会问题的创新方案更需要群策群力。就像一支足球队单靠前锋或门将的出色表现很难赢得比赛一样，它需要全队协同作战、共同面对挑战。

1. **跨部门协作能够实现资源的最大化利用**。企业的每个部门都有自己独特的知识、技能和资源，这些宝贵资产的汇聚和共享所形成的强大合力，是进行社会价值创新的物质基础。

2. **更好地应对外部世界层出不穷的复杂问题和挑战**。单一部门在面对这些挑战时往往独木难支。跨部门协作能集思广益、汇聚多方智慧，这是探索社会领域创新解决方案的基本前提。

3. **激发创新并实现可持续发展**。跨部门协作正是激发创新思维的沃土。当不同背景、不同视角的人才汇聚一堂时，思想的碰撞和交融往往能催生令人眼前一亮的社会问题解决方案。

4. **加深各部门对社会价值创新的共识和信任**。只有在共同奋斗或磨合的过程中，各部门才能逐渐加深对社会价值创新的认知，了解彼此不同的立场和观点，求同存异并增强互信，形成荣辱与共的合作精神。

二、难点与挑战

尽管"跨部门协作"在理论上被视为一个组织提升效率和推动增长的关键，但在实际操作中，企业的每个部门都像是行驶在一条道路上的车辆，有时难以避免会发生碰撞和摩擦。

1. **信息共享难题导致部门墙林立。**相对于商业创新，社会价值创新会面临更大的不确定性和挑战，其在问题锁定和解决方案方面对信息共享的要求非常高。如果企业内部的每个部门都掌握着自己的信息拼图，却无法将其完整地传递给其他部门，这必然导致社会价值创新决策的片面性和资源的重复投入。

2. **信任的缺失像一条难以逾越的鸿沟。**企业践行可持续社会价值创新需要内部各部门形成合力，因为即使通力合作也不一定能确保顺利实施。如果因为之前的合作产生挫折和误解，部门间存在防备心理，那么这种缺乏信任的氛围会让每一次协作都变得沟通成本高昂。

3. **责任与权利不清晰导致的模糊地带。**社会价值创新的成效评估本身比较复杂，面临标准不统一、主体不权威等挑战。当责任与权利不明确时，各部门在面对问题和挑战时容易相互推诿和扯皮。

4. **优先级冲突导致的紧张关系。**即使企业有社会价值创新的意愿，不同的部门在有限的资源和时间排序中，仍然首先会确保本部门的立场和利益。这种优先级的分歧不仅会加剧部门间的紧张关系，还可能导致协作失败。

因此，跨部门协作并非易事，需要组织持续付出努力和智慧来克服这些挑战，促进部门间的和谐与共赢。

三、方法与策略

针对跨部门协作中的上述难点，可以采取以下解决办法。

1. 提高信息共享程度。 企业应建立统一的社会价值创新信息共享平台，制定信息共享规范，确保各部门能够实时上传、查阅和更新关键数据和信息，并加强信息的准确性和时效性，从而打破部门间的信息壁垒，实现高效的信息共享。

2. 培养部门间的信任。 企业应明确社会价值创新，让各部门意识到只有协作才能实现经济价值和社会价值有机融合。通过组建跨部门团队，增进彼此的了解和信任。

3. 明确责任划分。 企业应在开始协作前明确各部门的责任和权利，尽量准确衡量各部门在社会价值创新方面的贡献和成果，建立相应的考核机制和奖惩制度，尽量落实到人。

4. 协调优先级。 企业应明确社会价值创新在公司战略中的基石地位，建立跨部门协调机制时，确立整体性的优先级原则，确保关键任务得到优先保障，从而推动协作顺利进行。

案例

16 内部业务协作的核心原则：互惠互利

腾讯内部文化特别提倡协作和共创，大量的创新是负责一线产品的同事们共同磨合出来的。每个团队都有一个目标，大家发挥各自擅长的能力。例如，对外关系团队和商务团队协作，将需求向合作方沟通清楚，也把腾讯的能力范围讲清楚；生态团队负责筛选靠谱的伙伴，支持当地的运营；技术团队，包括 WXG（微信事业群）、TEG（技术工程事业群）、CSIG（云与智慧产业事业群）的小伙伴，会一呼百应参与技术上的开发与支持；资源团队、公有云团队负责协调资源扩容，等等。

正如腾讯 SSV 业务管理部前总经理赵国臣所言，在 SSV 整个业务中，有 190 多个项目涉及内部和各个业务部门的共创合作，几乎占比 60% 以上，大金额的项目基本上是跨部门合作的。要确保这些项目能够长期进行，不是靠一锤子买卖、做之后大家一拍两散，而是要从机制上做好建设，保障跨部门合作正常进行。

在可持续社会价值创新这个领域，跨事业群的协作一直存在。其实很多项目都由业务方发起，SSV 负责提供资源和监督交付。例如，腾讯"智体双百"公益计划是由腾讯成长守护、腾讯游戏联合腾讯基金会共同发起的，首期为城乡孩子提供 100 间"未来教室"和 100 个"未来运动场"。数字生态实验室是 CSIG 与 SSV 共建的实验室，是跨事业群协作的制度性成果。

腾讯的可持续社会价值创新需要与腾讯的核心业务相结合，目前的业务协作类型主要分为三类。

第一类是共背绩效型。SSV 作为核心发动机，不能只凭借价值观和理念就让大家跟随它，腾讯公益和微信支付的合作就是共同承担和完成 OKR 的具体要求。

第二类是共同探索型。在探索过程中演变出来的协作，双方互相作用的力量非常大，而且会爆发新的可能。例如，数字文化实验室需要业务线更强的支持力量。在成立实验室之前，腾讯内部的相关部门就已经在一个更大的项目中开始共同探索和联动，最终推动成立了数字文化实验室。"耕耘者"振兴计划里有腾讯学堂、优图、微信小商店等产品，虽然是由 SSV 发起的，却有十几个内部合作伙伴共同参与。

第三类是制度保障型。虽然参与团队的功利心并不强，主要还是被价值观驱动，但在整个财务流程和支持上还是需要探索一些方法，来解决业务部门参与可持续社会价值创新中遇到的实际困难，例如设立可持续社会价值创新奖等。

案例

17　全员SSV：腾讯的实现路径——源于热爱，成于制度

在腾讯的宏伟蓝图中，有一个一直熠熠生辉的目标，那就是全员SSV。对于这家科技巨头来说，SSV不仅仅是一个事业部，更是一种精神、一种追求，它代表着腾讯对于可持续社会价值创新的执着与坚守。而全员SSV则是这个梦想的终极体现，它意味着腾讯的每一位员工都能成为这场创新之旅的参与者和推动者。

但梦想的实现从来不是一帆风顺的。腾讯深知，要想让全员SSV从理念变为现实，不仅需要激发员工的热情与爱心，更需要建立一套完善的制度保障体系，确保每一个创新的想法都能得到充分的支持与实现。

于是，一场由内而外的变革悄然展开。

腾讯企业文化部与SSV紧密合作，共同推出了"员工配捐机制"。这一机制的推出就像一块投入池塘的石子，激起了层层涟漪。员工们纷纷响应，积极参与各种公益活动，无论是捐款还是志愿服务都热情高涨。公司也毫不吝啬地给予相应的配捐支持，这种1∶1的配捐比例无疑是对员工爱心行动的最大肯定和鼓励。

为了让这场公益之旅更加便捷和高效，腾讯还专门打造了一个内部小程序。通过这个小程序，员工可以实时查看自己的公益金余额，并随时选择将公益金投入新的公益项目中。这个简单而实用的工具不仅降低了公益参与的门槛，更让每一位员工都能感受到自己的行动所带来的改变。

然而，腾讯并没有止步于此。它深知要想让全员 SSV 真正落地生根，还需要让更多的员工亲身参与可持续社会价值创新。于是，一场名为"向善实践"的全员行动轰轰烈烈地展开了。在这个活动中，员工可以结合自己的兴趣或业务，探索各种"科技向善"的场景，并亲自组织、策划和参与"向善实践"项目。这种以实践为导向的活动设计，不仅让员工有了更多与社会和他人的接触点，还让他们在实践中深刻体会到可持续社会价值创新的意义和价值。

但腾讯的宏愿并不止于此。它希望每一个关于可持续社会价值创新的想法，无论其大小和专业，都能在腾讯这个大家庭里得到充分的滋养和支持。为了实现这个目标，SSV 不仅提供了资金、资源等方面的全方位支持，还建立了一套完善的孵化机制，确保每一个有价值的想法都能得到充分的展现。

腾讯 SSV 战略部负责人表示，在工业时代，不管是否要开新产品线、设新厂，战略规划一定是由企业高层来主导的。但在互联网时代，很多东西就不一样了。最大的不同在于，起步阶段时大量资产并不起关键作用。从 0 到 1 这个过程，起步是非常轻的。新的应用方式的产生，并不是想象中通过大量研发和投入带来的。因此，底层创新是起步阶段最重要的。有一些产品发展到某一个阶段才需要花钱、花资源。所以，战略发展部门更多的是寻找种子的过程，就是去看每个领域大家抛出来什么样的种子，然后进一步判断种子的发生和发展，以及天花板在哪里、能够走到哪里、终局是什么样子、到达终局之前需要哪些资源。可见，全员 SSV 既需要底层创新，也需要高层决策，它是上下贯通的模式，而不是从上往下或从下往上的单一模式。

在腾讯看来，全员SSV不仅仅是一场创新之旅，更是一场发现之旅。它相信，在这个大家庭里，一定隐藏着很多具有社会责任感的员工和无数有价值的想法。而它的任务就是通过建立一套完善的激励和保障机制，将这些员工和想法汇聚到一起，共同推动可持续社会价值创新的实现。

这是一场源于热爱、成于制度的变革。在这场变革中，腾讯不仅展现了自己对于可持续社会价值创新的执着追求和坚定信念，更展现了自己作为一家科技公司的责任与担当。而全员SSV的实现路径，也将成为腾讯未来发展道路上最亮丽的一道风景线。

第三章
共益伙伴与协同价值

企业无法做到所有资源自给自足，它需要依赖外部环境中的其他组织，通过组织间的协同配合实现效率最大化的目标。因此，社会价值创新很难由企业自己来完全承担，而是需要和生态圈中的"小伙伴"协同共创，如同经济价值的创造需要产业链中的"小伙伴"协同共创一样。参考"共益企业"的概念，我们把那些和企业共创社会价值的"小伙伴"叫作"共益伙伴"，它们包括但不限于政府、社会企业、商业伙伴、科研机构、公益组织等。企业与共益伙伴协同共创所产生的价值被称为"协同价值"。

社会价值创新中的"协同价值"在于，企业通过"共享的价值观"来选择共益伙伴，通过引导和协调共益伙伴的行为来解决社会问题，共同践行它们对社会的承诺。不仅如此，社会价值创新中的协同价值还在于企业和共益伙伴的协同创新。企业不仅自我创新，还会通过制度规则、数字技术、商业模式等一整套工具帮助共益伙伴创新，而它们的创新行为反过来又会激发企业的进一步创新。它们在这样一种创新行为的互动和协同过程中营造出一个可持续的、相互促进的生态，从而长久地、更好地创造社会价值。相较于商业合作，社会价值创新中的企业与共益伙伴之间的合作与协同是共创和共益的。它们不再是项目执行和监督的

"甲乙方"关系,而是优势互补、互惠共赢、理解与共创的"伙伴关系"。

  本章将从如何选择和动员共益伙伴、如何协同共益伙伴、如何与共益伙伴实现可持续社会价值创新三个方面,介绍企业应该如何在可持续社会价值创新的前、中、后三个阶段实现协同价值。

可持续社会价值创新前：如何选择和动员共益伙伴？

社会问题的选择以及解决方式会影响企业与共益伙伴的组织和动员方式，也会影响企业与共益伙伴在社会价值创造过程中的协同方式。因此，企业在开始社会价值创新前，首先需要根据自己的核心能力和优势以及外部的需求，来确定需要解决的具体的社会问题。在选择了待解决的社会问题后，企业应该根据问题以及相应的解决方式来选择共益伙伴，最后组织和动员共益伙伴主动投身到社会价值创新的项目中去（见图3-1）。

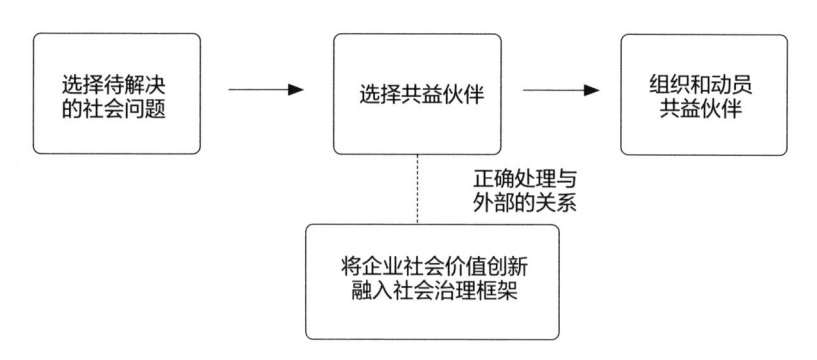

图 3-1 企业在可持续社会价值创新前的必备动作和流程

因此，本节的重点是如何选择和动员共益伙伴，但为了更全面地阐述选择和动员共益伙伴的方法，需要在此之前讨论企业如何选择要解决的社会问题。

第13问：如何选择待解决的社会问题？

一、重要性

企业没有能力解决所有的社会问题，因此需要在众多社会问题中选择自己可以"开发"的"领地"。选择待解决的社会问题是一个极其关键的决策过程，它关乎企业的品牌形象、内外部影响力以及长远的可持续发展。

1. 符合企业的专业领域和资源。企业应选择那些与其业务领域和资源相匹配的社会问题。这样做可以确保企业在解决这些问题时发挥最大的效能和影响力。例如，一家科技公司可能更适合解决与数字鸿沟或教育技术相关的问题，而一家食品公司可能更适合解决饥饿和营养不良的问题。这种策略确保了企业的社会责任活动能够利用其独特的技能和资源。

2. 提高员工参与度和士气。选择与员工价值观和兴趣相符的社会问题，可以提高员工的参与度和士气。员工更有可能支持和参与那些他们认为重要的社会责任项目。高参与度不仅有助于提高项目的成功率，还能增强员工对公司的忠诚度和满意度。

3. 长期可持续性。选择与企业的长期战略一致的社会问题，可以确保社会责任活动的可持续性。企业应选择那些能够在未来几年持续关注和投入资源的问题，而不是仅仅基于一时的热点做出选择。这样的长期承诺不仅有利于社会问题的持续解决，也有助于企业建立稳定和深入的社会责任记录。

4. 增强企业形象与声誉。可持续社会价值创新活动是塑造企业形象和声誉的重要工具。通过解决与企业业务相关且对社会有积极影响的问题，企业可以展示其对社会福祉的承诺。这样不仅能提高消费者对企业的好感，还能增强投资者和合作伙伴的信任。社会学研究表明，消费者越来越倾向于支持那些积极参与社会责任活动的企业。

综上，企业在选择待解决的社会问题时需要综合考虑多个因素，这不仅有利于最大化资源的利用效率，增强员工的参与度和公司的长期可持续性，同时也有助于提升企业形象和声誉。

二、难点与挑战

1. 确定待解决社会问题的优先级。面对众多社会问题，企业在介入之前的一个难题是：如何确定哪些问题最值得投入资源。这需要企业对社会问题的紧迫性、相关性以及可解决性进行综合评估。企业需要选择那些社会迫切需要解决的、和自己能力相关的以及解决后能够创造增量价值的社会问题。

2. 资源限制。企业的资源（包括资金、人力和时间）是有限的，因此企业如何在有限的资源条件下解决最迫切的社会问题，做出最有效的社会贡献，是企业在选择待解决的社会问题时常面临的难题。

3. 平衡利益相关者的期望并衡量效果。企业的利益相关者（如消费者、员工、投资者等）可能对社会责任活动有不同的期望和要求。平衡不同的期望并找到一个共识点，对企业来说是一大挑战。同时，如何有效地衡量和展示企业社会责任活动的成果是另一个问题。这不仅涉及如何定量评估社会影响，还包括如何让公众了解和认可这些成果。

4. 政治、法律和文化风险。某些社会问题可能涉及敏感的政治或法律问题。在这些领域内活动可能会带来额外的风险，企业需要谨慎处理。此外，在全球化的背景下，企业在不同国家和地区实施社会责任项目时，需要考虑当地的文化、习俗和价值观，这需要企业具备跨文化的敏感性和适应能力。

综上所述，企业在选择待解决的社会问题时面临一系列的挑战，包括确定优先级、资源限制、满足利益相关者的期望、衡量效果、平衡长短期利益、应对政治法律风险以及跨文化适应等。这些挑战要求企业在制定和实施可持续社会价值创新战略时具备高度的灵活性和策略性。

三、方法与策略

1. 寻找社会痛点和问题。首先，企业需要识别社会中的重大问题或痛点，这些问题通常是复杂且棘手的，不是仅依靠技术和资源就能解决的。其次，企业没有能力解决所有的社会问题，因此需要在众多社会问题中选择自己可以"开发"的"领地"。最后，企业寻找自己可解决的社会问题的策略包括"偶遇"和"挑选"。"偶遇"是指企业并非根据自己的核心优势主动选择有待解决的社会问题，而是在自然灾害、突发性事件后，出于社会责任，被"卷入"社会问题的解决过程中。"挑选"是指企业根据自己的核心能力或者核心关切，主动挑选想要解决的社会问题。

2. **将核心业务与社会问题对接**。无论是"偶遇"还是"挑选"，企业都应评估其核心业务领域与社会问题之间的关系。企业选择与自己核心业务相关联的社会问题，可以更有效地运用专业知识和资源。例如，一家科技公司可能专注于通过其技术改善教育或医疗健康服务，而一家建筑公司可能聚焦于可持续建筑或住房问题。

3. **利用企业的产品生态和技术优势**。企业还需要考虑其资源和能力是否与所选的社会问题相匹配。企业应依托现有的产品生态和技术实力，作为"数字化助手"，为公益计划和活动提供适配的数字工具和平台。这种做法有助于各级政府部门及公共事业机构实现数字化转型，并为可持续社会价值的发展注入创新力。企业应将其价值主张与可持续发展目标相结合。例如，腾讯在乡村振兴、公益服务、抢险救灾等社会事件中，利用数字化技术为社会难题提供解决方案。

4. **关注利益相关者并评估可持续性和影响**。企业在选择社会问题时需要考虑其利益相关者，包括消费者、员工、股东等的期望和需求，同时还需要考虑干预措施的可持续性和长期影响。这需要企业选择那些可以持续投入并产生正面且长期影响的问题。企业在考虑可持续性时需要评估项目的财务可行性、社会和环境影响以及潜在的风险。

综上所述，企业在选择待解决的社会问题时，应专注于识别待解决的社会痛点，将自身核心业务与社会问题相对接，利用自身的产品和技术优势，关注利益相关者并评估解决社会问题的可持续性和影响。这些方法和步骤不仅有助于企业识别应该解决哪些社会问题，还能推动企业可持续发展和提升社会福祉。

案例

18 社会问题选择的两条路径：腾讯和美团的两个例子

在面对社会挑战和危机时，企业不仅需要识别社会中的重大问题或痛点，还应评估其核心业务与社会问题的对接，利用自身产品的生态和技术优势，并考虑干预措施的可持续性和长期影响。

在应对社会挑战和危机时，特别是在面对突发事件时，企业的响应速度和行动力能够对社会产生深远影响。在"偶遇"社会问题方面，腾讯给出一个突出的例子。2021年夏天，河南省遭受特大暴雨洪涝灾害，迫切需要强有力的灾害应对举措。腾讯的反应展现了如何将企业资源与社会责任有效结合。腾讯公益慈善基金会捐款1亿元人民币，用于保障当地群众安全和紧急采购救灾物资。同时，腾讯通过其产品、技术和资源全力助力政府与社会各界抗洪救灾。例如，腾讯文档上线了"救援互助信息登记模板"，腾讯地图推出了"郑州互助地图"，"腾讯出行服务"小程序提供了"防汛信息互助专区"。这些措施不仅将腾讯的技术优势与社会需求有效对接，而且体现了腾讯对社会问题的深入理解和创新思维。

美团的"袋鼠宝贝公益计划"是另外一个主动"挑选"社会问题的突出案例。美团是一家以科技为核心驱动力的综合性生活服务平台，以"零售+科技"的战略践行"帮大家吃得更好，生活更好"的公司使命。外卖是美团重要的业务组成部分，外卖骑手是其重要的利益相关者。因此，当美团考虑社会责任策略时，它不仅考虑如何发挥科技公司的优势，还考虑如何满足外卖骑手这一重要利益相关者的期望和需求。这种考虑促使美团启动了"袋鼠宝贝公益计划"，为全行业外卖骑手的子女提供大病、意外伤害等困难帮扶。该计划在 2019 年由美团配送和北京美团公益基金会发起，是国内首个外卖骑手子女帮扶计划。它的发起背景是河北省燕郊外卖站点东贸站因地理位置靠近专科医院，成为家有白血病患儿的骑手的聚集地。由于需要长期治疗，这些孩子无法正常入学和交友，而骑手父母既要工作又要照顾孩子，这给他们的生活带来了巨大的挑战。美团针对这一特殊群体的实际情况，向全行业的外卖骑手推出"袋鼠宝贝公益计划"，为身患重病的骑手子女提供帮扶金，并搭建"袋鼠宝贝之家"，为全行业骑手家庭提供早期发展教育、课后托管、课外活动、兴趣课堂等服务，帮助骑手缓解跑单高峰无人看管孩子的难题，支持骑手子女更好地融入社会。截至 2023 年 5 月，"袋鼠宝贝公益计划"已累计帮扶美团、饿了么、闪送、达达、KFC、盒马鲜生等 11 个外卖平台的骑手子女共 624 名，累计提供帮扶救助金 2 482.7 万元。截至 2023 年 6 月，美团已先后在河北燕郊、北京市海淀区、北京市朝阳区望京街道、北京市西城区建成 4 所"袋鼠宝贝之家"，每年可服务近 400 个家庭，提供 2 万余人次救助。美团的这一举措不仅体现了对骑手家庭深层次需求的理解，也反映了其在社会责任实践中的创新思维。

通过腾讯和美团的案例，我们可以看到，当企业专注于识别和解决社会痛点，利用自身的产品生态和技术优势关注利益相关者的需求，评估其解决方案的可持续性和影响时，就能够产生巨大的正面社会影响。这些企业的行动不仅展示了在突发事件和长期性社会问题面前的响应速度和责任意识，也体现了对客户以及社会大众的深切关怀。

第14问：如何将可持续社会价值创新与政府的需求耦合在一起？

一、重要性

1. 社会价值最大化。 企业通过聚焦社会议题，可以确保自身的创新活动与社会需求紧密相连。这样做不仅能够最大化地发挥企业的技术和资源优势，还能确保企业所创造的社会价值真正符合社会期望，从而实现社会资源的优化配置。

2. 满足政府的需求。 政府作为社会治理的主体，其需求往往代表了社会最迫切的问题和挑战。企业通过与政府合作，可以更直接地了解这些需求，并确保自身的创新活动能够有针对性地解决这些问题，从而提升社会治理的效能。

3. 合作共赢的局面。 当企业的社会价值创新与政府需求耦合时，双方可以形成合作共赢的局面。企业可以获得政府的支持和认可；政府则可以借助企业的力量和资源，更有效地解决社会问题，推动社会的进步和发展。

在政府工作报告中多次被提及的"社会治理"概念，强调政府部门与社会组织、企业以及个人在内的多元社会力量合作来解决社会问题、推进社会秩序，而企业社会价值创新的目标也在于解决社会问题。如何将社会价值创新与政府的社会治理需求耦合，是每个企业在社会价值创造面前亟须解决的问题，也是企业在选择共益伙伴过程中的必答题。因为政府不仅是企业重要的共益伙伴，还影响着企业社会价值创造的可持续性和公信力。

二、难点与挑战

在推进可持续社会价值创新与政府需求耦合的过程中，企业主要面临以下 3 个难点和风险。

1. 社会议题的复杂性。社会议题往往涉及多个领域和方面，具有极高的复杂性。企业在选择创新时需要全面考虑各种因素和影响，确保所选择的社会议题既符合自身能力范围，又能有效满足政府需求。这是一个需要深入研究和谨慎决策的过程。

2. 合作中的沟通与协调。企业与政府之间的合作需要建立在良好的沟通与协调基础上。然而，由于双方的组织结构、运行机制和目标可能存在差异，因此在合作过程中可能会出现沟通不畅、协调困难等问题。这些问题如果处理不当，会影响合作的顺利进行和项目的成功实施。

3. 外部环境的挑战。企业在推进社会价值创新时，还需要应对来自外部环境的挑战。这些挑战可能包括政策变化、市场波动、社会舆论等。这些因素都会对企业的创新活动产生影响，甚至导致项目失败。因此，企业需要具备灵活应对外部环境变化的能力。

三、方法与策略

1. 确定原则："找好位、不越位和不缺位"。企业参与解决社会问题，首先应该坚持主管部门为社会治理的主导者，其次应该发挥好企业的协同和助力作用。

2. **确定策略**：**将企业项目嵌入政府治理体系**。企业在社会价值创新前处理与政府的关系时，最有效的办法是将企业的社会价值创新融入政府的社会治理体系之中，这样不仅能确保企业创造的社会价值"不偏航"，而且还能与政府相互助力，促进社会问题的有效解决。在操作层面，企业的最优做法是在选择待解决的社会问题时积极地与政府部门沟通，找准治理社会问题的痛点和难点，运用企业核心能力为政府提供落实社会政策的配套方案和工具。

3. **确定战术**：**向专家和科研团队寻求智力支持**。企业在创造社会价值的过程中难免会受到社会各界的质疑，或被认为是作秀，或被认为有商业动机，或被认为是在公关。此外，还有一些项目是企业主动发起的，虽然是在整个政策框架内，但在项目落地的过程中需要所在地的支持。但企业在争取当地支持的过程中，其项目的重要性和科学性也常被质疑。因此，当企业遇到这类问题时，最好的解决办法就是向外部专家、学者与团队寻求合作，系统论证项目是否科学、合理。同时，专家和科研伙伴也能成为项目的监督方、评估方，甚至成为项目落地时重要的陪伴型合作伙伴。

4. **确定动作**：**不断沟通，及时消除误解**。政府在和企业协同创造社会价值时，难免会出现观点不一致的地方。这是由于企业的运行逻辑和政府不同。为避免不必要的误解和冲突，二者在合作中的常规动作就是沟通。企业首先要明确创造社会价值的初心。这一点既能成为企业吸引和动员政府参与并支持社会价值创新项目的原因，也能成为日后合作的目标。在创造社会价值的具体项目中，一个根本性的原则就是政府是主导者，企业是配合执行者。企业还需要在合作的过程中与政府沟通项目方案，并在沟通的过程中明确哪些工作由企业完成，哪些工作需要政府完成。

综上所述，将可持续社会价值创新与政府需求紧密结合是企业在新时代背景下的必然选择。通过聚焦社会议题、深化合作、跨界合作以及持续沟通等策略和方法，企业能够更加有效地推进可持续社会价值创新项目的实施和发展，为社会的繁荣与进步贡献自己的力量。

> 案例

19 "乡村 CEO 计划"：乡村经营型人才培养新路径

腾讯 SSV 的"乡村 CEO 计划"是企业敏锐地寻找到政府需求，并逐渐内化为社会创新项目的典型案例。

一、腾讯 SSV 的"乡村 CEO 计划"与政府需求的契合

腾讯 SSV 通过深入调研，发现乡村人才匮乏，特别是能够盘活村庄资源、引进新业态并持续运营的经营型人才稀缺。为了解决这一社会问题，2022 年 3 月，腾讯 SSV 联合中国农业大学国家乡村振兴研究院发起了"乡村 CEO 计划"。该计划不仅与政府对乡村振兴和人才培育的战略需求高度契合，而且通过系统化的培养方案，为乡村人才振兴提供了新的路径。

政府在乡村振兴中强调产业发展和城乡融合，而乡村 CEO 的主要任务就是将乡村的社会资源整合起来，依托市场主体来经营。这完全符合政府对乡村现代化和产业发展的期望。通过培养乡村

CEO，腾讯 SSV 帮助政府解决了乡村经营型人才匮乏的问题，推动了乡村产业的发展和城乡的融合。

二、乡村 CEO 如何整合乡村社会资源

乡村共同体社会的运营规律是基于关系建立社会网络，而市场社会基于契约精神强调责任和回报，这是两个不同的逻辑。乡村的现代化，恰恰是要在乡村共同体中植入现代市场经济的主体，这个市场主体促进城乡融合有机衔接。城乡融合的核心在于产业以及城乡之间生产要素的流动，这些都离不开经营。乡村 CEO 的主要任务就是能够把乡村社会的资源整合起来，依托市场主体来经营。

作为一名乡村 CEO，首先要理解乡村振兴的政策背景，能够理顺村集体与合作社、合作社与乡村 CEO、合作社与外来资本、合作社与农户之间的关系等，通过契约界定各自相应的责任、权利和义务；其次是结合本地特色优势资源和市场需求，打造新型农旅业态，提高合作社专业化经营管理水平，帮助村民和村集体提高收入。

进入首期"乡村 CEO 计划"的 55 名学员，主要由村干部、种养大户、返乡创业青年、回乡大学生、合作社骨干以及集体企业负责人等组成。

在为期一年的培训过程中，项目组为 CEO 学员设置了 5 个学习环节：由权威专家提供的课堂式理论学习、实践考察、在"一对一"导师的带领下到实践基地进行实地训练、回到本村发起自主创新项目和结业答辩。其间，项目组还通过安排沙龙、线上培训课程、阶段性总结和项目申报等活动提升学员的基本技能，包括文字能力、数字能力、沟通能力等。

在此期间，55 名学员全部由导师"一对一"全程陪伴，其中腾讯"一对一"志愿者导师 55 位，中国农业大学"一对一"导师 16 位。此外，腾讯还在公司内部招募了 539 名职能线导师，为学

员们解答产品运营、营销传播、人力资源、项目管理等领域的专业问题。

三、腾讯 SSV"乡村 CEO 计划"的成效与影响

经过一年多的实施,"乡村 CEO 计划"取得了显著的成效。它已连续举办两期,分别在全国培养 55 名和 110 名学员,形成了国内首个系统的乡村职业经理人培养体系,并在昆明、昭通等地实现制度支持落地。这些成果不仅证明了该计划的有效性和可行性,也为乡村人才振兴提供了宝贵的经验和案例。中国农业大学文科讲席教授李小云在总结大会上表示,如今,通过一年多的探索,项目已产出一整套体系化的乡村 CEO 培养知识产品,包含"四大产出":一套培养乡村 CEO 的系统性方案、一个乡村 CEO"由入到出"的规范性制度、一批先导性乡村 CEO 人才和一套乡村 CEO 典型实践案例。

同时,"乡村 CEO 计划"的影响也在不断扩大。越来越多的省份开始关注和引入这一模式,结合本地实际情况进行创新和发展。腾讯 SSV 也在不断完善和优化培养方案,为更多地区的乡村振兴提供有力支持。截至 2023 年底,该解决方案已由政府主导推广到重庆、云南、广西、浙江、广东等地的 125 个县。此外,该计划还得到政府部门的高度认可。政府认为,"乡村 CEO 计划"不仅解决了乡村人才匮乏的问题,还推动了乡村产业的发展和城乡融合,为乡村振兴注入了新的活力和动力。这种认可进一步增强了腾讯 SSV 与政府部门的合作关系,也为该计划的持续发展奠定了坚实基础。"乡村 CEO 计划"所探索的经验和方案,正在逐步向更多省份推广复制,并结合各省特点,因地制宜创新培养模式。2023 年,"乡村 CEO 计划"荣获联合国粮农组织专题案例、国家乡村振兴局社会帮扶案例、工业和信息化部开源和信息消费大赛一等奖、粤桂协作先进民营企业等近 30 个奖项。

2023年5月23日,腾讯公司与广西壮族自治区乡村振兴局、深圳市乡村振兴和协作交流局、粤桂协作工作队,共同启动"为村共富乡村-粤桂数字农文旅计划",首批选择了19个试点县、21个示范村,提升线上线下经营业态,培育县乡村经营型人才,促进广西农文旅新业态的融合创新发展。2023年10月至年底运营仅两个月,助力村集体收入增加约150万元。

2023年9月8日,结合东部发达地区乡村振兴特点,以及浙江高质量发展建设共同富裕示范区的需求,由浙江省农业农村厅主办,腾讯公司、浙江省农学会、浙江省乡村文化振兴促进会协办,浙江开启"千名乡村CEO培养计划",首批招募100名学员,通过基地实训、驻村实训、远程教学、互访学习等方式,多维度、多层次、系统化提升乡村经营能力。

2024年8月14日,中国农业大学、中央农业广播电视学校和腾讯公司共同启动"万名乡村职业经理人培养计划"。通过构建乡村职业经理人培养体系,形成全国通用型人才培养方案和教学资源,建设全国乡村职业经理人培养联盟,推动人才培养在全国大范围、规范化开展。

第 15 问：如何选择共益伙伴？

一、重要性

在确定了要解决什么社会问题以及如何将其融入政府治理体系后，企业需要解决的问题是如何选择共益伙伴。共益伙伴包括但不限于政府、社会企业、商业伙伴、科研机构、公益组织、媒体等。如何选择共益伙伴，对社会价值创新项目未来的发展至关重要。

1. **提升解决社会问题的能力**。面对复杂多变的社会问题，单一组织往往难以独自应对。社会价值创新需要站在"巨人"的肩膀上解决社会问题，因此需要选择具有相应专业能力和资源的共益伙伴，提升解决问题的效率和效果。通过整合不同伙伴的专业知识和实践经验，企业能够更全面地理解问题本质，制定更有效的解决方案。

2. **促进跨界创新与协作**。共益伙伴的选择有助于打破行业壁垒和思维定式，促进跨界创新与协作。不同领域的伙伴能够带来多元化的视角和思维方式，激发新的创意和解决方案。这种跨界合作有助于推动社会问题的根本性解决，实现更大的社会价值。

3. **增强社会影响力与公信力**。与具有社会影响力和公信力的组织合作，可以提升企业的社会形象和声誉。通过与这些伙伴共同开展公益项目或社会活动，企业能够向公众展示其积极履行社会责任的决心和行动，从而赢得更多人的信任和支持。

二、难点与挑战

1. 识别真正有价值的伙伴。 在众多的潜在伙伴中，识别出那些真正具有专业能力、资源优势和良好信誉的伙伴是一项挑战。这需要企业进行深入的市场调研和尽职调查，以确保选择的伙伴能够真正为合作项目带来价值。

2. 平衡利益诉求与合作期望。 不同的伙伴在合作中往往有不同的利益诉求和期望。如何平衡各方利益，确保合作项目能够顺利进行并实现共赢，是企业在选择共益伙伴时必须面对的问题。这需要企业具备高超的谈判技巧和协调能力，以达成各方都能接受的合作方案。

3. 确保合作的有效性与持续性。 选择共益伙伴后，如何确保合作的有效性和持续性也是一大难题。合作过程中可能会出现沟通不畅、执行不力等问题，导致合作项目无法达到预期效果。因此，企业需要建立有效的合作机制和监督机制，确保合作项目能够按照既定目标顺利推进。

三、方法与策略

具体选择哪些组织作为企业的共益伙伴取决于具体的社会价值创造项目，但除了项目需要，专业和志趣相投也是企业在选择共益伙伴时需要考虑的核心维度。

1. 明确合作目标和需求。 在选择共益伙伴之前，企业应首先明确自身的合作目标和需求。这包括明确希望通过合作解决的社会问题、期望达到的效果以及所需的资源和能力等。只有明确了这些目标和需求，企业才能更有针对性地寻找合适的伙伴。

2. **寻找行业中最专业的合作伙伴**。社会价值创新的重点在创新，而创新的前提是专业。然而，企业选择所要解决的社会问题可能超出自身专业范畴，因此，企业在确定了社会价值创新项目后，首先要解决的问题就是寻找该专业领域中具有实战经验和理论知识的人，向其请教并洽谈合作。只有专业的共益伙伴才能让社会价值创新项目方向感更强、走得更顺。在社会价值创新项目中，可能项目的发起者是企业，但项目的策划者甚至项目的执行者不是企业，而是专业的共益伙伴。值得一提的是，企业在不同项目中的角色各有不同，有的是主导者，对项目有自己的目的和想法，专业的共益伙伴的作用在于提供专业的知识和技术，但在有些项目中，企业是协调者和配合者，服务于专业的共益伙伴。专业不仅指专业知识和能力，还包括配套的体制机制，比如组织网络、制度规则等。企业往往在寻求共益伙伴时，既需要伙伴在其专业领域内深耕多年，具备专业的知识和技能，又需要具备较好的执行能力。在这里，执行能力的评定标准既包括能覆盖一定范围的组织网络，也包括有明确且规范的操作流程以确保执行的效率。

3. **志趣相投**。志趣相投主要表现在共益伙伴在价值观、做事动机以及工作方式层面与企业的一致性。如果说专业是在衡量共益伙伴的能力，可以量化考核，那么志趣相投则是衡量它们的态度，主要通过以往的合作经历、熟人的推荐或背书等方式评估。共益伙伴的能力和态度在社会价值创造中很重要，在某种情形下，态度更重要。因为合作伙伴的态度决定了合作后工作的顺利开展程度以及在发生问题和冲突时的反应，最终事关社会价值创新项目的成败。

案例

20 "碳寻计划"：推动技术创新，助力减缓气候变化

2023年3月，腾讯联合产业伙伴、投资伙伴和生态合作伙伴共同发起"碳寻计划"，资金规模在亿元人民币级别。"碳寻计划"针对不同阶段与类别的项目开放三大创新通道，通过试点支持前沿技术的首个工业场景示范项目，加速具有正向经济性的早期创业项目的商业孵化，支持构建行业基础能力、数据和标准（如数据库、固碳效益监测工具、数字化能力等），推动前沿技术走向规模化应用。规划中期望能够落地5~10个技术试点，加速5~10家初创企业，孵化数个可持续工具平台，最终实现千万吨级的减排。

在"碳寻计划"中，腾讯展示了如何精准筛选并培养未来的共益伙伴的过程。

一、严谨的初选过程

腾讯在启动"碳寻计划"时就明确了目标：寻找下一代前沿的CCUS（碳捕集、利用与封存）技术，并推动其走向规模化应用。为了实现这一目标，腾讯设立了一套严谨的初选机制。它公开征集创新技术的项目方案，对所有提交的项目进行细致的审查和评估。在这一过程中，不仅关注技术的创新性和实用性，还注重项目团队的能力和经验。通过初选，腾讯成功地从300多个申报项目中

筛选出 30 个优胜项目，这些项目代表了 CCUS 领域最前沿的创新技术，其中包括在国内相对空白的 DAC（从空气里直接捕捉二氧化碳）领域、用微生物基因编辑技术吸收利用工业尾气中的二氧化碳、用建筑废弃物吸收二氧化碳再生产建筑材料，以及通过养殖贝类捕集二氧化碳等多个前沿技术。此次入选的 30 个团队中有牵头的 90 后年轻团队，也有在领域内研究了 20 多年的资深团队，囊括中国最顶尖的高校和研究机构，还获得中国自然资源部、中国地质调查局、国家级新型科研事业单位怀柔实验室等单位的优质项目加持。正如评委会专家所说："'碳寻计划'发布后社会影响力极大，这 30 个团队代表并决定了未来 CCUS 领域的发展。"

二、专家委员会的深入评估

为了确保选出的项目合作伙伴具有真正的实力和潜力，腾讯组建了一个由 17 位顶级专家组成的"碳寻计划"专家委员会。这些专家来自政府、企业、高校、科研院所和金融机构等领域，具有深厚的专业知识和丰富的实践经验。他们对初选的项目进行了深入的评估和讨论，确保每一个入选的项目都符合期望和要求。同时，专家委员会还向社会发出倡议，鼓励更多机构和个人加入 CCUS 领域的研发和应用中来。

三、持续的跟踪与支持

对于入选的项目合作伙伴，腾讯提供了持续的跟踪和支持。它不仅为每个项目团队提供 50 万元的启动资金，还通过灵活的催化性资本帮助项目实现商业化运营。此外，腾讯积极与合作伙伴分享自身的资源和经验，共同推动 CCUS 技术的发展和应用。通过这种方式，腾讯不仅筛选出优秀的项目合作伙伴，还为它们的成长和发展提供了有力的支持。

第 16 问：如何动员和协调共益伙伴？

一、重要性

如果说选择共益伙伴是企业在明确社会问题后盘点和选择潜在的合作伙伴的过程，那么动员和协调共益伙伴就是指企业需要吸引、触动和协调潜在的合作伙伴加入社会价值创新中。动员和协调共益伙伴之所以至关重要，主要体现在以下几个方面。

1. **组织所需资源**。在具体的社会价值创新项目中，潜在的合作伙伴所在的领域不同，所掌握的关键资源也不同。调动这些潜在合作伙伴的积极性，使它们愿意在社会价值创新项目中共享自己的核心资源和能力，才能使项目更高效地整合和共享这些资源，从而提高项目的执行效率和效果。

2. **构建强大的社会支持网络**。共益伙伴来自不同的社会领域和群体，它们各自拥有广泛的社会联系和影响力。通过动员这些伙伴，项目可以构建一个强大的社会支持网络，这不仅有助于提升项目的社会认知度和接受度，还能在项目遇到困难时提供有力的社会援助和支持。

3. **奠定合作的价值和组织基础**。社会价值创新需要共益伙伴亲自参与，激发大家主动创造的积极性，进而发展出有造血能力的人才、机制与产品。所以，企业需要在动员潜在合作者的过程中，明确合作的可能性、未来的发展方向以及各个合作者的职责和需要提供的资源等内容，进而为推进社会价值创新项目奠定坚实的基础。

二、难点与挑战

动员和协调共益伙伴虽然重要,但在实际操作中常面临3大挑战:

1. 利益协调难题。企业在操作过程中会遇到各种潜在的合作者,在与它们的沟通中,有的共同利益显而易见,有的利益隐而未现,需要企业进一步处理。有的潜在合作者的利益和目标与企业一致,但有的潜在合作者有自己独特的利益和诉求,这就需要企业评估合作的必要性或在合作中进行管理。

2. 沟通与合作障碍。伙伴间可能存在文化差异、语言隔阂或信任缺失等问题,会导致沟通不畅、合作难以深入,进而影响项目的顺利推进。

3. 组织与管理挑战。动员和协调众多伙伴参与项目,需要建立高效的组织管理体系和运作机制。然而,在实际操作中,如何确保各方协同工作、形成合力,往往是一项艰巨的任务。

三、方法与策略

动员共益伙伴的手段,从根本上来说是寻找彼此之间共同的利益。

1. 显而易见的利益和诉求。显而易见的利益和诉求是指企业在与准合作者沟通合作的过程中,很容易发现对方想参与的目的和动机是什么,这里就需要企业评估三点,再决定是否要推进彼此之间的合作。

第一，准共益伙伴显而易见的利益和诉求是否和企业的利益和诉求一致。一致是企业最期望看到的情况，但不一致往往是常态。那就需要企业评估对方的利益和诉求是否和项目最终的目标存在冲突，或者企业能否在合作的过程中管理对方的行为，使其不会因为追求自身利益而有损整个社会价值创新项目的开展。

第二，当双方这些显而易见的利益和诉求不一致，并且也会影响项目的顺利开展时，企业需要评估给对方输出价值的可能性以及更换被选人的利弊。图3-2为企业在动员和协调利益和诉求与企业不一致的共益伙伴时的策略和步骤。

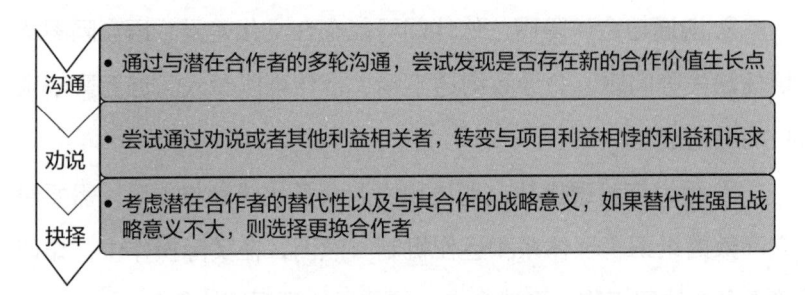

沟通	• 通过与潜在合作者的多轮沟通，尝试发现是否存在新的合作价值生长点
劝说	• 尝试通过劝说或者其他利益相关者，转变与项目利益相悖的利益和诉求
抉择	• 考虑潜在合作者的替代性以及与其合作的战略意义，如果替代性强且战略意义不大，则选择更换合作者

图3-2 动员和协调潜在共益伙伴时的策略和步骤

第三，在明确双方显而易见的利益和诉求一致时，企业还需要判断准共益伙伴是否存在其他有意隐藏的目的和动机，而这些又会如何影响合作的走向以及整个项目的效果。当共益伙伴是商业机构时，最常见的情况就是共益伙伴会在社会价值创新中带有自己的商业目的。企业遇到这种情况时，最好的办法是在合作前鼓励对方开诚布公。企业评估对方哪些事能做、哪些事不能做、能做的程度如何。最后企业需要在双方合作的协议中明确这些规则，以此来约束彼此的行为。

2. 隐而未现的利益和诉求。隐而未现的利益和诉求是指企业在与准合作者沟通合作的过程中,发现准共益伙伴的动机不明或没有敞开心扉。这可能是因为社会价值创新项目处于萌芽阶段,项目本身的目标和方向不明确,也可能是准合作者自身没有发现可以在项目中获取的利益,还可能是准合作者对企业不了解、信任度较低、处于观望的态度。这就需要企业积极地帮助准合作者挖掘那些隐而未现的利益,争取合作成功。

值得一提的是,那些具有显而易见的目的并且和企业价值观、目的相同的准合作者,是企业最佳的共益伙伴,但并不是说利益诉求隐而未现的合作者就不是好的共益伙伴,往往这类伙伴因为其专业度和战略价值高,反而成为企业必须主动争取的共益伙伴。企业挖掘利益诉求,争取这类合作者的策略主要有以下两点。

第一,用诚意打动。这类准合作者大多属于该领域的专业人士或权威专家,企业或项目对他们的需求度更高。他们之所以未能与企业达成合作意向,并非不认可项目的目的和价值,也并非没有找到自己在项目中的利益,而是不了解企业和项目团队,不清楚是否值得投入。

第二,建立激励机制,将项目与潜在合作者的利益和诉求挂钩。很多时候,项目主要争取的并非专业的机构或专家,而是大众,特别是项目的受众,也就是那些需要帮扶的群体。他们很有可能无法理解项目的内容以及真正会给他们带来哪些好处。这时候就要在项目中设计动员激励机制,将参与项目的行为与他们自身的利益和诉求挂钩。

案例

21 腾讯公益：动员相同利益和诉求的共益伙伴

一、紧密联络，构建联合救灾团队

在应对自然灾害等紧急情况时，腾讯公益展现出卓越的动员和协调能力。它与中国乡村发展基金会、中华社会救助基金会、中国红十字基金会等多家实力雄厚的公益组织紧密联络，共同构建了一个常备不懈的联合救灾团队。这个团队汇聚了公益领域的精英力量，不仅在灾难降临时能够迅速响应、展开救援行动，更在平日里通过常态化的沟通机制，保持着紧密的沟通与联系。它们每年年初齐聚一堂，交流意见，共同研判社会形势，讨论和判断未来可能面临的挑战以及需要准备和改进的方面。这种紧密的联络和协作，为救灾工作提供了坚实的组织保障。

二、开放合作，助力公益组织筹款

腾讯公益秉持开放合作的态度，积极与各大基金会探索新的公益模式，共同推动公益事业的发展。在关键时刻，它迅速动员合作伙伴，为救灾项目筹集资金。一些公益组织也主动寻求与腾讯公益的合作，借助其高效便捷的筹款平台，共同应对灾害挑战。例如，在 2021 年河南防汛抗洪救灾期间，腾讯公益与中国红十字基金会共同设立了一项近 800 万元的开放基金，用于支持驰援河南的公益组织。该项目为每笔不超过 10 万元的资金申请提供了绿色通道，帮助救援队伍快速采购所需物资、实施有效救援。在短短的时间内，就有 80 多个机构踊跃申请，中国红十字基金会的专家团队也受邀参与评审工作，确保资金能够精准高效地用于救援行动。这种开放合作的模式不仅提高了筹款效率，更加强了公益组织之间的协同能力。

三、深化合作，实现长期共赢

腾讯公益与各合作伙伴之间的合作并不仅限于救灾领域，而是不断深化拓展，实现了长期的合作共赢。它们通过共同开展项目、共享资源、交流经验等方式，不断加强彼此之间的合作与联系。这种深化合作不仅推动了公益事业的发展，更加强了合作伙伴之间的信任和友谊，为未来的合作奠定了坚实的基础。中国社会福利基金会时任副理事长兼秘书长缪瑞兰对腾讯公益的评价颇高，她表示："我们很愿意和腾讯公益慈善基金会合作，虽然它是企业基金会，但它深耕公益行业多年，确实通过数字技术改变了整个公益行业的筹款效率。我们在合作过程中看到了它想做好公益事业的初心，它在尽一切力量帮助我们解决筹款的问题。"这种相互信任和支持的合作关系，为公益事业的持续发展注入了强大的动力。

总之，腾讯公益通过高效动员合作伙伴、共同应对自然灾害等社会挑战，展现了公益行业的力量和担当。它紧密联络各公益组织，组建联合救灾团队；开放合作，助力公益组织筹款；深化合作，实现长期共赢。这些成功经验不仅为其他公益组织提供了宝贵的借鉴和参考，更为整个社会的和谐发展做出了积极贡献。

第 17 问：如何确定共益伙伴参与的次序和程度？

一、重要性

在完成潜在合作伙伴的动员和协调工作，确定了社会价值创新项目的共益伙伴之后，企业在推进社会价值创新项目前期明确共益伙伴参与的次序和程度，对于项目推进节奏、效率以及风险把控至关重要。

1. **项目规划与阶段性目标**。项目的整体规划和每个阶段的具体目标，直接决定了何时需要何种类型的伙伴参与。清晰的目标规划有助于更有序地推进项目。

2. **资源与能力匹配**。共益伙伴的资源和能力各不相同，因此它们的参与次序需要根据项目的实际需求进行精心安排，以确保项目的高效执行。

3. **风险管理**。合理安排共益伙伴的参与次序，也是降低项目风险的有效手段。在项目的不同阶段引入合适的伙伴，有助于更好地应对和化解风险。

二、难点与挑战

1. **与共益伙伴的合作存在复杂性**。不同的共益伙伴所掌握的资源、拥有的能力、在项目中的角色和定位等存在差异，共益伙伴之间以及共益伙伴与企业之间的熟悉度和价值观也不同。因此，企业既需要在盘点、选择潜在的合作伙伴阶段，投入大量时间和精力进行深入的市场调研和尽职调查，还需要结合社会价值创新的需求以及共益伙伴的情况和项目中的角色，确定参与次序和程度。

2. 建立信任的难度。 在社会价值创新的过程中，很可能项目最终的目标不确定，评估项目效果的方式也不确定，且共益伙伴之间是彼此合作的关系，没有强组织制度的约束，因此合作过程中的不确定性比较明显。合作者之间存在投机风险和道德风险，因此熟悉合作者能够降低企业在合作过程中的交易成本。而且企业和共益伙伴的熟悉和信任程度，是在过往的工作经历中一点一点形成的。

3. 项目的不确定性： 企业社会责任项目往往面临诸多不确定因素，如政策变化、市场环境变化等。这些因素都有可能影响共益伙伴的参与次序和程度，给项目带来挑战。

三、方法与策略

1. 根据项目需求和时机确定参与次序

（1）精准识别需求。企业应明确在项目的各个阶段所需要的专业知识、技能和资源，从而确定何时引入特定的共益伙伴。

（2）把握时机。对于时效性强的项目，企业需要敏锐地捕捉时机，及时引入能够提供关键支持的共益伙伴，确保项目的顺利推进。

（3）动态调整。随着项目的进展和外部环境的变化，企业应灵活调整共益伙伴的参与次序，以适应新的需求和挑战。

2. 以态度和能力决定参与程度

（1）评估信任态度。企业应关注共益伙伴的合作意愿、沟通效率和责任心等方面，这些因素将直接影响伙伴在项目中的参与程度和贡献。当企业对共益伙伴的熟悉和信任程度都很高时，便会将其拉入核心供应商名单，也就是所谓"白名单"。当企业出现某类需求需要寻找合作伙伴时，最先合作的便是"白名单"中的共益伙伴，企业会将核心内容交由它们完成，因为对它们是信任和放心的。所以，从某种角度而言，共益伙伴在项目中的出场次序和参与程度是相关的。

（2）衡量专业能力。共益伙伴的专业程度和可替代性决定了其参与项目的程度。企业在创造社会价值的过程中需要有专业能力的共益伙伴帮助解决自身专业能力不足的问题。共益伙伴的专业能力越强，被替代性就越小，在项目中的参与程度就越深入。

（3）建立激励机制。为了鼓励共益伙伴更深入地参与项目，企业可以建立相应的激励机制，如提供额外的资源支持、给予荣誉认可或分享项目成果等。这些措施有助于增强伙伴的参与感和归属感，促使他们更积极地投入项目中。

综上，共益伙伴的参与次序由项目进展、工作需求以及企业结识合作者的时机决定，而共益伙伴的参与程度则由彼此之间的价值观、熟悉和信任程度、合作者的专业程度以及项目对该专业的需求程度共同决定。

案例

22 腾讯 SSV 社会应急项目：构建多元合作伙伴网络，共筑高效社会救援体系

在推进企业社会责任项目时，企业经常需要与多个合作伙伴共同合作。如何合理地分配合作伙伴的参与次序和参与程度，是确保项目成功的关键。腾讯 SSV 的社会应急项目就体现了如何在复杂项目中同时协调多个合作伙伴，高效率完成项目执行。

在当今日益复杂多变的社会环境中，社会应急响应能力的提升显得尤为重要。腾讯 SSV 社会应急项目自启动以来，始终坚持以需求为导向，积极寻求与多方合作伙伴的深入合作，整合优势资源，共同提高社会应急项目的水平，以科技之力守护生命安全。

一、明确需求，精准定位合作伙伴

腾讯 SSV 社会应急项目在启动之初，就对我国社会应急水平的现状进行了深入调研。针对急救知识普及率不足、救治成功率有待提升以及应急设备覆盖率不高等核心问题，项目团队明确了合作伙伴的选择标准，即在医疗、应急领域具备专业能力和丰富资源，能够切实推动目标实现的企业和机构。

基于这一标准，腾讯 SSV 积极与医疗设备制造商、专业培训机构、调度平台等多个领域的合作伙伴建立联系，通过精准匹配，确保每个合作伙伴都能在项目中发挥最大价值。

二、深化合作，共筑高效社会救援体系

1. 与医疗设备制造商合作，提高应急设备覆盖率

腾讯 SSV 与多家医疗设备制造商达成合作协议，共同推动急

救设备的捐赠和部署工作。通过捐赠 AED 等急救设备，项目团队有效提高了公共场所的应急设备覆盖率，为突发状况下的紧急救援提供了有力保障。

2. 与专业培训机构合作，提高公众急救意识和技能

为了提高公众的急救意识和技能，腾讯 SSV 与多家专业培训机构展开合作。通过共同开展急救知识培训、技能演练等活动，项目团队有效提升了公众的急救能力和自救、互救水平。同时，培训机构的专业师资力量也为项目的顺利实施提供了有力支持。

3. 与调度平台合作，优化应急调度保障能力

为了提高应急调度的效率和准确性，腾讯 SSV 与多家调度平台建立合作关系。通过整合各方资源，实现信息的快速传递和共享，项目团队有效提升了公共场所的应急调度保障能力。在突发状况下，能够迅速调集救援力量，为患者争取宝贵的救治时间。

三、拓展合作网络，探索创新社会救援模式

在深化与现有合作伙伴合作的同时，腾讯 SSV 还积极拓展合作网络，寻求与更多地方政府、机构、企业的合作机会。通过共同探索创新社会救援模式，推动社会应急体系不断完善和发展。

以深圳市宝安区"5 分钟社会救援圈"为例，该项目由腾讯 SSV 与深圳市宝安区政府、卫生健康局、红十字会等多方合作共建，通过搭建数字化应急响应系统平台，实现急救资源的快速整合和高效利用。在突发状况下能够迅速调动周边志愿者、急救设备和医疗资源，为患者提供及时有效的救助服务。截至 2023 年 12 月 31 日，已有超过 100 例突发疾病患者通过"5 分钟社会救援圈"得到救助。项目已培训超过 30 万社会急救志愿者，宝安区的旁观者心肺复苏实施率和院外心搏骤停患者出院存活率都有明显提升。这一创新模式的成功实践为其他地区的社会救援工作提供了有益借鉴和参考。

未来，腾讯 SSV 将继续秉承"科技向善"的愿景及使命，积极寻求与更多合作伙伴的深入合作。通过整合优势资源、探索创新模式、提升项目水平等方式，共同推动社会应急体系不断完善和发展，为人民群众的生命安全和身体健康保驾护航。

可持续社会价值创新中：如何协同共益伙伴？

在可持续社会价值创新中，围绕如何协同和提升共益伙伴的行为和能力，企业需要关注以下几个问题：如何与合作者达成价值共识，如何跟进合作项目的执行与发展，如何提升合作伙伴的执行力，以及如何复制和推广项目成果。

第一，可持续社会价值创新需要依赖集体智慧，在多组织合作中达成共识是困难但必要的。这不仅是项目成功的基石，也是一个持续且富有挑战性的过程。企业与共益伙伴的关系并非商业合作中甲方与乙方的关系，而是基于价值观、信任、协商共创的伙伴关系。通过共同愿景和目标、透明沟通、互补专业知识和资源，企业与共益伙伴将会建立共享、共赢的价值基座。

第二，在项目合作的过程中，资源整合、促进企业与社会各界良性互动，以及构建开放运营模式是非常重要的。企业在社会责任项目中需要全程参与和清晰运营，以及通过不断反馈找到合作的"更优解"。

第三，在多组织合作的过程中，提升共益伙伴执行力是非常重要的。共益伙伴的专业化程度不同，为了确保项目的质量和效果，企业需要通过培训的方式提升共益伙伴的执行能力。企业和共益伙伴在社会价值创新过程中积累的成果，可以通过小程序、应用软件等数字技术沉淀，进而降低其他共益伙伴参与创造社会价值的门槛。企业与部分共益伙伴的合作基于战略视角，这类"小伙伴"的利益和动机与企业相左，企业需要适当地引入竞争机制，引导和提升它们的执行能力。

第四，人才、制度和技术是企业推广和复制经验的三把钥匙。重点在于通过经验标准化与数字产品融合、建立多方合作与共享平台、持续监测与迭代优化等策略，可以有效地复制和推广企业社会责任项目成果。

第 18 问：如何与合作者在价值上达成共识？

一、重要性

在推进可持续社会价值创新项目时，在各个合作环节中达成共识是非常重要的，但也伴随着诸多的困难。尽管在项目启动之初，企业与各合作伙伴已就目标和原则进行了深入的沟通与对齐，但在项目实际运作过程中，不断确认与讨论仍是不可或缺的环节。

1. 寻找到经济价值之外共同的社会价值。 企业社会责任项目，尤其是那些着眼于可持续社会价值创新的项目，与传统的商业项目存在显著差异。这类项目往往难以用单一的经济回报来衡量，因为它们追求的是社会价值的最大化。因此，在项目推进中确保合作伙伴在目标上保持一致显得尤为关键。企业需要不断地同步和协调各方的期望与目标，确保项目能够沿着既定的社会价值方向前进。

2. 长周期项目需要多次对齐目标。 可持续社会价值创新项目的周期通常较长，且过程中可能遭遇诸多不可预知的挑战。这就要求企业在项目的各个阶段，通过定期的会议和沟通机制，不断校准和调整共益伙伴的预期。只有这样，企业才能在遇到困难时迅速做出反应，共同找到解决方案，从而确保项目顺利进行。

3. 新的共益伙伴很难在项目开始前完全沟通项目目标。 在实施本地化的社会价值项目时，企业经常会遇到新的合作伙伴。这些伙伴缺乏大型社会价值项目的经验，对项目目标和预期的理解可能不够清晰。在这种情况下，项目中的交流与讨论就显得尤为重要。企业与各方通过深入的对话了解彼此的想法，并在讨论中逐步建立起共同的价值取向。这不仅有助于项目的顺利推进，还能在过程中促进各方共同成长。

可以看到，达成共识是多组织合作的企业成功实现社会责任项目的基石，也是一个持续且富有挑战性的过程。它不仅能够增强项目的执行效力和社会影响，还能提升参与方的满意度和项目的整体可持续性。尤其对于大型项目，其跨领域、多方参与、结构复杂的特点，更需要在合作初期就与合作伙伴建立统一的行动目标和价值观。这不仅是合作的起点，也是确保不同部门和机构间有效协作的关键。明确共同的社会价值目标，有助于在合作伙伴间建立相互尊重和激励的关系，从而最大化协作优势。

二、难点与挑战

在实践社会责任时，与合作伙伴达成共识的难点是多方面的，主要包括以下几点。

1. 文化与沟通上的差异与挑战。必须承认的是，企业与非营利组织、政府机构等合作伙伴之间可能存在文化上的差异和价值观冲突，这可能导致对项目目标和实施策略的理解不一致，也会造成后续沟通项目进展与协调多方利益上的困境。以"微信支付爱心餐计划"为例，项目涉及多个利益相关者，包括微信支付、腾讯公益、清洁公司、连锁品牌等，每个利益相关者都对项目目标有着不同的期待，其组织行动逻辑也不同。腾讯公益搭建了一个平台，使每个利益相关者都能够充分地参与项目目标建设，选择一个项目主体，将其塑造成沟通的主导方，对共同目标进行引领，能够帮助项目顺利进行。

2. 目标一致性与期望管理。合作伙伴可能有不同的长短期目标和期望，例如企业可能更关注长期的品牌建设，而非营利组织可能更注重即时的社会影响。这种不一致导致合作过程中的方向和优先级出现分歧。当预期存在差异时，管理与调和各方对项目成果的期望是达成共识的关键。

3. 资源分配与项目可持续性。当项目涉及短期和长期利益的分配时，如何公平有效地分配资源，并克服合作伙伴在某些领域的能力或专业知识限制，是达成共识所面临的重要挑战。社会责任项目的特点是很难实现短期利益，且更需要各参与方长期持续投入，这带来了很大的不确定性。如何确保项目的长期可持续性以及应对合作伙伴的不确定性，是成功合作的关键。

三、方法与策略

1. 培养信任的伙伴关系。社会创新项目追求的是长期性和可持续性，这要求企业与合作伙伴之间的关系超越单纯的业务合作，发展为深度的"伙伴关系"。"耕耘者"振兴计划负责人陈圆圆曾说："'信任'是乡村治理的真正痛点。我自己在乡村观察了很多年，发现人们经常在缺乏信任的情况下，去碰撞那些尖锐的问题，导致矛盾不断加深。"通过互相支持和共同参与可以加强合作关系，确保项目方向的准确性和可持续性。在此基础上，需要增强合作伙伴之间的文化敏感性和互相理解，可以通过组织跨文化培训和研讨会，来提升团队对不同文化的理解和尊重。了解合作伙伴的价值观和运作方式，有助于找到共同的合作基础；设立定期会议和共享沟通平台，确保信息透明和及时交流；使用清晰、直接的沟通方式，减少误解和假设。

2. **找到互利共赢的连接点**。达成一致的共益目标，最根本的原则还是找到互利共赢的连接点。每个人运用自己的核心能力，并在一个项目中找到共同的使用场景。通过复制协作网络中的分享机制，可以有效地帮助企业与合作者找到"共赢"的连接点，这包括技术支持、经济援助以及平台宣传等方面。与此同时，合作伙伴提供项目落地、人员安排和基层资源匹配等支持。之后，可以与合作伙伴一起确定项目的目标、里程碑和预期成果。确保这些目标既符合社会责任的原则，又能满足各方的核心利益，并通过透明和开放的讨论，在项目进展中持续评估以及在必要时调整期望。

3. **持续沟通与培训**。在项目运行过程中，不可避免地会遇到各种不确定因素。企业作为项目主导方，必须确保项目目标的一致性，在此基础上与各合作方多次进行沟通，保证各个利益相关者都熟悉项目的进展。当然，每一个项目在推进的过程中都会面临新的困难与挑战，可能一些合作伙伴无法及时进行调整，这时需要企业采取一定的主动措施，对合作伙伴进行培训，共同面对目标和宗旨的调整，确保项目始终保持在正确的轨道上。

总之，多个利益相关者的参与会在项目运行中带来各种各样的困难，影响项目的进行。为了克服这些难点，企业需要持续投入时间和资源来建立有效的沟通渠道，理解并尊重合作伙伴的文化和价值观，共同设定清晰的目标以及制定灵活的策略来应对可能的变化。

案例

23 星巴克与"微信支付爱心餐计划"：如何与合作伙伴达成共识

与合作伙伴找到互利共赢的连接点，是星巴克能够将企业社会责任项目持续 20 年的关键。"微信支付爱心餐计划"体现出一个合作项目落地基层时会面临怎样的复杂困境，又是如何集合合作伙伴进行沟通与分配资源的。

2005 年，星巴克启动与"保护国际"组织的合作，旨在开发并实施可持续咖啡采购准则（C.A.F.E. Practices），这标志着两个截然不同的领域之间的跨界合作。可持续咖啡采购准则是一项咖啡豆验证计划，它采纳经济、社会和环境的衡量标准，所有这些标准旨在促进透明、盈利和可持续的咖啡种植实践，同时保护咖啡种植者及其家庭和社区的福祉，具体包含 200 多个指标，覆盖财务报告、保护工人权利、保护水资源和生物多样性等。这一合作不仅是环保和商业的结合，更是一场对公平贸易、环境保护、提升咖啡种植者生活质量的承诺。双方携手开辟了可持续农业的新纪元，这一行动体现了社会整合、利益相关者参与以及长期可持续发展理论的精髓。

星巴克和"保护国际"在合作中面临一个重大挑战：如何在全球范围内推动可持续生产，同时确保经济可行性。这一挑战源于全球咖啡产业的复杂性，其中包括环境保护、公平贸易、提高生产者生活质量等目标。为了克服这些挑战，双方采取了创新的合作方式，打破了传统的供应链管理模式。这不仅确保了可持续目标的实现，更保证了合作双方长期共赢。

一是创新的合作策略。星巴克与"保护国际"的合作模式突破了传统的企业社会责任范畴，创造了一个更加动态和互动的合作框架。在这个框架下，双方共同参与可持续采购准则的制定和实施过程，确保这些准则不仅符合环境保护标准，还能改善咖啡种植者的生活质量。这种策略不仅提升了咖啡生产的环境和社会效益，还提高了整个咖啡供应链的透明度和可追溯性。

二是共同的愿景和目标。星巴克和"保护国际"在合作之初就确定了共同的愿景和目标：推动全球咖啡产业的可持续发展。这一共同目标成为合作成功的基石。双方通过持续的沟通和交流，确保价值观和目标的一致性，从而在合作过程中形成了深厚的信任和合作关系。

三是透明和开放的沟通。在整个合作过程中，星巴克和"保护国际"坚持开放和透明的沟通方式。它们通过定期评估和反馈机制确保合作项目的顺利进行，并及时对策略和行动计划进行调整。这种沟通机制增加了项目的适应性和灵活性，使双方能够迅速应对挑战和机遇。

四是互补的专业知识和资源。星巴克提供了其在全球市场和咖啡供应链管理方面的专业知识，而"保护国际"则贡献了其在环境保护和可持续农业方面的深厚经验。这种专业知识和资源的互补性确保双方能够在各自的领域内发挥最大的优势，共同推动项目。

时至今日，这个项目仍然运作良好，并在不断改进，给合作双方带来了巨大的长期利益。可持续咖啡采购准则帮助星巴克建立了长期的高品质咖啡供应链，深入了解全球 30 多个咖啡生产国的农场与农民，给其商业发展带来了长期利益。"保护国际"也在项目合作中达到了保护环境的目标，并对咖啡种植者及其社区的生活和生计产生了积极影响。通过共享价值观、开放沟通和长期承诺，企业可以与合作伙伴一起创造显著的社会和环境影响。

从这个案例中，我们可以看出共同价值观的重要性。合作成功的关键在于找到共同的价值观和目标。这有助于建立深厚的合作关系，并确保所有参与者朝着同一个方向努力。持续的沟通有助于解决合作过程中出现的问题，并确保所有方能够及时了解进展并调整。合作中考虑到所有利益相关者的需求和观点，可以提高项目的有效性和接受度。

微信联合腾讯公益发起的关爱环卫工人的"微信支付爱心餐计划"也是一个具有代表性的案例。这个计划涉及多个利益相关者，通过满足各方的需求，联合大家的优势，从公益链路优化、公益体验提升等方面探索"科技向善"新路径。

这个项目在实施的过程中面临多个难点。首先，服务对象的识别难度较大。环卫工人是一个流动性极强的群体，传统方法难以精准识别每个个体，这使公益服务的精准投放成为挑战。此外，多方利益协调较为困难。项目涉及多个利益相关者，包括微信支付、腾讯公益、清洁公司、连锁品牌等，协调这些组织的需求和资源是一个复杂的任务。最后，项目目标较为多元，对合作伙伴的能力提出了较大的挑战。项目目标不仅是提供公益服务，还要确保整个公益链路的体验是轻量化、透明化和智能化的，这要求高效的技术支持和流程管理。

在解决这些难点上，微信支付与腾讯公益的做法值得借鉴。首先，微信利用微信支付实名认证相关小程序，与深圳市城市管理和综合执法局认证的环卫工人系统进行精准连接，实现了对环卫工人的精准识别和服务。这种技术应用体现了"科技向善"的理念，通过智能化手段提高公益服务的效率和准确性。其次，项目将不同合作方的资源有效整合，如连锁品牌提供成本价餐食，微信支付和腾讯公益提供资金支持等。通过清洁公司在工友群分享公益小程序二维码，实现了公益福利精准到人。首批加入"微信支付爱心餐计划"的商户包括真功夫、永和大王、汉堡王、四季椰林、一心一味、苏晓玥、大弗兰、吉野家、家乐缘、华莱士等十余家连锁品牌。最后，在项目实施过程中，对捐赠者提供了透明的慈善资金用途报告，增加了项目的透明度和可信度。智能化的操作使环卫工人能够轻松领取爱心餐券，提升了公益体验。

　　通过"微信支付爱心餐计划"这个案例，我们可以看到利用技术进行精准服务、整合多方资源以及提高透明度和智能化水平，是实现有效公益服务的关键。技术的应用可以提高公益项目的效率和准确性，不同组织和个体的合作可以实现资源的最大化利用和效果的最大化，透明化和智能化是公益项目的重要方向。通过技术提高公益项目的透明度和便捷性，可以增强公众的信任和参与度。这为其他企业或社会组织在进行类似公益项目时提供了宝贵的经验和启示。

第 19 问：如何跟进合作项目的执行与发展？

一、重要性

1. **从外部合作的角度看，企业社会责任项目中的合作项目是实现资源整合与优势互补的关键**。在当今社会，单一组织很难拥有实现所有社会责任目标所需的全部资源和能力。通过与外部合作伙伴的协作，我们能够汇聚各自的专业优势、技术能力和资源，形成更为全面、精细化的工作方案。这种资源整合不仅有助于提升项目的执行效率和质量，还能够确保项目在各个环节得到最优化处理，从而为社会创造更大的价值。

2. **执行合作项目也是促进企业与社会各界良性互动和协作的重要方式**。在企业社会责任项目的执行过程中，我们需要与各类外部合作伙伴紧密配合，包括非政府组织、社区、政府机构等，共同应对项目中的挑战和问题。这种跨界的互动和协作有助于打破行业和组织间的壁垒，促进信息共享、资源整合和多方共赢，从而提升整个社会对责任项目的认知和支持。

3. **合作项目还有助于企业构建更加开放和包容的运营模式**。在快速变化的社会环境中，企业需要不断适应和调整战略以满足利益相关者的期望和需求。通过外部合作，我们能够更加灵活地响应社会变化，及时捕捉新的机遇并应对挑战。这种开放性和包容性将有助于企业在复杂多变的社会环境中保持敏锐的洞察力和创新力，进而实现可持续的社会责任目标。

二、难点与挑战

在可持续社会价值创新项目的推进中，合作对于项目执行与发展具有重要的意义，同时也面临着一些主要的难点和挑战。

1. **协作困境是企业必须正视的挑战。**在与外部合作伙伴共同推进项目时，信息共享程度低、缺乏信任感以及沟通成本过高等问题都可能成为阻碍项目进展的绊脚石。特别是在与不同规模、不同发展程度的合作者携手合作时，这些困境往往会被进一步放大。为了克服这些难题，需要企业积极倡导开放、透明的沟通方式，努力搭建信息共享的平台，以期降低沟通成本，增强合作伙伴之间的信任感。

2. **能力差距也是一个不容忽视的问题。**在实际合作中，很容易发现部分外部合作者在经验和能力上可能存在一定的欠缺。当项目深入县及乡村，与当地的小型组织和机构进行合作时，这种能力上的差距就显得尤为明显。它们往往难以跟上国际组织和大型企业的管理效率与管理逻辑。为了弥补这一差距，企业需要积极提供培训和支持，帮助它们提升项目管理和执行能力，确保项目顺利推进。

3. **责任分配困境也是企业在项目执行中必须面对的问题。**在协同工作中，如何明确每个利益相关者的责任与义务，建立起有效的责任制，对企业的主导能力提出了很高的要求。为了避免责任模糊不清的情况，在项目初期就应与合作伙伴进行充分的沟通和协商，明确各方的职责和分工。同时还应该建立定期评估和反馈机制，确保项目顺利进行，并及时调整责任分配方案以应对可能出现的问题。

综上所述,企业社会责任项目的成功执行与发展离不开合作伙伴之间的紧密协作和共同努力。面对协作困境、能力差距和责任分配困境等挑战时,企业需要采取积极的应对策略和措施,确保项目的顺利进行并取得预期的社会效果。

三、方法与策略

1. **全程参与,明晰项目的运营过程**。在具体的社会创新项目实践中,企业作为发起者,虽然可以通过专设项目的方式直接参与治理实践,但在项目落地和对接当地资源的过程中仍然需要依靠外部合作方提供支持。在企业参与公共治理的过程中,要点之一就是设立一个具体的项目甚至事业(项目)部,建立超越原有组织结构的资源整合模式,并让各方参与,争取形成标准化流程。以腾讯在重庆市酉阳县发起的"共富乡村"项目为例,腾讯与中国农业大学和酉阳县政府合作,在何家岩村建设共富乡村合作社。通过这一"经营性企业",腾讯顺利地与当地政府和农户沟通合作,建立了超越原有组织结构的资源整合模式,在稻米销售环节通过开发"云稻米"的工具,将传统的稻米销售模式转化为线上认养模式,成功地利用数字化手段提升稻米的销售与农户的收入。这一经验也成功推广到酉阳县的其他村庄。2023 年 4 月,酉阳县推广"共富乡村"项目经验,公布全县第一批"共富乡村"创建名单,一共 15 个村参与其中,每个村都成立了共富乡村合作社。

2. **通过不断反馈找到合作的"更优解"**。根据项目进展，每个阶段开展三四次进度会议，能够帮助企业更好地了解项目情况，督促合作方及时足量地完成项目任务。此外，这种定时的反馈机制可以帮助企业及时处理和跟进可持续社会价值创新战略目标的落实情况，尽早解决推进过程中遇到的问题，不忽视和不遗漏重大信息，对决策层的相关决策提供重要支撑。项目运行的周期性成果也是需要反馈的。有趣的是，一个项目的"闪光点"或者核心竞争力往往来自某些"无心插柳"的设计，带来了极佳的反馈和呼应。例如，"蚂蚁森林"起初只是蚂蚁集团的几个部门临时组成的虚拟志愿者团队，目标是做出一款绿色创新产品的小游戏，上线三个月后受到用户的热烈欢迎。支付宝团队当机立断，注资帮助扩大项目规模，使"蚂蚁森林"逐渐发展成互联网行业迄今为止影响力最大、参与者最多的公益项目之一。及时反馈这些"小亮点"并将其优化推广，能够更好地推动项目的发展和完善。

3. **企业在与外部合作者合作的过程中，需要将协作机制标准化、产品化，尽量避免随机性**。协作机制中需要关注几个指标的建立，主要是明确合作方式、交流频率、目标评估、反馈方式、奖惩机制等内容。企业作为项目牵头方，需要主导制定公益协作配合方案，明确各自的职责和任务，建立起有效的协调机制。"耕耘者"振兴计划通过乡村版"OA"（办公自动化）完成了操作系统的标准化，从而将治理模块、治理办法都确定下来。这种自我学习和相互学习的模块，不需要自己制定村规民约或者积分制就可以直接接入标准化工具，从而极大地提高基层组织的治理效率。即使项目运行过程中存在不同村庄、不同领导、不同合作者的影响，拥有标准化的治理模式和基础操作系统仍然可以保证项目的质量与效率。

4.确定目标，由合作者监督自己的组织网络。在协作和工作对接中，执行层应该以社会问题为出发点，聚焦分析，然后结合企业的自身优势，找出社会价值创新最有可能的发力点，比如想要解决一个什么样的社会问题，打算采取什么类型的行动方案，每一种行动方案的利弊可能有哪些。围绕这些具体问题进行沟通，让参与方都获得尊重和激励，才能最大程度地调动和发挥协作优势。腾讯SSV社会应急实验室与深圳市宝安区红十字会合作，在全国率先打造全民参与的"5分钟社会救援圈"，该项目将"偶发式"急救变为"网约式"急救，形成了可复制、可推广的社会化救援模式。在协作和工作对接中，腾讯的执行层以这一社会问题为出发点整合了多方资源，包括医疗机构、救援队伍、志愿者等，围绕如何优化救援流程、提高救援效率等具体问题进行深入讨论。在项目运行过程中，一个难点就是如何让志愿者敢于施救。救人免责的提示可以减少后顾之忧，但施救者紧张也可能导致出错。深圳市宝安区将附近医生接入在线指导纳入"5分钟社会救援圈"的整体设计后，志愿者在心理上和施救过程中的安全感大大增强，进一步提高了当地社会化急救的有效性。最终，"5分钟社会救援圈"项目成功上线，并在多次紧急救援中发挥了重要作用，显著提高了救援效率和成功率。这一项目的成功实践充分证明了在确定目标后，由合作者监督组织网络并围绕具体问题进行沟通协作的重要性。

案例

24 腾讯"繁星计划":助力中小博物馆数字化破茧

面对中小博物馆在数字化进程中的诸多挑战,如资源有限、技术落后、传播渠道狭窄等,腾讯 SSV 在国家文物局的悉心指导下,联合中国文物报社共同发起了名为"繁星计划"的中小博物馆数字助力项目。此计划不仅致力于提升中小博物馆的数字化平台能力,更通过微信小程序等便捷工具,极大地强化了博物馆的内容传播,进而有效扩大了社会影响力和用户覆盖范围。

"繁星计划"绝非简单的技术输出,而是深度合作与创新的体现。在腾讯的全力支持下,博物馆精心打造专属的视频号,并借助专业视频内容制作团队的辅导策划,采用充满新意的直播与短视频传播方式,成功实现了博物馆的"跨界"传播。这种全新的合作模式不仅显著提升了博物馆的知名度,更为公众带来了更加多元、生动的文化体验,让博物馆文化真正走进了人们的日常生活。

值得一提的是,腾讯在"繁星计划"中还对文创 IP 的开发给予了特别关注。通过探元数字文化开放平台,腾讯在博物馆与创作者、供应链合作伙伴之间架起了一座沟通的桥梁,成功对接了国内外顶级的文创设计开发团队。这一举措不仅为博物馆提供了丰富的二次创作素材和精美纹样,还通过举办文创大赛等方式,积极引导优秀创作者针对博物馆 IP 进行专项产品设计。这些精心策划的活动无疑为博物馆注入全新的活力,使其在数字时代焕发更加绚丽的光彩。

此外,"繁星计划"还巧妙地将 AI 技术融入博物馆的展陈中。通过"繁星时光镜"等互动小程序,利用 AI 数字人、AI 文创等多元演绎形式,让古老的文物以全新的方式呈现在公众面前;与9大博物馆线上线下联动直播,让数字人"繁星"成为AI文物讲解员,为线下导览提供更加丰富的观展体验。这不仅增强了互动性和趣味性,更让公众能够深入地了解和感受到文物的历史价值和文化内涵。

  同时,"繁星计划"还致力于推动博物馆培养数字化运营人才。通过向中小博物馆输送资源、进行点对点的数字化助力,在多地文物局的组织下,"繁星计划"就如何有效利用数字化工具进行培训,推动博物馆志愿者体系的建构。这些举措不仅提升了博物馆的数字化运营能力,更为博物馆的持续发展注入了新的动力。

  目前,"繁星计划"已助力32家博物馆推出官方小程序,将预约购票、展览展讯、馆藏文物数字化展示、语音讲解、视频号联动、社教活动等功能聚合于一体,帮助中小博物馆打造面向用户的线上线下综合体验及服务平台,搭建数字化阵地。同时,基于视频号的强大生态,通过内容打样、赛事裂变、专场直播等形式,打造文博自媒体流量矩阵,协助中小博物馆进行馆藏故事多元化表达,提升博物馆的关注度和影响力。联动视频号聚合文博用户流量,定向邀约创作者进行内容裂变,实现3 580万次播放。"繁星计划"以其深厚的行业洞察力和创新的技术手段,为中小博物馆的数字化发展提供了全方位的支持。通过整合各方资源、推动技术创新、培养专业人才,"繁星计划"正助力中小博物馆在数字化浪潮中乘风破浪,绽放出属于自己的独特光彩。

第 20 问：如何提升合作伙伴的执行力？

一、重要性

在可持续社会价值创新项目的推进过程中，企业作为项目的主导者，提升合作伙伴的执行力至关重要。

1. 强化合作伙伴的执行力能够确保项目的有效实施。企业社会责任项目往往涉及多方利益相关者，包括社区、非政府组织、政府机构等。这些合作伙伴在项目执行中扮演着关键角色，它们的执行力度直接影响到项目的进度和成效。通过提升合作伙伴的执行力，我们可以更好地协调各方资源，减少执行过程中的阻力和摩擦，从而确保项目能够按照既定的时间表和计划顺利推进。

2. 提升合作伙伴的执行力有助于增强项目的可持续性和影响力。我们必须强调项目的"可持续性"，可持续社会价值创新项目不仅仅是一次性的活动，更是一项长期性的工作。合作伙伴在执行过程中的积极投入和高效行动，能够为项目带来更持久、更广泛的社会效益。通过培养和提高合作伙伴的执行力，我们可以共同推动项目的可持续发展，为社会创造更大的价值。

3. 加强合作伙伴的执行力可以促进知识共享和经验交流。企业社会责任项目通常需要跨领域、跨行业的合作，每个合作伙伴都拥有自己独特的专业知识和实践经验。通过提升合作伙伴的执行力，我们可以搭建一个更加开放、包容的平台，促进各方之间的知识共享和经验交流。这种互动不仅可以丰富项目的内涵和深度，还有助于培养合作伙伴之间的默契和信任，为未来的合作奠定坚实的基础。

综上所述，提升合作伙伴的执行力是成功实施企业社会责任项目的关键因素之一。通过增强合作伙伴的执行力，可以确保项目的有效推进，扩大项目的影响力和可持续性，同时促进知识共享和经验交流，为构建更加和谐、可持续的社会环境贡献力量。

二、难点与挑战

在可持续社会价值创新项目的推进过程中，提升合作伙伴的执行力往往面临诸多困难。我们以腾讯SSV数字支教实践为案例，讨论新型企业将自身的技术积累与资源优势对接到更多元的市场主体和经济领域中时，如何与社会各行业的共益伙伴更加高效地合作。

1. 松散的合作关系是提升合作伙伴执行力的一个巨大挑战。 在腾讯SSV数字支教项目中，合作伙伴包括政府部门、高校、公益组织、技术服务商、内容提供商以及落地学校等多元主体。这些主体之间往往没有严格的层级和从属关系，合作较为松散。这种合作更像是一种"网络状""去中心化"的结构，每个合作伙伴都有自己的目标和优先事项。为了应对这一挑战，腾讯建立了紧密的要素联结机制，通过"企鹅支教"平台将志愿者、课程内容、技术工具等要素进行有效连接和互动。平台上的志愿者需要经过统一注册、培训和管理，确保服务质量的统一性和专业性。同时，腾讯根据帮扶地区的教育需求，精准匹配志愿者与落地学校，确保供需双方的精准对接。

2. **合作伙伴的能力差异也是提升执行力的一个难题。** 由于合作伙伴来自不同的背景和专业领域，它们的能力、资源和经验各不相同，这就意味着我们不能简单地用一套统一的管理方法来提升它们的执行力。相反，我们需要根据每个项目的具体情况和合作伙伴的实际能力，制定个性化的管理策略和提升方案。这无疑增加了管理的复杂性和工作量。腾讯 SSV 数字支教项目通过适村化改造机制，确保课程内容与乡村教育需求的高度契合。在课程设置方面，腾讯与内容提供商合作，将国家中小学智慧教育平台上的优质课程资源进行二次研发，形成适合乡村学生的在线教学资源库。同时，线上志愿者与落地校教师共创，对课程内容进行适村化改造，以适应当地学生的认知水平和文化背景，这种"双师课堂"帮助乡村学校素质教育内容开齐开好，打通课程大纲、教学计划、备课教研、远程授课、评价反馈、社区互动、成长激励等适村化教学全链路，以数字化手段和精细化运营助推支教生态良性运转，有效提升了乡村教育的质量和效果。

3. **企业在多个合作伙伴中的管理角色也值得商榷。** 虽然企业在某些情况下可能作为项目的主导方出现，但这并不意味着企业有权力或有能力去直接管理所有的合作伙伴。在腾讯 SSV 数字支教项目中，腾讯作为技术服务商和资源整合者扮演着重要的角色。然而，企业并非直接管理所有合作伙伴，而是建立紧密的合作机制，促进各方之间的协同和共创。例如，腾讯通过"企鹅支教"平台为志愿者提供数字化工具和支持，同时与政府部门、高校、公益组织等建立紧密的合作关系，共同推动项目的实施和发展。这种共创方式既尊重了合作伙伴的自主性，又确保了项目的顺利推进和目标达成，让项目成果得以迅速复制和推广。

综上所述，提升企业社会责任项目中合作伙伴的执行力面临诸多困难。松散的合作关系、合作伙伴能力的差异以及企业在多个合作伙伴中的管理角色等问题都需要我们认真思考和解决。为了克服这些困难，我们需要采取更加灵活和个性化的管理策略，同时加强与合作伙伴之间的沟通和协调，共同推动项目的成功实施。

三、方法与策略

针对上述难点与风险，我们可以采取以下方法和策略来提升合作伙伴的执行力。

1. 建立标准化的工作流程。通过制定详细的工作指南和操作手册，明确各个合作伙伴在项目中的职责和任务，以及相应的工作标准和流程，这样可以确保每个合作伙伴都能够快速进入角色，减少理解偏差导致的执行问题。同时，标准化的工作流程还有利于项目的复制和扩张。腾讯通过制定详细的工作指南和操作手册，明确各合作伙伴在项目中的职责和任务。同时，依托"企鹅支教"平台实现志愿者的统一招募、培训和管理，确保服务质量的统一性和专业性。这种标准化的工作流程有助于提升项目的执行效率和效果。

2. 提供有针对性的培训支持。根据合作伙伴的实际情况和需求，提供量身定制的培训计划。培训不仅可以帮助合作伙伴提升在项目执行过程中所需要的专业知识和技能，还能够增强其责任感和使命感，从而进一步提升其执行力。此外，定期的交流和分享活动也能够促进合作伙伴之间的经验传承和互相学习。腾讯根据合作伙伴的实际情况和需求，提供量身定制的培训计划。通过线上线下的培训活动，帮助志愿者提升教学技能和信息素养，同时增强他们的责任感和使命感。此外，腾讯还鼓励志愿者之间进行交流和分享，促进经验分享和互相学习。

3. 设立激励机制与评价体系。腾讯通过设立合理的激励机制和评价体系，来激发合作伙伴的积极性和创造力。志愿者可以获得荣誉证书等多种形式的激励，他们的服务效果也会得到及时的反馈和评估。这种激励机制有助于提升志愿者的服务质量和效果。同时，通过定期的项目评估，可以及时发现问题并改进，确保项目能够按照既定的目标和计划顺利推进。

总之，腾讯 SSV 数字支教项目通过精准匹配、适村化改造、标准化工作流程、有针对性的培训支持和激励机制等方法与策略，有效提升了合作伙伴的执行力，为乡村振兴和促进教育公平做出了积极贡献。

案例

25 提升合作伙伴执行力：以腾讯"99 公益日"为例

一、共益伙伴的引入与赋权

腾讯"99 公益日"通过引入多个公益组织和相关合作伙伴，极大地丰富了公益活动的内涵和形式。这些共益伙伴不仅为活动提供了更多的公益场景和公益行为，还通过自身的专业知识和资源推动了项目的创新和发展。

为了提升合作伙伴的执行力，腾讯赋予它们一定的话语权，通过开放的使用场景，各个合作方可以更好地利用"小红花"完成自己的公益目标，它不仅成为各个公益机构筹"人"的工具，未来也会成为筹"资"的工具。当目标被集体化之后，所有的合作方都用自己的方式积极参与项目的运作。这种赋权的做法不仅激发了合作伙伴的积极性和创造力，还促进了各方之间的深度合作与协同。

"小红花"场景多元化带动了更多社会力量参与和共创互联网公益，这反过来又促进"小红花"不断进化。"99公益日"不再仅仅是腾讯的公益日，而是整个公益行业集体的节日，这推动了公益行业的可持续性。对于腾讯来说，这种开源和激励的做法收获了极佳的效果。2022年，"一花一梦想"的新玩法吸引近6 000万人参加，捐赠超过1亿朵"小红花"，合作伙伴的成功助力"小红花"玩法成功创新。

二、标准化操作流程与培训支持

为了确保合作伙伴能够按照既定的目标和计划顺利推进项目，腾讯在"99公益日"中推行了标准化的操作流程和工作指南。这些标准化的工作流程不仅有助于减少理解偏差导致的执行问题，还有利于项目成果的复制和推广。

此外，腾讯还为合作伙伴提供了有针对性的培训支持。通过培训，合作伙伴可以提升自身在项目执行过程中所需的专业知识和技能，从而更好地应对各种挑战和问题。这种培训支持不仅提升了合作伙伴的执行力，还增强了其对项目的责任感和使命感。

综上所述，通过共益伙伴的引入与赋权、竞争机制的设立与激励以及标准化操作流程与培训支持等策略和方法，腾讯在"99公益日"中成功提升了合作伙伴的执行力。这些经验和做法对于其他企业和组织具有一定的借鉴意义。

第21问：如何复制和推广项目成果？

一、重要性

在企业社会责任项目的推进过程中，复制和推广项目成果是实现长期价值、扩大社会影响力和提高资源利用效率的关键环节，其重要性主要体现在以下3个方面。

1. **实现规模效应。** 通过复制和推广成功的项目成果，可以在更广泛的区域内解决类似的社会问题，从而实现规模效应，提升整体的社会效益。

2. **增强企业影响力。** 成功复制和推广项目成果不仅体现了企业的社会责任担当，还能增强企业的品牌影响力和社会认可度，为企业创造更大的商业价值。

3. **促进可持续发展。** 对于具有长期价值的企业社会责任项目，通过复制和推广其成果，可以推动相关领域的可持续发展，为构建更加和谐、美好的社会贡献力量。

二、难点与挑战

在复制和推广企业社会责任项目成果的过程中，会遇到一系列难点和挑战，主要包括以下3点。

1. **环境差异的挑战**。不同地区的社会环境可能存在较大的差异，因此在复制和推广项目成果时需要充分考虑这些差异，并进行相应的调整和优化。

2. **资源配置的难题**。复制和推广项目成果需要投入相应的人力、物力和财力，如何合理配置这些资源，确保项目的顺利进行，是需要认真考虑的问题。

3. **利益相关者的协调**。在复制和推广项目成果的过程中，会涉及多个利益相关者，如政府部门、合作伙伴、受益群体等，如何协调好各方的利益和关系，是项目成功的关键。

三、方法与策略

针对上述难点和挑战，可以采取以下方法和策略来复制和推广企业社会责任项目成果。

1. **经验标准化与数字产品融合**。企业需要总结项目经验，形成标准化的操作流程和实施指南，并利用数字技术将这些经验转化为可复制的数字产品，如应用程序、数据库或分析模型。通过数字产品赋能其他组织，它们能够快速学习和应用成功的项目经验。

2. **建立多方合作与共享平台**。与政府、非政府组织、行业协会等建立合作关系，共同推广项目成果；利用共享平台，促进项目经验、数据和最佳实践的交流与共享；鼓励合作伙伴提供反馈和建议，不断完善数字产品以适应不同环境的需求。

3. **持续监测与迭代优化**。通过大数据等方式，对数字产品的使用情况进行持续监测，收集用户反馈和数据。分析监测结果，识别问题和改进点，对数字产品进行迭代优化。将分析与经验制成课程，定期组织培训和研讨会，分享数字产品的使用技巧和经验，提升用户的使用效果和满意度。

通过以上策略，特别是将项目经验融入数字产品，利用数字化的手段，可以更有效地复制和推广企业社会责任项目成果，从而实现规模化的社会影响。

案例

26 欧莱雅"有意思青年"项目：持续创新与青年共成长

一、创新升级，引领校园公益新潮流

欧莱雅作为国际知名的美妆品牌，一直致力于在全球范围内推动公益事业的发展。自2003年起，欧莱雅便携手中国青少年发展基金会共同创办了"有意思青年"这一校园公益项目。历经近20年的沉淀与积累，该项目已经从传统的校园义卖大赛成功转型为引领时代潮流的电商直播挑战赛，成为欧莱雅在中国市场推动公益事业发展的重要载体。

随着数字化时代的来临，传统的线下义卖方式已经难以满足新时代青年的需求。为了顺应这一趋势，欧莱雅在2021年对"有意思青年"项目进行了创新升级。通过与京东等电商平台的合作，将校园内的线下义卖活动转变为线上直播形式，为大学生提供了一个全新的公益参与平台。这一创新举措不仅激发了大学生的参与热情，也顺应了数字化时代的发展趋势，为校园公益事业注入了新的活力。

在创新升级的过程中，欧莱雅充分发挥了自身品牌优势和资源整合能力。通过与京东等电商平台的紧密合作，欧莱雅为大学生提供了专业的直播培训和电商运营指导，帮助他们更好地掌握数字化技能，提升义卖的效果。同时，欧莱雅还积极调动旗下 17 个品牌的资源，为直播提供了丰富的产品支持和品牌号召力，进一步提升了项目的吸引力和影响力。

二、深化培训，锻造"超Z"青年领袖

为了进一步培养新时代青年的综合能力，欧莱雅在 2022 年推出了"超 Z 计划"。该计划针对"Z 世代"青年，通过"段位训练营""YouthTalk""校园义卖""颁奖庆典""公益营"五大板块提供系统化的培训和实践机会，旨在锻造具备数字化素养、创新精神和领导力的新时代青年领袖。

其中，"段位训练营"作为"超 Z 计划"的核心组成部分，专注于为青年提供直播、电商运营、团队协作等专业技能的培训。通过邀请行业专家、企业高管等担任导师，为青年提供一对一的辅导和实战演练机会，帮助他们快速掌握数字化技能，提升公益义卖的效果。这种深度培训和实战演练的结合，不仅提升了项目的专业性和吸引力，也为青年的全面发展提供了有力支持。

除了专业技能培训外，"超 Z 计划"还注重培养青年的创新精神和领导力。通过"YouthTalk"等交流活动，鼓励青年分享自己的创意和想法，激发他们的创新思维和创业精神。同时，通过校园义卖等实践活动，让青年在实践中锻炼团队协作和领导能力，培养他们的社会责任感和公益精神。

三、全链路运营，打造沉浸式实践平台

为了给青年提供更多元、更深入的实践体验，欧莱雅在"超 Z 计划"中实施了线上加线下的全链路运营模式。通过与京东等电商平台的合作，为青年创造了一个沉浸式商业及公益实践环境。

在线上方面，欧莱雅通过京东专属入口为青年学生提供了便捷的参与渠道。学生可以在平台上进行直播义卖、电商运营等实践活动，感受数字化时代的商业氛围和挑战。同时，欧莱雅还为学生提供了丰富的产品资源和品牌支持，帮助他们更好地完成公益义卖任务。

在线下方面，欧莱雅通过校园快闪店等形式为青年学生提供了真实的商业实践场景。学生可以在快闪店进行产品陈列、销售推广等实践活动，锻炼自己的商业运营能力和团队协作能力。这种线上线下的全链路运营模式，不仅为青年学生提供了更多元、更深入的实践体验，也为他们未来的职业发展打下了坚实的基础。

欧莱雅凭借自身品牌优势和创新能力，成功地将公益与商业运营相结合，推动了"有意思青年"项目的持续发展。通过创新升级、深化培训和全链路运营等举措，该项目不仅为青年提供了一个展示自我、实现价值的平台，也为社会公益事业的发展注入了新的活力。未来，随着数字化时代的深入发展，欧莱雅将携手更多合作伙伴，共同推动校园公益事业的创新发展，让"有意思青年"项目成为新时代青年成长与公益事业的共赢之选。

可持续社会价值创新后：如何与共益伙伴实现可持续社会价值创新？

前面两节分别论述了企业在与外部共益伙伴创造社会价值的前期和中期可能遇到的问题以及解决方案。当企业在选好待解决的社会问题，理顺其中的逻辑关系，选择和动员共益伙伴，开始与共益伙伴一起创造社会价值之后，还会面临社会价值创新能否持续的问题。

企业在开展社会价值创新时，会以自身的主营业务领域为依托，用商业化的模式解决社会问题，这种积极的尝试兼顾了企业的商业价值和社会价值，为解决社会问题探索了新途径。企业主营业务领域不同、发展阶段不同，其解决社会问题的方式也有所不同，这会导致社会价值创新之后带来的外部效应不同，需要引起企业重视。

首先，对于企业而言，聚焦社会问题中的痛点和难点，提出创造性解决方案或者产品通常需要多方协作，因此社会价值往往是企业和共益伙伴共同创造的。从某种角度来说，社会价值具有共享属性。其中的商业价值、经济价值以及非经济价值如何与共益伙伴分配，在某种程度上决定着社会价值创新的可持续性。

其次，虽然社会价值的创造、创新活动是企业基于解决社会问题出发的，其本意是积极向善的，但是在实际操作过程中，由于涉及多方且各方的性质不一，有可能因为沟通不畅、在规模扩张中"使命漂移"、对于社会问题的理解不一致、企业与共益伙伴对于数据使用规范的规则认知不一致等因素而产生一些负面效应。另外，互联网企业大多运用数字化手段创造社会价值，不可避免会遇到数字化带来的负面效应，诸如数据隐私、算法歧视、抢夺劳动力等问题。这些也是需要企业和共益伙伴共同防范的。

最后，很多企业不管是否明确提出社会价值创新的理念，在实践中或多或少都做到了社会价值创新。然而，总体上企业在社会价值创新的信息披露层面质量不高。同时，社交媒体与新媒体的发展，对于企业社会价值创新也提出了更高的要求，有效的传播能帮助利益相关者和受众准确且全面地了解企业行为，从而有助于整个社会价值创新的收益和可持续发展。

第 22 问：如何与共益伙伴分配利益和资源？

一、重要性

从社会学、管理学和组织学等角度来看，企业在开展社会责任项目的过程中，与共益伙伴合理分配利益和资源的重要性体现在以下几个方面。

1. **增强社会稳定性，促进共益伙伴和谐**。在社会学中，社会整合理论强调不同社会群体之间的相互作用和协调。企业与共益伙伴合作时，如果能够公平合理地分配资源和利益，就有助于缓解社会矛盾，增强社会的整体协调性和稳定性，还能够为企业创造更加稳定和有利的运营环境。通过这种方式，企业不仅能够促进社会公平与正义，还能够提升自身的社会形象和品牌价值，有利于利益相关者之间的和谐关系。

2. **获得利益相关者的全面支持**。管理学中的利益相关者理论认为，企业的成功不仅取决于股东，还取决于其他利益相关者的支持。合理分配利益和资源能确保所有相关方的需求得到满足，不仅能够激励合作伙伴的积极性和创造力，还能够促进更高效的协作，推动共同目标的实现。

3. **构建社会网络，提高协作效率**。社会资本理论强调了社会网络中的关系和信任对于资源获取和协作的重要性。当企业在社会价值创新中实现合理的资源和利益分配时，它实际上是在投资自身的社会资本。这种投资有助于构建强大的社会网络，促进共益伙伴的知识和信息共享，提高项目的协作效率和整体成效。

综上所述，从社会学、管理学等角度来看，公平合理地分配利益和资源，是企业成功开展社会价值创新的关键。这不仅关乎企业自身的可持续发展，更是企业进行社会价值创新的核心。通过公平合理的分配机制，企业能够促进社会整合、获得利益相关者的全面支持、建立强大的社会网络、提高协作效率。这些因素共同作用，将极大地增强企业的社会影响力和竞争力，推动企业与社会共同进步。

二、难点与挑战

1. **确保分配公平和透明。**企业与共益伙伴可能有着不同的利益诉求和期望，要确保社会价值创新目标得以实现，利益和资源分配的公平性和透明性至关重要，同时也存在难点。

2. **准确可信地测量和评估社会价值。**准确且可信的社会价值测量和评估，对于企业社会责任项目至关重要。这不仅涉及对经济收益的衡量，还包括对社会和环境影响的评估。

3. **处理资源限制和分配冲突。**资源的有限性可能导致分配上的冲突。因此，合作伙伴需要共同寻找解决方案，以平衡资源限制与项目需求。

三、方法与策略

1. 确立共同的社会责任目标。 企业与共益伙伴合作的基石在于明确共同的社会责任目标。这不仅是对改善社会问题的共同承诺，也是解决方案达成共识的基础。在确定目标时，需要考虑的关键因素包括社会问题的紧迫性、合作双方的资源与能力、预期的社会效益等。这些因素的综合考量，将有助于形成一个具有实际意义和可操作性的共同目标。以华润啤酒为例，它通过整合发展视角，联合产业链上下游企业、科研院所、大学等多方力量共同推进国产大麦的振兴。这种跨界合作不仅解决了啤酒产业对进口麦芽的依赖问题，也推动了产业链各环节的协同发展。华润啤酒的"国麦振兴"计划，既确保了项目的共益伙伴都能在合作中获得实际的利益，比如通过提高国产大麦的使用比例来提升农户的收益，也促进了相关科研机构研究成果的转化。

2. 构建公平透明的分配机制。 在合作伙伴关系中，确保利益和资源的分配公平且透明至关重要。这需要双方建立明确的分配规则，包括利益、收入以及其他资源的分配方式。分配机制的设计要体现各方的贡献和影响力，同时确保所有合作方能够理解、接受并遵守这些规定。以腾讯为例，"99公益日"是中国公益的一个品牌，但也曾面临一些人对于资源分配的指责。为此，近些年来，通过配捐、区域公益专场等活动，腾讯将"99公益日"的善意扩展至全年，这一措施不仅提升了公益活动的透明度，也确保了资源的公平分配。

3. 促进互补性与共赢合作。为了最大化社会责任项目的效益，企业与共益伙伴的合作应基于各自的优势互补。企业可以利用自身的资源、专业知识和市场影响力，而共益伙伴则可以提供对社会问题的深刻理解和有效的解决方案。这种互补性是实现共赢的关键。以中国铝业集团在海外项目的合作为例，通过建立社区关系工作机制，积极带动当地就业，并与当地政府和民众良好互动，实现了资源的合理利用和分配。此外中铝在几内亚先后组织技术人员义务开展钢筋工、瓦工、矿卡司机、皮卡车司机、皮带运输、设备维修、安全管理等各类培训近百期，累计培训4 500余人次，缓解了当地人员工作技能基础薄弱的问题，极大地提高了当地居民就业和经济收入水平。这种互补合作不仅帮助双方实现了各自的目标，更重要的是创造了更大的社会价值。

4. 监测评估与持续优化。这里指定期监测和评估合作活动的效果，建立问责制度，确保所有合作伙伴遵守约定并对结果负责。这些步骤是确保合作活动持续优化和适应变化的关键。监测评估不仅关注项目成效，还关注资源分配的公平性和有效性，有助于加强合作伙伴之间的信任和理解，可以及时调整策略，推动合作关系向更深层次发展。

总之，在企业与共益伙伴的合作中，明确共同的社会责任目标、建立公平透明的分配机制和促进双方的互补是关键。这不仅有助于解决社会问题，也能确保合作的长期稳定和成功。在这个过程中，企业和社会组织需要不断沟通、调整和优化合作策略，以真正实现共赢和社会价值的最大化。

> **案例**

27 从提高营养到扩大就业：格莱珉银行和达能集团创新社会责任之路

2005年，在一个偶然的机会下，两位背景截然不同的领导者——达能集团的CEO弗朗克·里布和诺贝尔经济学奖得主、格莱珉银行的创始人穆罕默德·尤努斯——会面了。这场会面不仅仅是跨文化交流，更是跨界合作的开始。他们共同孕育了一个社会企业典范——格莱珉达能食品有限公司（GDFL），开启了解决孟加拉国营养不良问题和提供就业机会的新篇章，这一行动体现了社会整合、利益相关者、社会资本和组织公正理论的精髓。

格莱珉银行和达能的合作面临一个重大挑战：如何在有限资本和劳动力成本高的条件下实现社会目标。这一挑战来源于孟加拉国的特殊经济环境，其中高贫困率和低收入水平造成了日常经营困难。为了克服这些挑战，两家公司跳出传统商业模式的框架，采取了创新的合作方式。这不仅确保了社会目标的实现，更保证了企业的财务可持续性。

一是创新的合作模式。在孟加拉国的博格拉，格莱珉和达能共同建立了一个试点工厂，旨在最大化当地就业机会，同时降低成本和环境影响。工厂采用了简约但高效的设计理念，减少了对自动化设备的依赖，从而增加了对劳动力的需求。这一策略不仅为当地居民提供了就业机会，还大幅降低了初始投资和未来维护的成本。达能贡献了其在设计、生产、质量和营养方面的专业知识，而格莱珉则利用其在全国的网络，确保了产品能够有效分销到孟加拉国的偏远农村。

二是充分动员基层销售的力量。格莱珉的基层经验在产品销售和分销中发挥了至关重要的作用。在农村地区，格莱珉挑选的销售人员上门销售，不仅推广产品，还传播营养知识，有效地克服了文化水平低和营养意识不足的挑战。这种基层销售策略的成功反映了直接接触消费者的重要性，并展示了基层销售的巨大潜力。其中，销售人员的选择和培训是格莱珉达能策略的核心部分。他们不仅被训练为产品的销售者，更被训练为营养知识的传播者和解决贫困问题的社会工作者。这种方法不仅提高了产品的销量，还提升了当地社区对健康和营养的认识。

三是创新的盈利模式让社会项目可持续。格莱珉达能采取的盈利模式颠覆了传统商业的思维。在这个模式中，所有利润都被再投资于支持新的项目，而不是作为股息分配给合作伙伴。这种策略不仅促进了当地经济的发展，还通过创造就业机会，使产品价格对最贫困家庭来说变得可以承受。这种模式体现了真正的社会企业精神：以社会利益为先，以财务收益为辅。它不仅确保了企业能够持续运行，还促进了社会目标的实现。

四是始终保持社会影响的优先级。格莱珉达能的产品设计以满足当地人口的营养需求为首要任务，尤其是价格的亲民性，使产品对于孟加拉国的贫困家庭而言是可负担的。尽管为了保证企业的营利性，产品也在城市地区销售，但在农村地区的销售策略更加注重直接接触和教育消费者。这种策略不仅提高了产品的市场渗透率，还通过教育消费者来提高他们的认识，从而产生更深远的社会影响。

五是采取各种方法吸收当地力量，推动地区发展。格莱珉达能的工厂在孟加拉国不仅帮助减少农村人口外流，也成为当地发展的催化剂。此外，达能所推出的"Danone Communities"共同基金，不仅为 GDFL 提供了资金支持，还扩展了对其他社会企业的支持，形成了一个专注于减少贫困和营养不良问题的社会企业网络。这一举措增强了格莱珉达能在地区内的影响力，为孟加拉国乃至其他发展中国家，提供了减贫和改善营养状况的可持续解决方案。

第23问：如何与共益伙伴避免科技负外部性？

一、重要性

当一个社会问题被部分解决或者初步解决，企业和共益伙伴在实现社会价值创新后，往往会去寻找实现规模化的模式。在此过程中，需要避免项目偏离社会问题所界定的受益人群、企业和共益伙伴通过损害其他利益相关者的方式来满足受益人群的需求等负面问题。

1. 与社会和谐相处。企业作为社会的一部分，其行动广泛影响着社会结构功能。因此，企业需要考虑其活动如何影响社会规范、价值观和公众福祉，以及如何承担相应的社会责任。马克斯·韦伯曾指出，社会行动不仅要考虑目标是否合理，还要关注与当地的社会结构和风尚相融合。以高盛集团推出的"10 000 Women"倡议为例，该项目旨在提升女性企业家的能力，但如果不考虑本地文化、社会结构等，可能会引发社会冲突或性别偏见，导致项目效果大打折扣。每个参与"10 000 Women"倡议的地区性大学都设定了自己的标准和课程，以适应当地需要。例如，尼日利亚的泛非大学要求女性在加入项目之前至少拥有3个月运营一门生意的经验，阿富汗美国大学（AUAF）则不设此要求。这是因为尼日利亚有一定商业经验的女性企业家，可能更需要进阶教育和培训来扩大和改善业务；而阿富汗女性进入商业领域面临更多的社会和文化障碍，项目更加注重于提供基础的商业管理知识和技能，以吸引和支持更广泛的申请者群体，包括那些有志于创业但尚未开始的女性。

2. 风险管理的需要。 管理学强调战略的可持续性和风险管理。巴特利特和戈什尔的跨国管理理论指出，全球化企业应平衡全球效率和本地适应性。当企业在不同国家和地区开展社会责任项目时，如果未能妥善处理与当地共益伙伴的合作，可能导致项目偏离原定目标，甚至产生负面社会影响。

3. 提高资源配置的效率。 从经济学角度看，外部性问题是市场失灵的一个重要表现。正如科斯定理所指出的，当企业行为产生外部成本（如环境污染）而未能内化时，将导致资源配置的非效率。也就是说，企业和共益伙伴在规模化过程中如果忽视了对环境、社区或其他企业的负面影响，可能会导致外部成本上升，这些成本最终由社会、环境或企业自身承担。例如，一些公司在供应链管理中若忽视供应商的环境和劳工标准，不仅会引发公众质疑，还可能长期导致品牌形象受损和经济损失。

总之，多个学科都强调了在企业和共益伙伴寻求项目规模化的过程中避免负外部性的重要性。这不仅是对社会负责的体现，也是企业长远发展和可持续经营的需要。

二、难点与挑战

1. 识别和评估负外部性。 识别负外部性本身就是一项挑战，尤其是在复杂的社会环境和多变的市场条件下。要深入分析企业活动可能带来的直接和间接影响，不仅要求有强大的数据分析能力，还需要对行业和社会环境有深刻的理解。比如在利用数字技术解决社会问题时，可能产生诸如数据隐私被侵犯、算法歧视等技术性负面影响。Facebook在使用个人数据进行广告定向时曾引发隐私和伦理问题，这不仅损害了用户信任，也使社会产生了广泛的质疑。

2. **利益相关者的多样性和利益冲突。**企业和共益伙伴需要平衡各种利益相关者，包括投资者、消费者、社区成员、政府机构等的期望和需求。不同的利益相关者的期望可能存在冲突，如何协调这些冲突、满足多方需求，同时又不产生负外部性，是一大难题。

3. **长期可持续性与短期业绩的平衡。**企业在追求长期可持续发展的同时，也面临着短期业绩的压力。如何在保证短期经济效益的同时不牺牲长期的环境和社会责任，是企业管理的一大挑战。

4. **资源和成本的限制。**有效避免负外部性往往需要额外的资源和成本投入，如环保技术的应用和社会影响评估等。在资源有限的情况下，如何有效分配和使用资源以最大程度减少负面影响，是企业需要考虑的问题。

5. **文化和行为的改变。**在一些情况下，避免负外部性需要改变企业内部的文化和行为模式，这通常是一个长期且复杂的过程。如何有效地推动文化和行为上的转变，对于企业来说是一个不小的挑战。以谷歌为例，其"不作恶"的口号曾是企业文化的核心，但随着公司的发展和全球扩张，如何确保这一理念被新员工理解和遵循，成为一大挑战。如果企业文化在全球各地分支机构中传播不力，可能导致价值观偏离，影响企业整体形象和内部团队的协作效率。

6. **监管和政策的不确定性**。企业在全球化背景下运营，在与共益伙伴合作时需要面对不同国家和地区日益增长的监管和合规要求。例如，环保法规、数据保护法律等可能会影响项目的实施方式和成本。若企业未能及时适应这些变化，可能面临法律风险和声誉损害。政策的不确定性和多变性可能会影响企业的决策，增加避免负外部性的难度。

三、方法与策略

1. **建立"护栏"制度**。企业与共益伙伴合作时，应建立严格的项目管理和评估机制，定期对项目进行回顾和调整，确保其始终符合初衷。例如腾讯的智慧认养项目就设立了具体的标准来监测项目进展和效果，以确保项目持续对目标群体产生积极影响。

2. **构建管理协同机制**。借鉴平台企业的经验，建立多方协同共治机制。在腾讯智慧认养项目中，企业可以与政府、社区、环保组织等多方合作，共同制定项目标准、监管项目实施，以确保各方利益得到平衡。

3. **强化信息安全与透明度**。加强对共益伙伴的信息安全培训，确保信息安全和系统安全，防止信息误用。在智慧认养项目中，应确保所有参与者的个人信息得到妥善保护。同时，项目的进展和成果应对公众透明，以增强公众信任。智慧认养项目就通过数字化手段将传统农业与现代市场有效地结合起来。这个项目不仅致力于提升农业效率和透明度，还旨在提高农村经济的可持续性和生态友好性。

4. **鼓励创新与适应性**。在解决社会问题的过程中，企业应鼓励创新思维和适应性。腾讯在智慧认养项目中探索使用新技术，如物联网、大数据分析等，来优化项目的实施和监测，同时灵活适应项目实施过程中出现的新情况和新挑战。

5. **与社会广泛交互，加强企业文化传播**。企业应与社会各界进行更多的交流与合作，可以邀请外部专家进行项目评估、收集利益相关者的反馈，确保项目不仅符合企业目标，也符合社会期望。此外，通过培养和教育共益伙伴，传播数字时代的素养。在智慧认养项目中，企业可以定期举办工作坊和培训会，向参与者传授可持续发展的理念和技能，确保项目参与者能够理解并支持项目目标。

通过上述策略，企业和共益伙伴不仅能够有效地减少负外部性的产生，还能够促进项目的成功实施，增强企业的社会责任感和社会影响力。

案例

28 智慧认养项目："何家岩云稻米"的全方位实践

"智慧认养项目"是由腾讯联合地方政府和村民共同推行的创新项目，核心是将农耕生产过程数字化，创建一个虚拟农业环境，让消费者通过互联网直接参与农产品的生产过程。

该项目首个试点是在重庆市酉阳土家族苗族自治县的何家岩村。该村的100亩稻田被"搬上云端"，允许消费者通过小程序认养，此即"何家岩云稻米"活动。认养者不仅能看到稻米生长的实时情况，还能购买最终收获的稻米。该模式允许村民提前与市场对接，从而降低种植风险，且能够预先获得收入。

这是一个典型的数字化农业创新实践，但依然面临传统农业普遍面临的多重外部挑战：市场不确定性、供应链效率低下，以及农业生产与消费之间缺乏透明度等。"何家岩云稻米"通过互联网和数字技术将传统农业与现代市场有效连接，同时促进社区参与和透明度。其核心目标是实现农村经济的可持续发展、减少传统农业对环境的负担，同时为消费者提供更直接、更透明的产品来源。具体来说，"何家岩云稻米"采取了两种做法。

一是技术整合与平台搭建。腾讯对何家岩村的 100 亩稻田实施数字化管理，并通过小程序将这些稻田与市场直接对接。通过收集用户反馈，项目团队对小程序进行持续迭代和优化，以更好地服务农民和消费者。农民可以在种植周期开始之前就通过小程序进行稻米销售，这大大减少了市场波动带来的经济风险。此外，项目通过让消费者参与生产过程促进了消费者和农民之间的直接交流，增强了消费者对农民的理解，也为农民提供了直接的市场反馈和需求感知，有助于指导更符合市场和环境可持续性的农业实践。

二是环境保护与经济效益并行。腾讯与地方政府和农民合作时，通过优化供应链和减少不必要的物流环节推广环保农业实践，减少化肥和农药的过量使用，减轻传统农业生产对环境的影响。同时，数字化管理还有助于更精准地使用农药和肥料，减少过量使用造成的环境污染以及对水资源和能源资源的浪费。"何家岩云稻米"通过预售模式有效管理了农业生产的市场风险，允许村民在稻米成熟前就能卖出产品，降低了传统农业面临的市场风险和不确定性。同时减少中间环节，提高整个供应链的效率和透明度，激活了农村经济，提高了农民的生活水平。

第 24 问：如何传播可持续社会价值创新的效用？

一、重要性

可持续社会价值创新不仅代表企业对社会问题的关注和解决方案，还体现了企业的社会责任和社会影响力。通过有效传播，企业可以建立与公众、政府、媒体等的良好沟通，增强社会对企业的认同感，同时推动社会议题的解决。

1. **塑造企业形象的需要**。从企业发展的角度看，社会价值创新传播是企业可持续发展的重要组成部分。现代企业不仅要追求经济效益，还需要关注社会效益和环境效益。通过有效传播社会价值创新，企业可以提高其品牌价值和市场竞争力，也可以在社会责任和商业目标之间找到平衡点，形成良性互动。

2. **影响社会观念，引导社会行为**。企业作为社会结构的一部分，其传播行为对社会观念和行为模式有着显著影响。社会价值创新传播不仅是对信息的传递，更是对社会理念的传播。企业通过传播社会价值，引导公众理解解决社会问题的重要性，从而促进社会的和谐发展。

3. **避免公众误解，传递正确信息**。企业进行社会价值创新传播的一个重要目的，是避免媒体对可持续社会价值创新的误解或负面看法。由于可持续社会价值创新往往涉及复杂的社会、经济和环境问题，如果没有有效的传播策略，媒体和公众可能会对企业的真实意图和行动产生误解，这会导致负面报道，进而影响企业的社会形象和信誉。例如，如果企业的环保举措被误解为"绿色洗钱"，将严重损害企业的品牌形象。因此，良好的传播不仅能够传递企业对社会责任的承诺，还能展示企业在实际行动上的成效和贡献。通过与媒体建立良好的沟通机制，企业可以确保其社会价值创新的信息被正确理解和传达，从而在公众心中树立积极的形象。

4. **吸引优秀人才，促进业务增长**。通过可持续社会价值创新的积极传播，企业能够吸引更多具有责任感和使命感的优秀人才。现代人才更加注重企业的社会影响力和价值观，因此展示企业的创新行为有助于吸引并留住人才。传播可持续社会价值创新理念可以激发消费者对企业产品和服务的信任和认可，从而促进业务发展。

二、难点与挑战

1. **社会问题的复杂性和多样性**。社会价值创新解决的多为社会问题，比如乡村发展、医疗健康、科技教育、人口老龄化等，这些通常并非单一企业或单个社会组织所能解决的，且不少社会问题也不为公众所熟知，不同的文化和教育背景会导致人们对同一信息的理解和接受程度存在差异。

2. **负面舆论的应对**。在可持续社会价值创新的传播过程中，避免媒体的误解或负面看法至关重要。这种误解通常是因为可持续社会价值创新涉及复杂的社会、经济和环境问题。如果缺乏有效的传播策略，可能会导致媒体对企业真实意图的误解，从而产生负面报道，严重影响企业的社会形象和信誉。

3. 企业内部意见统一。企业的可持续社会价值创新往往是由相关的业务部门开展实施的，而宣传一般是由企业的传播部门来负责的。有时候，业务部门会认为可持续社会价值创新还未达到预期目标，对外传播会造成问题简单化等情况；而传播部门则认为现阶段成果可以对外发布，引发社会关注、促进外部更多力量介入。因此，传播部门需要充分了解和研究业务部门所关心的问题，企业各部门需要在传播内容、传播节奏、传播路径上达成一致。

三、方法与策略

1. 前置传播方案，分阶段拆解传播规划。与传统传播不同，企业对于社会价值创新传播应从战略层面出发，定位在"战略传播大脑"，而非简单包装的公关策略。在制定传播策略的初期，就要考虑到整个项目的推进过程，分阶段进行规划。针对不同项目的推进阶段，选择合适的传播媒介和节奏，以确保信息准确传达和最大化社会影响力。

2. 强化媒体合作，建立全盘传播机制。企业需要与媒体建立良好的合作机制，利用不同的传播渠道，如社交媒体、传统媒体等，建立全面的传播机制，进行多元化的信息传播。同时，应该注重与公众的互动，通过社会化媒体来阐述企业的长期战略目标和社会价值，使社会价值创新成为接近公众的热门话题。

3. 极致的传播内容与传播理念。传播的内容需要追求极致，打造能够体现企业"深度"与"温度"的品牌故事。这里的品牌故事不仅是为了提升企业识别度，更是为了延续组织的社会影响力，引导更多力量共同解决社会问题。例如，在腾讯公益慈善基金会与腾讯广告联合主办的"我是创益人"公益广告大赛中，《一个人的球队》讲述了叶沙（化名）的5位器官受益者组成球队帮他圆梦的故事，引发社会各界关注，让器官捐献的话题走进大众视野并传播正能量。

案例

29 腾讯SSV年刊和《一个人的球队》：多途径记录社会价值创新的点点滴滴

从2022年开始，腾讯SSV每年做一本记录可持续社会价值创新实践的年刊。2022年的年刊名叫《关心》，这本故事与思想的合集，记录了一家互联网公司在社会价值领域的诸多探索。2023年的年刊系统呈现了腾讯对可持续社会价值创新理念的实践，这一年的主题是"生长"，寓意把根深埋在社会土壤中，让善意生长拥有更多可能。

腾讯SSV年刊明确了企业创造社会价值的领域，覆盖基础科学、乡村振兴、公益化数字、社会应急、环境保护等领域，记录了每一年腾讯的合作伙伴关心社会问题、践行社会价值的故事，同时邀请多位专家畅谈可持续社会价值创新应该怎么做。腾讯高管也在年刊中和大家聊了他们心中腾讯的愿景、使命与内在驱动，这再次明确了企业高层重视社会价值创新在企业发展战略中的定位。

系列年刊既多维度呈现腾讯 SSV 的价值观，又展现其业务成果。例如，《一个人的球队》运用极致的传播内容进行多方链接，来向全社会倡导可持续社会价值创新的理念。

2017 年 4 月 27 日，16 岁的叶沙突发疾病后离世。他的父母将他的器官和一对眼角膜捐献给 7 位急需器官移植的病人。在国内，器官捐献与"入土为安"的传统文化相背离，是一个比较敏感的话题，自愿捐献器官对个人来说是一种不小的挑战。从数据上看，每年有 30 万等待器官移植的病人，但愿意捐献器官的仅有 1 万多人，缺口巨大。

通过腾讯公益慈善基金会和腾讯广告联合主办的"我是创益人"公益广告大赛，Loong 创意团队了解到低捐献率的困境，在和中国人体器官捐献管理中心的沟通中得知了叶沙的故事。主创龙杰琦表示，团队走遍广西桂林、湖南涟源、江西南昌、湖南长沙等地，希望找到 5 名器官捐献的受益人，组成一支篮球队，实现叶沙未完成的篮球梦。

但是在我国器官捐献遵循"双盲原则"，捐献者与受益人是不能见面的。在多方的积极推进下，团队最终召集了 5 位受益人，心怀感激、希望有所报答的他们组成一支篮球队，期待能为叶沙打一场比赛，完成叶沙未竟的心愿。

创意团队最后将《一个人的球队》打造成公益 H5 挑战信，邀请所有看到的人签字支持叶沙队向职业篮球队发起挑战。

想法就像一颗种子，要想落地实施，不是仅靠创意就能完成的，"如果只有好想法，没有合适的平台去投放，也没有办法形成影响力"。

在社交媒体时代，拥有巨大用户的微信成为创意团队的不二之选，腾讯对此提供了全方位多样化的支持。2018 年 12 月 21 日"国际篮球日"，这封公益 H5 挑战信在腾讯广告的多个平台进行投放，覆盖微信、腾讯新闻、腾讯视频、手机QQ在内的多个场景和触点。挑战信发出3天，获得7万人的签名支持，微信点击互动达到826万次，3个月内器官捐献志愿者登记新增15万，约为2017年全年的4倍。中国篮球协会最后决定，在2019年WCBA（中国女子篮球联赛）全明星赛上，由中国女篮与叶沙队进行一场友谊赛。《新闻联播》《人民日报》《新京报》等400多家媒体进行了相关报道，让球队与器官捐献的话题上升为社会性议题。《一个人的球队》让更多的人了解和关注人体器官捐献事业，截至2017年底，全国共有器官捐献志愿者约38万人，2018年突破90万，2019年达到177万，2020年、2021年连续两年新增志愿者人数超过100万。

第四章

科技向善与创新价值

企业进行可持续社会价值创新，需要结合自身的核心能力。对于具有数字技术和平台优势的科技公司而言，如何利用优势进行社会价值的可持续性创造，不仅需要关注技术创新与应用的绩效、利润、收益等经济价值议题，而且需要关注科技的社会价值创新过程，在科技创新与应用的目的、对象、方式等方面关注"社会性"需要。所以，科技企业无论是在科技研发、技术产品设计层面，还是在社会应用及扩散的过程和结果层面，都应具有创造社会价值的意识，能够满足社会需求，解决社会问题，并且创造性产生新的社会关系或者共益机制（产品、服务、模式等）。

本章期望从企业作为科技实践主体的角度，在科技研发、产品设计、技术扩散与社会化应用的不同阶段，探索可持续社会价值创新的可实现路径。这种技术实践既有益于社会发展，又能增强社会力量参与技术创新的行动力，共享技术应用红利，共建共益机制，重塑健康和谐的社会关系，有效防范社会风险，持续增进社会福祉。

具体来看，本章尝试回答以下几个关键问题。

第一，在科技研发阶段，有哪些关键要素保障科技公司进行可持续社会价值创新？

- 整合科技资源的能力
- 社会可持续性力量的支持
- 长效的风险防范与管理机制

第二，在数字化产品与服务阶段，如何打造"科技善品"，提升科技产品创造社会价值的能力？

- 以解决社会痛点作为产品创新的目标
- 面向社会需求建立深度的感知体系
- 践行负责任的设计，培养用户"善"的习惯

第三，在技术共享与扩散阶段，如何拓展科技创造社会价值的应用范围，将科技善能进一步释放？

- 内部引领协同，开拓社会价值创造的技术应用场景
- 推动共益伙伴共享技术红利，共创社会价值生态系统
- 共建"科技向善"的社会生态

第四，在社会化应用与反馈阶段，如何让科技应用通过社会大众的时空检验？

- 畅通社会反馈的通道，切实履行科技主体责任
- 建立并完善"科技向善"的社会评价体系
- 应对科技负外部性，及时寻求共识与解决方案

科技研发阶段：如何保障科技创新进行可持续社会价值创新？

科技创新助力可持续性社会价值的释放，关键的保障要素是要有充足的科技资源储备以及来自社会可持续性力量的支持。在科技研发阶段强调社会力量对技术创新的"共参"，应以资源整合与开源协同为目标，面向社会领域进行科技资源整合、治理以及基础设施的升级；增强可持续性社会力量的参与，发挥社会集体智慧；建立长效的风险防范与管理机制。

第 25 问：如何提升科技资源的整合能力？

一、重要性

能够释放科技创新潜能、整合科技创新资源的组织，是培育新质生产力的基础。提升科技资源的整合能力，有助于将企业的技术优势与社会问题相结合，开发出具有社会价值的创新产品和服务。具体来讲，推动科技源头创新并加强基础研究是关键，优化资源配置是必要条件，开源协同、培育向善的开源文化、更加高效地利用科技资源是根本遵循。

1. **推动科技源头创新，促进科技企业持续发展**。在科技日新月异的今天，只有不断突破技术瓶颈，掌握核心技术的自主知识产权，企业才能在激烈的市场竞争中立于不败之地。而源头创新正是实现这一目标的关键，它要求企业不仅关注现有技术的优化升级，更要勇于探索未知领域，开辟新的技术发展方向。同时加强基础研究，企业可以更加深入地理解技术的本质和规律，提高技术创新的效率和成功率，从而更有效地整合和利用科技资源。

2. **优化资源配置，改进公共服务的质量和效率**。在科技企业中，技术是推动创新和发展的核心要素。整合技术资源要求将分散在各个部门或项目中的资源进行有效汇聚和配置，避免资源的重复投入和浪费。通过整合，企业可以更加精准地将资源投入社会关键领域和重点项目上，不仅提升研发效率和成功率，也促进公共服务应用的转化。同时，不同部门或项目之间的技术交流和合作可以激发新的思路和方法,促进科技进一步创造社会价值。

3. **开源协同,培育向善的开源文化**。提升科技资源的整合能力,对于培育开源协同和科技向善的企业文化至关重要。通过优化人才、技术、资金等资源的配置,可以更有效地推动开源项目的发展,促进各方在开源社区中紧密协作,进而提高科技开发的效率和创新力。同时,这种整合能力还有助于培育一种科技向善的文化氛围,确保科技的应用不仅追求技术进步,还充分考虑其对社会的积极影响,从而引导科技沿着人性化、环保、可持续的方向发展,实现科技与社会责任的和谐统一。

二、难点与挑战

在提升科技资源整合能力的过程中,科技企业面临着诸多难点。其中,科技源头创新不足、科研资金需要稳定支持以及技术资源共享存在组织壁垒等问题都是重要的挑战。

1. **科技源头创新不足,基础研究与技术转化存在资源不平衡的问题**。"科技向善,向善是愿景,科技是底座,科学是底座下的基石。"夯实科技向善的底座和基石,是每个科技企业可持续发展的关键性要素。那么究竟是应该强调"科学",还是应该强调"技术"呢?在提升科技资源整合能力的过程中,科研战略布局是企业首先要面对的挑战。这需要企业有长远的眼光和坚定的决心,企业家或创始人的决策直接决定了科研战略布局的方向。因此,企业需要在科技研发之前就做好科研战略规划,明确研究方向和目标,确保科技资源能够高效、精准地投入关键领域。

2. 稳定的资金支持的重要性。 科技创新与基础研究都需要大量的资金投入，而资金压力往往是企业面临的一大难题。为了保障科研活动的持续进行，企业需要采取灵活的资金资助体系，确保科研项目稳定的资金支持。这包括设立专项资金、寻求政府支持、与金融机构合作等多种方式，以应对科研过程中的不确定性。

3. 技术资源共享存在组织壁垒。 组织壁垒对提升科技资源的整合能力构成挑战。部门间的组织结构刚性、文化差异、利益冲突和技术孤岛等现象，阻碍了科技资源在企业内部的有效流动与共享。为应对这些挑战，企业需要优化组织结构，促进部门间的文化融合与沟通，建立利益共享机制以平衡各方利益，并推动技术标准化来减少技术之间的兼容性问题。这些措施有助于逐步拆除壁垒，提升技术资源整合能力，推动企业整体的技术创新与发展。

三、方法与策略

1. 科技企业应该重视布局可持续性科研战略。 为实现这一目标，企业家需要坚定决心，将基础研究置于战略核心。聚焦关键领域持续深耕，解决技术创新与基础研究难题。同时，构建科技护城河，确保稳定的资金支持，采取灵活资助体系以应对长期投入需求。设定阶段性目标，鼓励科学家自由探索并及时评估进展。此外，培育科技能力生态系统，与一流大学、科研人员和企业合作，形成紧密互动、相互促进的科技生态。以开放心态增加合作，重视生态建设与成果共享，推动全球创新协同发展。

2. 构建敏捷的技术组织，打破企业内部隔阂。为了提升企业内部的开放协作能力与技术资源共享，企业需要构建强大且高效的组织实施体系。这一体系的核心在于敏捷性，它要求组织结构具备灵活性，以迅速响应外部多变的社会需求；技术人员应发挥专业能动性，以专家身份深度参与工作；管理者需要转变角色，从传统的层级控制转为方向洞察与赋能；同时，技术资源的配置应以跨部门合作为基石，而非单纯依赖上级指令。通过这样的组织变革，企业能够实现数据资产、技术能力与社会需求的有效融合，进而提升整体竞争力。

3. 优化技术基础设施，保障新基建的利用效能。在数字基础设施建设过程中，升级新基建的保障和服务能力，促进社会各领域实际的利用效能，也应成为企业整合科技资源的方向之一。企业可以通过采用先进的技术设计、智慧运营管理和绿色能源利用等手段，对数字基础设施降本增效。具体来说，可以通过优化数据中心的能耗设计，搭建自研的智维平台和能源管控平台，提高能源利用效率，降低能源消耗，进一步推动数字基础设施的升级和保障服务能力的提升。

案例

30 腾讯深化科研布局战略：从"科学探索奖"到"新基石研究员项目"

腾讯近年来在科研布局上展现出长远的眼光和坚定的决心。从

2013 年举办 WE（Way to Evolve）大会，到 2018 年设立"科学探索奖"，再到 2022 年发布"新基石研究员项目"，腾讯一步步深化其在前沿科学与基础研究领域的探索，不断探寻科技企业的可持续发展之路。

1. 双管齐下：前沿技术与基础研究并重

在科研布局上，腾讯的战略清晰且全面，聚焦关键领域持续深耕。一方面，积极布局前沿技术，力求在科技创新上取得突破；另一方面，对基础研究进行公益资助，推动原始创新和自由探索。

2. "新基石研究员项目"：公益、原创与自由

在中国科学技术协会的指导下，腾讯设立了"新基石研究员项目"。该项目以公益为宗旨，由科学家主导并独立运营，聚焦原始创新，鼓励自由探索。腾讯承诺在 10 年内投入 100 亿元人民币，为基础研究提供稳定而持续的资金支持。这一项目的设立不仅体现了腾讯对科研的坚定投入，也展现了其对原始创新和自由探索的高度重视。尤其是对科研目标不设限，但要有里程碑；鼓励科学家自由探索，同时为基础研究设定阶段性目标，从而能够及时对项目进行回顾和展望。

3. 创新科研管理模式：由顶尖科学家领衔，进行公正透明的评审

"新基石研究员项目"在科研管理模式上进行了创新。项目遴选决策由顶尖科学家组成的科学委员会负责，确保受资助的科学研究项目具有高质量和原创性。新基石基金会设立秘书处和监督委员会，分别负责评审流程的组织和监督工作，保障整个过程的公正和透明。这种科研管理模式既保证了项目的高质量和原创性，也提升了评审的公正性和透明度。

4. 面向原始创新的民间科研资助体系：长期稳定支持，宽容失败

"新基石研究员项目"搭建了一套面向原始创新的民间科研资助体系。该体系为研究员提供长期、稳定、灵活的资助，鼓励他们全力以赴探索未知领域。同时，项目也宽容失败，注重为科学家提供持续的支持和发展空间。这种资助体系，无疑将激发更多科学家的创新热情和探索精神。

在未来的规划中，"新基石研究员项目"希望逐步建立开放合作的科技能力生态系统，为科技创新和发展注入更多的活力和动力。

第 26 问：如何促进人才的开放式协作？

一、重要性

科技创新的社会价值并不仅仅体现在技术的先进性上，更重要的是技术如何能够切实地服务于社会，解决社会问题、提升公众福祉。然而，实现可持续社会价值创新，并非仅仅依靠科技研究人才就能完成，更需要打造洞悉社会发展与社会痛点的"社会型"人才专家队伍，更好地挖掘技术应用的社会场景，指导技术研发流程的社会规范以及服务落地实践。所以，企业在进行科技研发时，需要在共同议题和意愿下整合不同领域的人才，提高技术创新的效率，确保技术创新更好地服务于社会。尤其是当企业在运用自身的科技能力开展社会责任项目时，技术研发人员与不同学科背景的人才进行开放式协作非常重要。

1. 多元视角的融合。 多元文化和团队多样性在创新中具有重要意义。例如，技术研发人员往往专注于技术层面的创新，而社会学、心理学、经济学等其他学科的专家，则能提供更为全面的视角，帮助企业更好地理解社会需求和社会问题。技术研发人员与不同学科背景的人才协作，可以产生更多创新思维和解决方案。

2. 社会联系的建立。 社会网络对于个体和团体的成功至关重要。跨学科的合作能够在科研人员、管理层、共益伙伴之间建立更广泛的社会联系，为企业成功开展社会责任项目铺路。

3. **有效的资源配置**。管理学也关注资源的有效配置。跨学科团队可以更有效地利用各自的知识和技能，以更经济、更有效的方式推进社会责任项目。

总之，企业在开展社会责任项目时，技术研发人员与不同学科背景的人才之间的协作，不仅能增加项目的创新性和有效性，还能帮助企业更好地理解和响应社会需求，从而提高企业的社会影响力和品牌价值。

二、难点与挑战

1. **人才整合的难度**。不同学科背景的人才具有不同的思维方式和专业知识，如何有效地整合这些人才，是企业面临的一大挑战。企业需要建立跨学科团队，促进多元思维的交流与碰撞。例如，IBM通过创建跨学科的项目团队，鼓励不同专业背景的员工合作，共同开发新技术和新产品。

2. **社会需求的快速变化**。社会需求日新月异，技术研发需要紧跟社会发展的步伐，快速响应社会变化。企业需要强化市场研究快速迭代的能力。例如，亚马逊通过持续的市场调研和数据分析，快速调整其产品线和服务所需要的人才组合，促使技术研发响应社会的真实需求。

3. **资源分配与协调**。在整合多学科人才进行项目合作时，如何合理分配资源，确保每个人都能充分发挥自己的专长，同时避免资源浪费和重复劳动，是需要认真思考的问题。例如，智能医疗设备研发企业开发一款集健康监测、数据分析及远程医疗咨询为一体的智能手环，不仅涉及硬件设计、软件开发、数据分析、医学专业知识等多个领域的专业人才的团队组建，还更需要在项目开始之初进行资源分配与协调规划，以确保项目顺利进行。

三、方法与策略

1. 聚焦社会议题，构建多学科人才"蓄水池"。 企业初期布局社会议题，需要结合自身核心技术优势与技术能力。比如，腾讯在布局实验室的优先级时会逐步聚焦擅长的社会领域。腾讯SSV业务管理部前总经理赵国臣接受访谈时表示："目前腾讯聚焦的赛道有乡村振兴、养老、碳中和，还有基础研究，在初期的时候布局很多，但是逐步聚焦跑得比较快的、我们比较擅长的地方去做。我们也在考虑腾讯是不是适合每个领域，有些领域我们没有经验，慢慢就会收拢。"这样的选择不仅能提升企业在该领域的影响力，还能确保科技创新在社会价值实践中的有效性和可持续性。

企业应鼓励来自不同学科背景的人才共同工作，构建一个跨学科的团队。这样的团队不仅包含技术专家，还应涵盖社会科学家、经济学家、环境科学家等，以确保能够从多个角度理解和解决社会问题。跨学科团队可以通过结合不同领域的知识和技能，共同研究并提出创新的技术解决方案，来确保科技创新的社会价值最大化。

2. 开放式协作，发挥社会集体智慧。 科技助力可持续社会价值创新需要激发创意，跨越部门、组织和学科边界发挥集体智慧。企业无论对内还是对外，都需要搭建开放协作型交流平台，采取更多交流合作的方式，持续吸引更多的"社计师"参与科技研发，共同挖掘技术应用的社会场景，为创造可持续社会价值提供更多助力。

企业建立实验室和研究中心，既是产生创新思想的土壤，也是搭建内部人员社会分工、互动协作和信息交流的平台。在互联网企业对人工智能业务部门的划分中，阿里巴巴成立达摩院，百度建立 AIG（人工智能体系），腾讯选择了科技与业务绑定更深的"实验室"机制，在各个事业群中成立具有业务特色的实验室模式，并与一线业务部门深度联动。面向可持续社会价值创新探索和实践，企业需要这种用科技能力解决社会痛点的开放协作型交流平台，将社会议题与科技人才深度"绑定"。

3. 创新社会价值教育与培训。企业应该鼓励研发团队学习新技术，持续关注社会议题，以适应快速变化的社会环境。组织跨领域、跨部门的培训和交流活动，通过科学沙龙、公开课、定期研讨会和工作坊，联合课题研究、创新竞赛等多种形式的活动，为研发团队提供多样化的学习和交流机会，尤其要让负责企业社会价值创新的业务部门与研发团队面对面交流，帮助技术人才理解不同社会领域的知识和观点，激发专注于社会价值的科技创新思维。同时，企业应该提供开放的技术资源，比如利用线上协作平台和工具促进远程协作，打破地理限制，吸引更广泛的社会人才参与科技研发，共同探讨社会问题的技术解决方案。

4. 建立长效的激励与认可机制。从长远来看，企业要创造支持性环境，为技术人员提供自由的创新空间，允许他们在工作时间探索和开发具有社会价值的项目。特别重要的是，企业应该对那些成功将技术应用于社会价值创新的个人或团队给予认可和奖励。企业可以为专注于社会价值创新的技术人员提供职业发展机会，如晋升机会或专业培训；或者为致力于社会价值项目技术创新的团队提供必要的资源和支持，如资金、时间和技术；同时建立有效的用户反馈机制，让技术人员能够直接看到他们的工作所带来的社会影响。

总之，通过聚焦社会议题，整合多学科团队，创建开放协作平台，创新社会价值教育和培训，建立长效的激励与认可机制，可以有效促进人才的开放式协作，让社会价值创新和可持续发展成为科技人才日常工作的一部分，持续性激发技术人员对社会价值创新的兴趣和热情，从而推动科技创新与社会价值的融合。

案例

31 腾讯"Light·技术公益创造营"：引领跨界合作，塑造未来科技创新

自 2020 年启动以来，Light·技术公益创造营已连续举办三届，吸引超过 3 600 支队伍、18 000 名开发者参加，不仅成为国内最具影响力的技术公益平台之一，也成为科技创新与社会责任结合的典范。2024 年它已经开展到第四届，以 Light·技术公益创造营的形式，围绕数字时代下"儿童素养教育、社区公益、生态环保"三大议题，邀请多领域专家学者和公益组织代表参加，号召社会各界共创技术公益解决方案。

腾讯公司高级执行副总裁、云与智慧产业事业群总裁汤道生强调，人工智能的最大价值在于"服务于人"，腾讯 Light·技术公益

创造营在扶持、培养更多青年科技人才在 AI 产业中不断成长和发展，为数字经济注入新动能，助力可持续社会价值创新方面发挥了重要的作用。那么，Light·技术公益创造营是如何做到的呢？

一是搭建了一个人才汇聚的平台。 腾讯 Light·技术公益创造营不仅是一个技术竞赛平台，更是一个多学科人才聚集的创新生态圈。初雯雯和她的团队被称为"河狸公主"，致力于保护家乡新疆的野生动物。她们结合腾讯云人工智能图像识别技术，有效地监测和保护河狸，节省了大量的分析时间，为保护野生动物提供了新的借鉴。"知识海洋泡泡挑战"小程序项目也是一个突出的案例。该项目在理塘县成功落地，专门针对偏远地区留守儿童普通话不流利的问题，帮助他们学好普通话。通过这个小程序，孩子们可以进行跟读学习，系统会对发音进行识别并打分，从而给出有效的学习反馈。

二是鼓励技术共创，激发集体智慧。 Light·技术公益创造营促进了跨领域的合作，激发了集体智慧。腾讯云开放了超过 300 个 AI 标准接口，通过开源社区的形式，助力比赛选手使用成熟化的 AI 能力。比赛吸引了近 4 000 名选手，涌现了覆盖计算机视觉、语音语义、自然语言处理等领域的创意、公益和技术优秀作品。

三是通过传播来进行社会价值教育，培养未来领袖。 该挑战赛不仅聚焦技术创新，还重视社会价值的传播。腾讯通过在线展示超过 50 个公益机构和科研机构的 87 个技术公益项目，促进了社会价值的传播。这些项目在"腾讯创投计划"中获得推广，大部分优秀项目获得 220 万人的浏览量，其中一些项目还收到了合作留言。

四是提供可观的激励与认可，推动持续创新。 腾讯为 Light·技术公益创造营中表现出色的个人和团队提供了认可和奖励。"知识海洋泡泡挑战"小程序项目在理塘县成功落地，荣获了"素养教育"赛道优胜奖。这种奖励不仅是对技术创新的肯定，更是对社会责任和影响力的重视。

第 27 问：如何在科技研发中进行风险防范与管理？

一、重要性

科技创新不仅要降本增效，来促进社会整体福祉的提升，更要在研发过程中注重风险防范与管理，从源头上对科技行业快速追求技术商业化落地进行纠偏和矫正，不仅从技术攻防的安全角度提供可行的技术方法和手段，而且从伦理层面为技术存在的潜在风险提供预警和约束，这样才能保障科技企业进行可持续社会价值创新。在科技研发过程中注重防范科技伦理风险，对于社会价值创新具有重要意义。通过加强科技伦理风险的预防和管理，可以确保科技创新与社会道德规范和伦理要求一致，促进社会的和谐稳定，并推动可持续社会价值创新。

1. 防范科技伦理风险是科技创新不可或缺的环节。 在科技研发过程中，对科技伦理风险的防范是不可或缺的环节。科技创新追求技术的先进性和实用性，但这并不意味着可以忽略其对社会甚至对人类可能造成的伦理影响。通过预防和管理潜在的伦理风险，科技创新能够更好地符合社会道德规范和伦理要求，从而确保技术发展的正当性和可持续性。

2. 防范科技伦理风险有助于构建和谐社会。 注重防范科技伦理风险对于构建和谐社会至关重要。科技创新带来的新技术、新产品和新服务，将深刻影响人们的生活方式和价值观念。若忽视科技伦理风险防范，可能会导致技术滥用、侵犯隐私、社会不公等问题,进而引发社会矛盾。因此,通过加强科技伦理风险防范,可以促进技术的合理应用,维护社会稳定和谐,为可持续发展创造有利环境。

3. 防范科技伦理风险推动可持续社会价值创新。防范科技伦理风险是推动可持续社会价值创新的关键因素。科技创新的目标是为了社会的进步,而不仅仅是为了追求经济利益。注重科技伦理风险防范,可以确保科技创新的方向正确、目标明确,从而更好地满足人们的需求,提升社会福祉。这种以伦理为导向的科技创新将为社会创造更加持久和广泛的价值,推动社会的可持续发展。

二、难点与挑战

在科技研发阶段,注重科技伦理风险防范面临着一些难点和挑战,这些难点和挑战不容忽视,可能对整个研发过程以及最终结果产生深远影响。

1. 伦理标准的模糊性与界定难点。在科技研发阶段,注重科技伦理风险防范的首要难点在于伦理标准的模糊性。由于科技伦理不像法律条文那样明确,且受到文化、地域和社会背景的影响,确定哪些研发行为或技术成果符合伦理变得异常复杂。这种模糊性不仅增加了在研发过程中进行伦理评估的难度,还可能导致在不同场景下对同一技术行为的伦理判断出现分歧,进而增加潜在的风险和不确定性。

2. 利益与伦理的潜在冲突及风险。研发机构和企业往往承担着将技术快速推向市场的经济压力，但过快的发展速度可能会牺牲充分的伦理审查。这种冲突不仅损害技术的社会接受度，还可能带来严重的声誉损害风险。一旦被曝光存在技术伦理问题，将严重影响研发机构或企业的公信力，甚至可能引发法律纠纷和财务损失，长期来看不利于科技对社会价值的持续创造。

3. 技术预测的困难与伦理失控的风险。 在科技研发过程中，难以准确预测新技术可能带来的所有伦理问题，这是另一个难点。技术的快速发展意味着与之相关的伦理风险也在不断演变，这就要求在研发过程中持续进行伦理评估和调整。然而，如果忽视了这一环节，就可能导致技术伦理失控，即技术的发展和应用超出了社会的伦理接受范围。这种失控不仅引发公众的抵制和不满，还可能对社会的道德底线造成冲击，进而威胁技术的可持续发展和社会的和谐稳定。

综上所述，科技创新过程中的风险防范面临着多方面的难点与挑战。技术应用的复杂性、外部环境变化带来的不确定性，以及新兴科技引发的伦理和政策问题，都给企业和组织在创新道路上设置了重重障碍。为了有效应对这些风险，首先企业必须预先研判、提前布局、建设伦理治理体系；其次，将伦理风险管理贯穿科技研发整个生命周期；最后，用技术创新解决技术应用潜在的风险问题。

三、方法与策略

1. 建立多层次的治理机构，保障科技伦理规则落地。 如何通过真正有效的机制，让科技伦理对科技创新形成正向引导，在实际研发过程中得以监督贯彻，成为当代企业的必答题。从国内外主流科技公司的科技伦理治理举措可以看出，不断加强科技伦理治理的制度化建设已经成为行业共识，提出伦理原则、设立治理机构、探索创新治理路径、提供解决方案及服务工具、加强员工伦理素养培训等实践路径循序展开，逐渐形成完善的多层次治理体系。比如，针对 AI 伦理治理，微软内部设立三层机构：在公司层面，负责任人工智能办公室负责制定 AI 规则；人工智能、伦理与工程研究委员会积极负责任处理 AI 出现的问题；AI 战略管理团队帮助公司及客户实现 AI 伦理原则落地，将负责任 AI 的要求并入日常工作中，开发负责任 AI 的工具和系统，为工程团队提供合规工具，从而监控和执行负责任 AI 规则的要求。

2. **贯穿全生命周期的风险防范与治理**。好的技术不仅关注结果，更关注过程。因此，企业需要将风险防范与治理贯穿科技研发的全生命周期，从预设计、数据收集训练、开发到部署等各个环节进行严格把控。例如，在数据收集阶段应确保数据无偏，避免潜在偏见被强化学习机制重新嵌入、强化和延续；在设计开发阶段应增加技术设计目标的透明性，减少误解和潜在伤害；在测试阶段应关注可证伪性，适当增加测试周期以提高可信度；在部署阶段应尊重用户自主权，提供"可选项"方案或配置。

3. **用技术创新解决技术应用潜在的风险**。科技伦理问题与风险防范仍然需要技术解决方案。我们应积极探索新的技术方法和工具来应对潜在的社会风险。例如，"伦理即服务"旨在运用科技工具或其他方式，将抽象的伦理原则转译为具体的服务措施。同时，推动负责任的技术创新也是一个重要方向，如开发与人工智能对话的"语言"，以实现人工智能在符合社会准则的基础上做出决策等。

科技伦理风险也源自未知，治理与防范要同步。这就需要科技研发工作者在技术研发中进行更多的预警式思考，让"科技应对科技"，推动负责任的科技创新，应对技术研发过程中的潜在社会风险。负责任的科技创新将推动科技进一步突破，更好地助力可持续发展。

案例

32 如何在 AI 全生命周期中防范算法歧视风险？

2021 年 6 月 22 日，美国国家标准与技术研究院（NIST）发布《关于识别和管理人工智能歧视的标准提案》（以下简称《提案》），并向社会公开征求意见。7 月 29 日，NIST 提出制定《人工智能风险管理框架》并征询各界意见，该 AI 风险管理框架旨在帮助 AI 的设计者、开发者、使用者以及评估者更好地管理 AI 全生命周期中可能出现的风险。

NIST 认为，导致 AI 决策出现歧视的原因具有复杂性和多样性，涵盖了 AI 全生命周期的三个阶段，即预设计阶段、设计开发阶段和部署阶段（见图 4-1），包括数据集的隐性偏见、算法模型欠缺检验、AI 运行环境偏差、AI 参与者的理解偏差等。

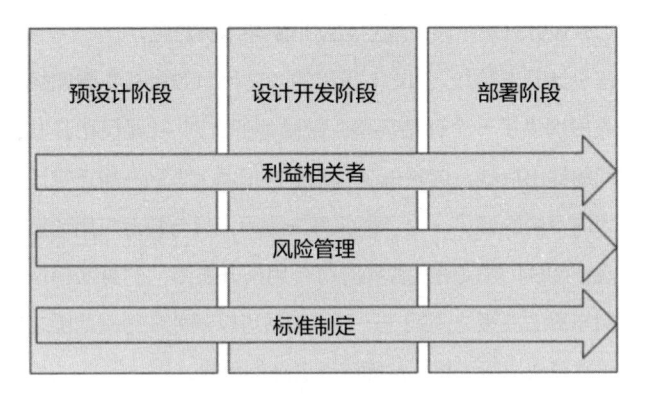

图 4-1　AI 全生命周期的三个阶段

NIST 提出，设计者如果想在 AI 全生命周期中有效防范算法歧视风险，需要从以下几个阶段进行设计和干预。

一、预设计阶段：树立道德标准与风险意识

在预设计阶段，有效的风险防范策略至关重要。首先，研发者应以解决问题为导向，确保算法设计符合伦理和道德标准。这意味着在收集和处理数据时，不仅要遵循数据最小化原则，还应制定并执行更高的道德标准。比如，通过限制数据集的大小并确保其真实性，可以从源头上减少 AI 歧视的风险。

其次，设计者应充分认识到 AI 在实际运行中可能产生的未知影响。为了避免陷入单线程的设计思路，研发者需要在优化技术性能的同时，密切关注技术在具体应用场景中的表现。这种综合性的设计方法，有助于及早发现并减少算法偏见等潜在问题。

最后，为了避免对 AI 产品的夸大宣传和过度营销带来的风险，研发者应在预设计阶段就确保产品经过严格的测试和验证。对于具有高风险的 AI 技术，更应保持谨慎和克制的态度，确保在投入部署前已充分评估其潜在风险。

二、设计开发阶段：建立激励机制与用例对应

在设计开发阶段，NIST 提出的"文化有效挑战"激励机制为技术人员提供了一个评估环境，鼓励他们针对 AI 建模和开发过程中的问题提出挑战。这种机制有助于从根源上识别并纠正统计偏差和人为决策中的偏见。为了确保算法决策工具与特定应用场景的紧密对应，NIST 建议研发者针对每个用例开发专门的算法模型。这种用例与算法决策之间的一一对应关系可以避免在用例范围之外设计和研发算法决策工具，从而降低潜在的风险。

三、部署阶段：监测环境偏差与确保公平性

在部署阶段，对可能出现的环境偏差进行持续监测和审计至关重要。通过确保 AI 全生命周期潜在风险的可视化和可追溯性，研发者可以及时发现并解决问题；通过采用反事实解释技术，有助于消除 AI 在实验环境和现实部署环境中的偏差。同时，在结果上应密切关注部署期间可能存在的社会歧视问题。为了确保 AI 在决策的准确性和公平性之间做出合理的权衡与取舍，研发者需要建立一套有效的评估机制来监测并纠正任何潜在的歧视行为。这包括定期审查算法决策结果、收集用户反馈以及与其他利益相关者进行沟通合作等。

数字化产品与服务阶段：如何提升科技产品的社会价值创造能力？

在数字化产品与服务阶段，需要将科技向善的理念落地为行动，提升科技产品的社会价值创造能力。企业需要回应三个关键问题："科技善品"的目标与原则有哪些？如何敏锐地捕捉社会痛点？如何负责任地设计"科技善品"？

核心应对之策要点如下，首先，企业在设计产品、探索应用场景时，应以解决社会痛点作为产品创新的目标，持续践行"向善"的伦理价值观，提供可持续性公共服务。衡量产品是否具有可持续性社会价值的关键就在于：通过产品的设计，让用户在使用产品过程中培养"善"的行为与习惯，让更多的人共同参与、共同传递、共同创造社会价值。

其次，敏锐地挖掘社会痛点需要产品团队、用户研究团队、技术研发人员等共同努力。其中，面向社会需求建立深度的感知体系是敏锐挖掘社会痛点的基础，技术人员亲历实际的社会应用场景是关键环节，将用户体验纳入产品设计初期是必备条件。

最后，产品设计师应践行负责任的设计，这需要懂人性，更需要懂人心，时刻重视用户的身心健康与社会的可持续发展，积极引导用户参与产品设计，让用户来完成产品设计的"最后一公里"。

第28问:"科技善品"的目标与原则有哪些?

一、重要性

科技助力可持续社会价值创新,需要将"科技向善"的理念落地为行动,将社会需求真正融入企业产品和服务中去。企业需要用科技手段创新,旨在解决社会问题、改善民生,并引导人们形成"善"的习惯与"善"的产品或服务。所以,"科技善品"作为科技与社会价值创造相结合的产物,对于企业来讲非常重要。

1."科技善品"有助于解决社会痛点。无论是生态环境、人类健康、社会治理,还是经济发展等领域,都存在亟待解决的问题。"科技善品"以解决这些问题为导向,通过创新的产品与服务,为社会带来实实在在的福利。

2."科技善品"是创造可持续社会价值的重要途径。随着全球对可持续发展目标日益关注,企业不仅需要追求经济效益,更要注重社会效益和环境效益。打造"科技善品"的过程,就是企业不断探索和实现经济、社会、环境共赢的过程。

3."科技善品"是企业践行科技向善的重要载体。在激烈的市场竞争中,企业的社会责任表现已成为衡量其综合实力的重要标准之一。通过打造"科技善品",企业可以践行企业向善的理念,真正把"社会"(S)融入产业(B)以及企业对客户(C)的服务当中。

相比以往互联网产品创新需要考察市场规模、结构、发展前景，解决目标用户的需求，思考团队自身的迭代与可持续成长，现在更需要探索如何通过产品赋能社会需求。

二、难点与挑战

1. **准确定义社会痛点与技术实现存在挑战。**社会问题复杂多样，而且往往涉及多个层面和利益相关者。企业需要投入大量资源进行社会调研和数据分析，以确保所针对的痛点真实存在且具有普遍性。此外，不同的社会群体可能对同一问题的感受和需求存在差异，这就要求企业在定义痛点时能够全面考虑并平衡各方利益。技术的可行性和成本效益分析也是必须考虑的因素，以确保所开发的"科技善品"能够解决实际问题。

2. **如何界定产品的社会价值实现是可持续的，这是一个具有挑战性的问题。**这要求企业在产品研发过程中，不仅要关注社会需求，还要深入了解社会问题及其背后的原因，确保产品能够真正解决社会问题，并带来长期的社会效益。

3. **企业在追求社会价值的同时，也需要考虑商业可持续性。**如果"科技善品"无法实现商业上的成功，那么其长期的社会价值创造也将难以为继。因此，如何在社会价值与商业价值之间找到平衡点，是企业需要认真思考的问题。

三、方法与策略

针对上述难点和挑战，企业可以确立打造"科技善品"的目标和原则，来引导科技运用到解决社会问题层面。

1. 建立以"善"为指引的产品设计理念。企业应坚守科技向善的伦理价值观，将解决社会痛点作为产品创新的目标。在产品研发过程中始终关注社会需求，以人为本，积极推动科技与人文的融合发展。腾讯在 2021 年 4 月将"推动可持续社会价值创新"升级为核心战略后，坚守科技向善，已经不仅仅停留在价值观层面探讨"善是什么"、科技公司应该有怎样的科技伦理观，而是把理念真正落地为行动，转化为"代码"，融入产品研发中去，成为组织内部不同业务线探索的目标。在设计产品时以"善"的伦理观作为指引，从促进用户价值和社会福祉最大化，到"为社会价值而活，共筑善的同心圆"。

2. 加强跨领域合作与交流，共同探索产品解决社会问题的设计方案。企业应积极寻求与不同专业背景的人才和机构进行合作，通过开放式的合作与交流平台或机制，将社会最真实的需求和建议真正转化为产品设计文档，不仅促进各领域之间的知识共享和资源整合，从长远看也能推动科技、人文、经济、环境等领域的深度融合与发展。

3. 注重商业模式的创新，创造"利他"模式的商业产品。企业应在追求社会价值的同时关注商业可持续性。通过探索新的商业模式和盈利方式，实现社会价值与商业价值共赢。善品可以是"做公益生态，不以商业转化为目的"，但是在产品设计中可以采用"公益＋商业"的模式，将公益理念融入产品中，通过商业手段推动公益事业的发展；善品也可以采用"共享经济"的模式，降低产品的使用门槛和成本，强调"信息无障碍"，不断缩小数字鸿沟，让更多人享受到科技带来的便利。

总之，企业在打造善品的过程中，始终应以解决社会问题为根本目标和动力，用数字化产品赋能社会各个领域的生态发展，以解决生态环境、人类健康、社会治理、经济发展等领域的问题为导向来思考产品的目标，为塑造健康、包容、可持续的智慧社会持续努力。衡量产品是否具有可持续社会价值的关键就在于：通过产品的设计，让用户在使用科技产品的过程中培养"善"的行为与习惯，让更多的人共同参与、共同传递、共同创造社会价值。

> 案例

33 腾讯公益平台：解决信任难题，以"没门槛、很透明、常反馈"提升"科技善品"的社会价值

腾讯公益平台是一个典型的"科技善品"，在产品设计过程中，探索如何通过科技手段赋能社会需求领域的产品迭代与转化，以"善"为产品设计的初心，专注于解决互联网公益中缺乏用户信任的社会痛点，以"没门槛、很透明、常反馈"三大数字化工具策略构建腾讯公益平台的社会价值。该团队是这么做的。

一、没门槛：降低参与门槛，让公益触手可及

腾讯公益平台始终坚持为用户提供"没门槛"的公益参与体验。通过简化捐款流程、降低捐款门槛以及提供多样化的公益项目选择，腾讯公益平台让更多人能够轻松参与公益活动。无论是通过微信支

付等便捷渠道进行捐款，还是通过平台上的各类公益项目了解并参与具体的公益行动，腾讯公益平台都致力于打破传统公益的门槛限制，让公益变得更加触手可及。

二、很透明：打造透明公益，建立信任基础

透明度是建立公益信任的关键。腾讯公益平台通过一系列创新举措，如推出财务披露环节、项目透明组件、财披组件等，让用户能够清楚了解项目的募捐情况、善款使用进度以及项目执行情况。这种透明度的提升不仅增强了用户对公益项目的信任感，也促进了公益行业的透明化进程。随着区块链技术的应用，腾讯公益平台进一步实现了项目的可溯源、可回查和不可篡改，为用户提供了更加可靠的公益信息保障。

三、常反馈：持续反馈进展，增强用户参与感

为了让用户更好地感受到自己的捐助对公益事业的影响，腾讯公益平台注重"常反馈"的品牌价值建设。通过推出"回响计划""公益股东人大会"等项目，以及优化升级反馈工具如"小红花来信"等功能，腾讯公益平台及时向捐赠人反馈公益项目的进展和成果。这种持续、透明的反馈机制不仅增强了用户的参与感和满意度，也促进了公益机构与捐赠人之间的良性互动和信任关系的建立。

总的来说，腾讯公益平台通过"没门槛、很透明、常反馈"三大工具策略，有效地解决了公益产品设计中的信任难题。这些举措不仅提升了用户对公益活动的参与度和信任度，也为公益行业的透明化和可持续发展奠定了坚实的基础。

第 29 问：如何敏锐地捕捉社会痛点？

一、重要性

从企业内部来看，如何找到待解决的社会问题，提供产品服务和技术解决方案，往往需要用户研究、产品团队与技术研发人员一起努力与合作，多方调研社会需求，亲历实际的社会应用场景，挖掘社会痛点，在社会问题和技术解决方案之间搭起一座桥梁。所以，敏锐捕捉到社会痛点对于科技企业进行社会价值创新具有重要意义。

1. **精准把握社会需求，引领产品创新方向**。产品、用户研究团队通过深入的社会调研和数据分析，能够精准捕捉社会的真实需求。这种敏锐的洞察力使企业能够准确判断、及时发现并解决用户在使用产品或服务的过程中遇到的问题。这不仅为企业的"科技善品"创新提供了明确的方向，还能确保所开发的产品或服务真正符合社会的期望和需求。通过引领创新方向，企业可以为社会创造更多有价值的产品和服务，推动社会的进步和发展。

2. **提升用户体验，增强社会认可度**。针对社会痛点进行产品或服务的优化和创新，可以显著提升用户体验。当用户发现某个产品或服务真正解决了长期以来的困扰时，他们会对该产品或服务产生强烈的认同感和忠诚度。这种积极的用户体验不仅有助于提升企业的品牌形象和市场竞争力，还能增强社会对企业的认可度和信任度。当企业在用户心中建立起良好的口碑时，其产品或服务就更有可能被广泛接受和推广，从而为社会创造更大的价值。

3. **促进社会问题的解决，彰显企业社会责任**。敏锐捕捉社会痛点并致力于解决这些问题的科技公司，不仅展现了商业智慧，更体现了对社会责任的积极担当。通过捕捉社会痛点，企业可以及时发现并关注到那些影响民众生活质量和社会发展的重大问题。通过技术创新和产品优化，企业可以为解决这些问题贡献自己的力量。这种以社会问题为导向的创新实践，不仅有助于企业实现商业价值与社会价值的双赢，还能推动整个社会的可持续发展。

综上所述，科技公司通过产品、用户研究团队敏锐捕捉社会痛点对可持续社会价值创新具有重要意义。通过精准把握社会需求、提升用户体验以及促进社会问题解决等方面的努力，企业不仅可以实现自身的商业目标，还能为社会创造更多的价值。

二、难点与挑战

在挖掘社会痛点时确实会面临一系列挑战，这些挑战可能会影响调研的准确性、有效性和实施难度，以下将详细分析 3 个主要的挑战。

1. **获取与解读社会信息的难度**。在社会调研过程中，首要的挑战是信息的获取与解读。这包括如何有效地接触目标用户，以及如何准确理解和分析用户反馈的信息。由于社会问题的复杂性和用户群体的多样性，信息往往呈现出碎片化和多层次的特点。调研人员需要具备敏锐的观察力和分析能力，才能从大量信息中提炼出真正反映社会痛点的关键要素。

2. 验证用户反馈的真实性与有效性。另一个重要挑战是验证用户反馈的真实性和有效性。在调研过程中，用户可能受到各种因素的影响，如个人偏见、调研环境、问题表述方式等，导致反馈信息与实际情况存在偏差。为了确保数据的可靠性，调研人员需要采取多种方法来验证信息的真实性，如对比不同来源的数据、观察用户的实际行为、进行长时间的追踪研究等。

3. 将用户需求转化为社会痛点的准确性。最后一个挑战是将收集到的用户需求准确地转化为社会痛点。用户需求往往是具体而微观的，而社会痛点则是更宏观、更普遍的问题。这就要求调研人员不仅要有深厚的专业知识，还需要具备从宏观角度分析和归纳的能力。此外，由于社会环境和用户心理的不断变化，社会痛点也可能随之演变，这就要求调研具有持续性和灵活性。

综上所述，社会调研在挖掘社会痛点时面临着信息获取与解读的难度、用户反馈的真实性与有效性验证，以及将用户需求转化为社会痛点的准确性等挑战。为了克服这些挑战，调研人员需要不断提升自身的专业素养和分析能力，同时注重调研方法的科学性和数据的真实性。

三、方法与策略

1. 建立社会需求深度感知体系。为了敏锐地捕捉社会痛点，企业需要建立一套深度感知体系。这套体系应该包括社会问题的触发点是否正确、产品的定位是否准确、用户的真实需求是什么，以确保企业能够全面、准确地了解社会需求和痛点。

企业在践行科技向善时，需要建立对社会议题的持续洞察机制，通过跟踪民生动态、政策演变和代际需求变迁，及时调整技术研发的社会价值导向。"科技善品"的初衷应源于真切的社会责任感而非市场机会主义，这可以来自基层社区对改善现实困境的迫切需求、决策者对社会痛点的深刻体察、企业在长期服务中积累的用户诉求，或者是与国家发展战略的相互呼应。在具体实践中，产品定位的关键在于双重判断：既要精准识别亟待解决的社会风险点（如影响代际公平或威胁系统稳定的议题），也要审慎评估与企业核心技术优势的契合度，避免陷入"善意有余而效能不足"的困境。对于社会需求的甄别需要建立批判性分析框架，深度接触真实用户以捕捉表层诉求，同时保持理性审视——既要理解用户直接表达的欲望，更要透过现象解析本质需求，在分散的个体诉求中提炼具有公共价值的共性需求内核，确保技术创新既承载人文关怀，又保有社会理性的锚点。

以腾讯曾设立的银发科技实验室为例，我们可以看看怎样结合老人的需求寻找产品设计的痛点，提供全方位针对性技术解决方案。研究团队认为智能化的科技可能更适合半失能老人或失能老人，他们容易出现精神衰退的问题，有更多健康生存方面的需求，所以可以用一些科技手段做早筛和健康守护方面的工作。通过科技建立平台、链接助老服务，腾讯逐渐构建起银发科技数字化生态系统，探索前沿科技产品，打造养老科技范式（见图 4-2）。

2. 深入了解和挖掘应用场景。 技术人员只有深入实际的应用场景中去，才能真正理解社会痛点和用户需求。企业应该鼓励技

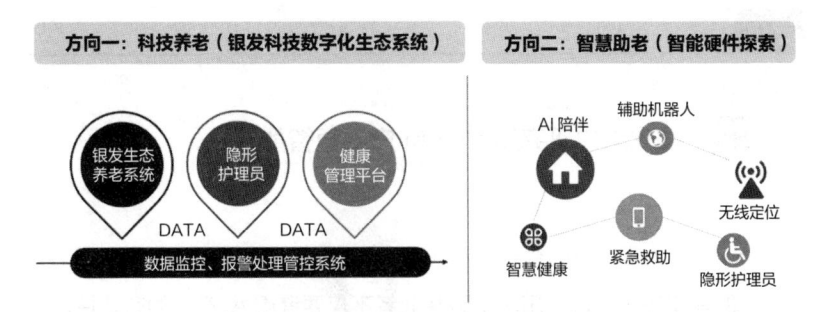

图 4-2 腾讯探索科技养老、智慧助老

术人员走出实验室，深入一线去了解真实的应用场景和用户反馈。这样不仅可以帮助技术人员更好地调整技术解决方案，还可以增强他们对社会价值的认同感和使命感。一线技术人员在深入实际场景时需要强调"真实"。深入真实的应用场景，收集真实的数据与用户体验，要多询问用户对人"真实"的期待。毕竟，科技不是万能的。

3. 在设计初期将用户体验纳入产品。 企业应该招募多样化的被试者进行产品测试，以便及时发现并解决潜在的问题。同时，企业还需要关注少数群体的负面体验和个性化需求，以确保"科技善品"具有普适性和规模化应用的可能性。

综上所述，企业在开展社会责任项目的过程中，必须聚焦社会议题，促进科技研发人员与不同专业背景人才的合作与交流。通过建立深度感知体系、多元化合作机制，以及强调实际应用场景和用户体验等策略和方法，企业可以更有效地解决社会问题并创造社会价值。

案例

34 微软用户研究如何使 AI 产品更智能？

随着人工智能的普及，人机互动方式也在发生改变，人们对产品的期望越来越高。用户体验从业者不仅要考虑 AI 产品的有效性，还需要收集用户对 AI 产品的使用反馈，从而创造更好的使用体验。

微软 Office 首席用户研究经理佩妮·马什·科里森与格温妮丝·哈迪曼、迈克尔·文森特·桑托斯等人在《用户研究让你的 AI 更智能》("User Research Makes Your AI Smarter")一文中，分享了微软如何通过用户研究解决 AI 带来的新痛点，从实际工作视角总结了 AI 产品用户体验研究实用技巧。以下是微软在用户研究方面的三个关键实践，这些实践不仅提升了 AI 产品的智能性，还增强了用户体验。

一、深入洞察用户需求与痛点

微软非常重视对用户的深入了解，特别是他们对 AI 产品的需求和期望。通过招募多样化的被试者，微软考虑了与 AI 产品体验相关的多种因素，如用户对隐私的态度或对新兴科技的接受程度等。这种广泛的用户研究帮助微软更全面地了解用户的需求和痛点，为后续的产品设计提供了有力的支持。

在早期原型设计阶段，微软采用了"绿野仙踪法"（Wizard of Oz Techniques）来模拟 AI 系统的交互过程和结果。这种方法让被试者误认为自己正在与真实的 AI 系统互动，从而能够更自然、更认真地参与研究。通过这种方式，微软收集到大量真实的用户反馈，为改进 AI 产品的智能性和用户体验提供了宝贵的依据。

二、整合用户的真实信息

微软非常注重整合用户的真实信息。例如，在进行人脸识别功能的设计时，微软会考虑识别普通人的照片和识别用户好朋友的照片所带来的不同体验。通过整合用户的真实信息，微软能够创造出更贴近用户需求的 AI 产品，从而提升用户的满意度和忠诚度。

此外，微软还关注 AI 产品出错时的用户体验。他们认识到 AI 产品并不完美，会犯错误，特别是在早期原型设计阶段。因此，微软在评估 AI 产品原型时，会故意引入一些可能的错误，以观察用户对出错的反应。通过这种方式，微软能够发现哪些错误对用户体验影响最大，并通过设计来减轻这些负面影响。

三、持续优化 AI 产品的智能性

微软通过洞察用户的心智模型来优化 AI 产品的设计。它发现用户在使用 AI 产品时，虽然对 AI 系统的运作方式有一定的预期和理解，但是这些理解并不总是正确的。为了缩小用户心智模型与 AI 系统实际表现之间的差距，微软会让用户写下他们理解的 AI 系统的实现逻辑，或者给出某个结果让用户解释其原因。通过这种方式，微软能够更准确地理解用户的需求和期望，并据此优化 AI 产品的设计。

同时，微软也关注共性趋势和个性化需求之间的平衡。它深知不同的用户在不同的情境下会产生不同的输入内容和交互方式，因此对 AI 产品有不同的体验需求。在评估覆盖用户类型较广的 AI 产品时，微软会特别关注少数人的个性化需求，并理解这些需求产生的原因。这种对共性趋势和个性化需求的关注，使微软的 AI 产品能够更广泛地满足不同用户的需求和期望。

案例

35 腾讯"隐形护理员"的诞生：科技人员如何"摔"出社会解决方案

在科技领域，每一项创新产品的背后，都隐藏着无数研发人员的努力与汗水。腾讯在养老领域的"隐形护理员"产品就是一个典型的例子，它不仅仅是一个科技产品，更是科技人员深入实际场景、挖掘社会痛点的结果。

一是深入真实的应用场景，从技术专家转变为普通用户。腾讯的技术人员以用户思维思考真实应用场景的需求和风险，将自己作为体验者进行模拟与测试，深入探究老年人摔倒的场景，以期找到有效的解决方案。

研发团队中的每一个人都成为"腾讯试摔官"，他们在现实环境中模仿老年人因不同的情况而摔倒的情形，架起机器，铺上地毯，排着队去摔跤、录数据。

二是收集真实的数据，与用户体验进行交互，并将真实的反馈融入技术研发过程中，而非仅仅采用通用且便于收集的数据。为了积累更多的数据样本，研发人员用各种角度、姿势、速度和时长进行摔倒测试，甚至在不同光线下试摔。每一次摔倒都是对研发人员体力和意志的考验，但他们坚持了下来，因为他们知道这一切都是为了研发出真正能够帮助老年人的科技产品。

在成百上千次的"试摔"后，技术团队终于积累了丰富的数据样本，并成功开发人体姿态检测算法。这一算法能够实时监测老年人的姿态。一旦监测到异常摔倒，就会立即触发报警系统，及时通知家人或医护人员。

最终,"隐形护理员"产品成功问世,并得到了广泛的应用和认可。这一产品的成功研发,不仅展现了科技人员的专业素养和创新能力,更体现了他们深入实际场景挖掘社会痛点的决心和行动。他们的努力为老年人提供了更好的生活保障,也给社会带来了更多的温暖和关怀。

第 30 问：如何负责任地设计"科技善品"？

一、重要性

在许多产品的背后，常常会有一个相对较小的团队——产品设计师，他们能对产品的设计和功能做出关键性的决策。在传统的交互设计中，设计师主要关注用户和移动设备之间的关系。随着更加智能、符合人性的技术发展，产品设计师不仅需要考虑用户与设备，更需要考虑人、机器设备与社会环境之间的关系，践行负责任的设计，时刻重视用户的身心健康与社会的可持续发展。

1. 产品设计构成用户体验的关键载体。它在"科技善品"研发中承担技术人性化转译的核心职能，是连接技术与用户的桥梁。一个好的产品设计在引导用户体验方面起着至关重要的作用。用户体验不仅涉及对产品功能的使用感受，更是用户在与产品互动过程中的整体感知，包括情感、认知和行为等多个层面。有社会责任的产品设计不仅能够深入洞察用户的需求，创造出符合用户心智模型的操作逻辑和交互方式，还能够成为人们社交互动的媒介，促进社会交流。例如，社交媒体平台的设计使人们能够跨越地理界限，分享信息、交流想法，加强不同文化之间的交流和理解。

2. 产品设计与社会议题的紧密联系。产品设计并非孤立存在的，而是与社会议题紧密相连。在当今社会，人们对环境保护、可持续发展、社会公平等议题的关注度日益提高。这些议题不仅影响人们的生活方式和价值观念，也对产品设计提出了新的挑战和要求。一个负责任的产品设计师需要关注这些社会议题，并将其融入产品设计中，通过创新的设计方案推动社会进步。通过考虑不同用户群体的特殊需求，产品设计可以促进社会的包容性。例如，为残障人士设计辅助设备或软件，使他们能够更轻松地参与社会活动和工作。这种设计不仅提升了特定用户群体的生活质量，也传达了一种社会尊重和包容不同能力的信息。

3. **推动可持续发展**。产品设计在引导用户体验时，需要考虑产品的环境影响和可持续性。通过选择环保材料、设计节能功能以及优化产品的生命周期，产品设计可以为推动社会的可持续发展做出贡献。这种设计理念鼓励消费者更加关注产品的环保性能，从而促进整个社会向更加绿色、可持续的生活方式转变。

从产品设计的视角来看，聚焦社会议题、促进跨领域合作并创造社会价值的"科技善品"具有极其重要的意义。这不仅有助于提升企业的竞争力和市场地位，还有助于推动社会进步和可持续发展。

二、难点与挑战

1. **深度理解社会议题**。社会议题往往复杂多变，涉及多个领域。设计师只有具备敏锐的社会洞察力，才能准确地捕捉到这些议题，理解其背后的深层次需求。

2. **科技创新带来更复杂的交互**。科技创新产品对设计师提出了更高的要求，不仅需要关注新的用户需求，了解新的技术和功能，还需要与社会各领域的专家学者进行交流，建立一个高效的沟通和协调机制。通过深入的交流与合作，才能找到共同的解决方案。

3. 平衡用户体验与社会价值。在产品设计中，既要考虑用户体验的流畅性和便捷性，又要确保产品的使用不会对社会和环境造成负面影响。这需要设计师进行全方位的考量，避免过度追求用户体验而忽视社会后果。

三、方法与策略

1. 增强产品设计的社会价值感知与跨领域能力。首先，要解决上述问题，必须从产品设计师自身入手。通过培训、研讨会和实践活动，增强设计师的社会责任感，使他们更加关注社会议题，并将其融入设计之中。同时，鼓励设计师拓宽视野，学习跨领域的知识和技能，以便更好地与不同专业背景的人合作。此外，企业还可以设立激励机制，对社会责任和跨领域合作方面表现突出的设计师给予表彰和奖励。来自百度的徐濛在国际体验设计大会（深圳站）中，曾进行"面向未来的地图体验设计"主题演讲并分享设计经验，即设计师需要对人们的行为、生活场景和智能技术有更深的理解。在 AI 决策和交互的过程中，聚焦用户的理解和期望，这是建立信任的基础；而在互动中，交互模型需要具备随时调用任意层级的能力，在任意节点和用户心智相匹配，给用户及时的信息和行动反馈，让用户感受到系统的"真实"和"活力"。

2. 遵循可持续性，而非一味人性化设计。可持续性设计是

"科技善品"设计的重要原则之一。设计师应该摒弃形式大于功能的设计取向,时刻思考自身的设计所引发的社会后果。遵循人性往往可以带来更愉快的体验,但是符合人性并不意味着更负责任,让用户成瘾的设计理念已经在业界遭到诟病。可持续性设计产品需要产品设计师均衡考虑经济、环境、道德和社会问题。"可持续性"不仅包括环境与资源的可持续,也包括社会与文化的可持续。产品设计师应该负责任地确保产品的设计不仅聪明,而且明智;不只是创造吸引眼球的产品,也应该与可持续发展的未来保持一致,确保产品的迭代对道德、生态和社会负责。同时,企业应该建立评估机制,对产品的可持续性进行评估和审查,确保产品符合社会价值和可持续发展的要求。

3. **让用户成为完成善品的"最后一公里"**。让用户完成产品设计的"最后一公里",是"科技善品"设计的重要策略之一。设计师应该积极引导用户参与产品设计过程,通过用户调研、用户测试等方式了解用户的真实需求和期望。同时,也可以让用户成为产品设计的决策者之一,由他们来定义最终的使用场景和功能需求。这样,产品就能更好地满足用户的需求和期望,创造出真正的社会价值。例如,百度AR产品的设计师需要考虑用户、设备、环境三者之间的关系,让用户积极地参与交互过程,从而更好地进行设计(见图4-3)。

此外,企业还可以建立用户反馈机制,及时收集用户的使用体验和建议,为产品的改进和优化提供依据。通过用户的参与和反馈,企业可以不断完善产品设计,提升产品的社会价值和用户满意度。

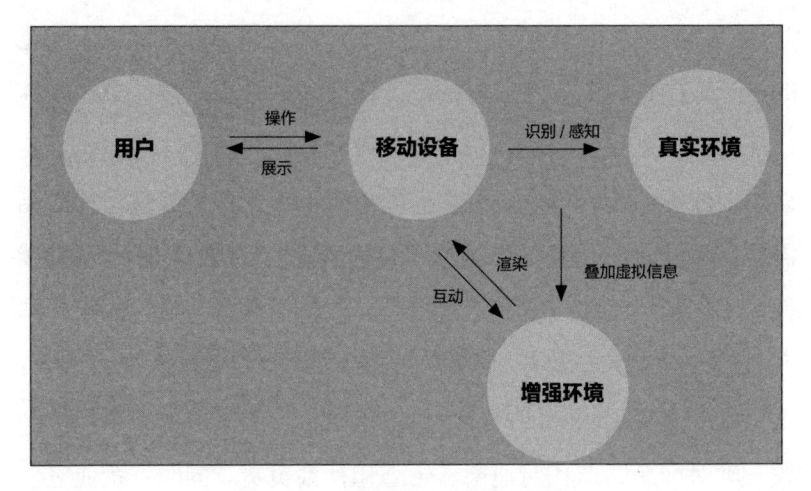

图 4-3　百度 AR 产品设计过程

> 案例

36　百度 AI 赋能导航产品，打造更智能、更直观的 AR 室内导航体验

随着 AI 技术的深入发展，交互设计师正不断探索如何将这些先进技术融入产品设计，为用户带来前所未有的智能体验。百度 AI 与 AR 室内导航的结合就是一个典型的例子，展示了设计师如何通过精心设计和创新思考，将复杂的室内导航变得简单而直观。

一、深入理解 AR 技术特性，奠定智能设计基础

百度 AR 产品设计师首先全面把握了 AR 技术的三大核心特性：虚实融合与环境感知、实时交互与沉浸感、情境化与空间感。这些特性为设计师提供了广阔的想象空间，也带来了独特的挑战。设计师深知，要想充分发挥这些特性的优势，就必须在设计中注重用户体验的自然性、直观性和沉浸感。

二、引导用户选择，提升识别准确率与交互效率

面对室内环境的复杂性和多样性，AR 室内导航的设计显得尤为关键。设计师通过精心设计引导用户选择，增加识别的准确度。例如，在商场等环境中，楼层装潢相似，容易引发识别失败。为此，设计师巧妙地引导用户先选择楼层，再进行具体的导航操作。这样的设计不仅提高了识别的准确度，也大大提升了用户的交互效率。

三、模拟真实环境，打造最佳 AR 体验

为了打造最佳的 AR 体验，百度 AR 产品设计师在前置阶段就深入挖掘并假定用户的行为和动机。他们明白无法完全复刻真实环境，因此需要通过假设用户体验的视角及行为动线来进行初步规划。在此基础上，设计师在实景中进行验证和调整，确保设计方案能够真正满足用户的需求和期望。

在整个设计过程中，百度 AR 产品设计师始终遵循"洞察、分析、策略、迭代"的设计思考步骤。他们通过实景观察了解用户需求和环境特点，通过梳理分析找到设计的切入点和优化方向，通过体验设计将方案落地到产品中，再通过实景验证和体验优化，不断完善和提升产品的智能性和用户体验。最终，这些努力都转化为用户在使用百度 AR 室内导航时感受到的便捷、智能和直观。

应用扩散与共享阶段：如何拓展科技创造社会价值的应用范围？

在科技向善理念的引导下，科技创新不仅需要以解决人类社会的根本需求为突破，持续打造"科技善品"，更需要最大限度地助力社会价值的创造，这就需要在技术应用和扩散过程中持续释放技术"向善"的能力。

企业自身需要不断拓展科技创造社会价值的应用范围，这包括：

对内不断聚合企业内部赛道业务特长和生态优势，推动公司各业务部门参与开拓具有社会价值的技术应用场景；

对外持续输出技术能力，推动共益伙伴共享技术红利，优化技术扩散网络，扩大社会价值创新模式的影响范围，在企业外部形成社会价值共创的生态系统。

在社会层面，积极推动技术创新，助力社会秩序的健康、公平发展，共建"科技向善"的社会生态。

第 31 问:"科技向善"如何做到内部引领协同?

一、重要性

技术通常依赖于特定的现象或场景来推动。这些场景不仅为技术的广泛应用提供了强大的需求动力,还为其融入社会、创造价值提供了具体且实际的切入点。回顾历史上的产业革命,不难发现通用技术的广泛应用都遵循这一规律。因此,对于企业而言,要想拓宽科技在社会价值创造方面的应用范围,就必须在内部形成"科技向善"的引领与协同机制。企业内部的引领协同,不仅对"科技向善"的文化塑造和社会价值的创造设定了道德伦理层面的高标准,也对企业外部社会形象的提升提供了坚实的基础。

1. **科技向善**。引领企业内部科技文化。"科技向善"不仅仅是一个外在的口号,更是企业文化内核的一部分。当这一理念被内化为企业的核心价值观时,它能够引领企业在技术创新的道路上始终坚守道德和伦理的底线,确保技术发展的方向与社会福祉相一致。

2. **协同合作**。激发创新动力与社会价值创造。企业内部各部门之间的协同合作,是实现"科技向善"目标的关键。通过跨部门、跨领域的合作,企业能够整合内部资源,激发员工的创新动力,共同探索技术与社会问题的结合点,从而创造出更大的社会价值。

3. **形象塑造**。"科技向善"不仅有助于提升企业的社会责任感，还能够增强企业的品牌形象和竞争力。当企业的技术创新成果能够切实解决社会问题、改善人们生活时，企业将获得社会的广泛认可和尊重，进而在激烈的市场竞争中脱颖而出。

二、难点与挑战

在"科技向善"的征途上，企业不仅面临技术创新的挑战，还需要应对内部协同和外部适应的难题。

1. **技术与应用场景的脱节**。在科技创新过程中，技术与应用场景之间的紧密联系是确保创新成果转化的关键。然而，由于技术研发的复杂性和市场需求的多样性，技术与应用场景之间往往存在脱节问题。这种脱节不仅影响了技术的实际应用效果，还可能导致创新资源的浪费。

2. **企业内部协同合作的挑战**。企业内部各部门之间的协同合作，是实现"科技向善"目标的基础。然而，由于各部门职责不同、目标差异以及沟通壁垒，实现跨部门协同合作往往面临诸多挑战。这些挑战不仅影响企业内部资源的有效整合，还可能阻碍技术创新和社会价值创造的过程。

3. **企业文化与"科技向善"理念的契合难度**。企业文化是引领企业发展的重要力量。然而，将"科技向善"理念融入企业文化并使其真正发挥作用，却是一项艰巨的任务。这需要企业在文化传承、价值观塑造以及员工教育等方面做出长期努力，否则，即使企业拥有先进的技术和强大的研发能力，也难以实现"科技向善"的目标。

综上所述，企业在追求科技向善的过程中，必须正视相应问题。这些难点不仅影响了技术的实际应用和企业的内部效率，更可能阻碍企业实现社会价值创造的目标。

三、方法与策略

随着科技的飞速发展，企业面临如何更好地融合技术与业务、推动跨部门协同合作，以及深化企业文化与"科技向善"理念的融合等多重挑战。为了解决这些问题、提高企业的综合竞争力，以下方法值得借鉴与实践。

1. **搭建融合技术与业务的平台，促进科技善能的释放**。企业应致力于将前沿技术研发与业务需求紧密结合。这个平台不仅涵盖线上、线下的技术研讨会和业务对接会，让技术人员深入洞察市场需求，让业务人员掌握技术应用方向，它还是科技成果转化的催化剂。更为重要的是，企业需要将科技"带出"实验室，让其在具有社会价值的应用场景中发光发热。通过积极转化科技成果，形成使用门槛更低、贴近用户需求的产品，企业将科研成果转化为提高社会资源利用效率的有力工具，不仅提升了自身竞争力，更推动了整个行业的创新与发展。以华为为例，其"技术与业务双轮驱动"机制的成功实践，不仅增强了技术与业务人员之间的交流合作，还为产品开发和市场拓展注入了强劲动力。

2. **建立合作共识，共同探索技术应用场景**。在共同探索技术应用场景的过程中，企业实践表明首要的是建立合作共识。这要求企业内部的管理者必须拥有足够的调度空间，打破部门壁垒，确保各部门之间的资源优势能够互通。围绕"科技向善"的价值理念，企业应鼓励各部门成为彼此的资源助力，共同在产品体系和商业应用场景中寻找科技与社会价值相结合的最佳契合点，从而实现技术应用的最大化社会效益。这一过程不仅是对企业内部协作能力的考验，更是对科技与社会发展深度融合的探索和实践。阿里巴巴的"公益宝贝"计划，就是通过跨部门协同合作，将互联网技术、大数据分析与支付技术运用于电商平台的商品销售。每当消费者购买标有"公益宝贝"标签的商品时，商家就会按照事先设定的比例，给指定的公益项目捐赠部分利润。这种模式不仅让消费者在购物的同时参与了公益事业，还为商家提供了一种新的营销方式，实现了商业与公益的双赢。

3. 深化企业文化与"科技向善"理念的融合。为了让"科技向善"理念真正融入企业文化并发挥作用，企业需要在文化传承、价值观塑造以及员工教育等方面做出努力。首先，企业应将"科技向善"的理念纳入企业文化的核心价值观中，并通过各种渠道进行宣传和推广。其次，企业可以开展一系列以"科技向善"为主题的活动，如技术创新竞赛、社会责任实践等，激发技术人员的社会创新服务精神。最后，企业还应加强对员工的培训和教育，提高他们对"科技向善"理念的认识和理解，培养他们的社会责任感和职业道德素养。腾讯技术志愿者团队的组建过程就是一个很好的例证。这个团队的形成并非出于个人 KPI 或 OKR 的考核压力，而是基于共同的价值理念和使命召唤。他们自愿聚在一起，长期致力于利用技术手段解决社会问题。这正是"科技向善"理念在企业内部引领协同的生动体现。

总之,"科技向善"的内部引领协同,不仅是技术创新的方向指引,更是企业文化和社会责任的体现。企业在开展社会责任项目的过程中应注重内部引领协同,洞察难点风险,不断探索方法策略,逐步推进"科技向善"理念在企业内部的深入落实和广泛实践。

案例

37 腾讯的内部协同与创新:"天籁行动"、"爱心餐一块捐"项目与《碳碳岛》游戏的"科技向善"之路

在推动"科技向善"的进程中,腾讯展现了如何通过内部引领与协同,将科技创新应用于社会公益领域。

第一个案例是"天籁行动"。腾讯天籁实验室与多方合作探讨如何将研发的音频降噪技术应用于提升人工耳蜗效果,据此发起了"天籁行动",免费开放 AI 音频技术,通过"人工耳蜗 + 手机伴侣"联合解决方案,使人工耳蜗的清晰度和可懂度提升 40%,这也是国内首次将多媒体降噪技术应用于提升人工耳蜗性能的场景。

第二个案例是腾讯公益平台利用丰富的产品体系探索场景化公益,将公益融入看剧、扫码点餐等日常生活行为。通过与微信支付合作,推出"爱心餐一块捐"项目,鼓励消费者捐款,资助环卫工人享用爱心餐。

第三个案例是推出游戏产品《碳碳岛》。它由腾讯 SSV 碳中和实验室与腾讯互娱社会价值探索中心合作推出,旨在通过模拟经营玩法普及碳中和、碳减排相关知识。在湖北碳排放权交易中心的

指导下，游戏借鉴现实中碳减排和碳吸收路径，将抽象的产业知识具象化，提升用户感知。此外，该游戏将收益捐赠给绿色公益项目，实现了游戏行为与现实公益的连接。

从以上三个案例，我们可以得到以下经验。

一是技术积累与社会价值创新思维的融合。腾讯天籁实验室在音频降噪技术上的深厚积累，不仅优化了腾讯会议等产品的用户体验，更进一步思考技术能否服务更多人群。这种将技术积累与社会价值创新思维相结合的做法，同样体现在《碳碳岛》游戏的开发中，团队将游戏技术与碳中和知识普及相结合，创造出新的社会价值应用场景。

二是跨部门协同与资源整合。在腾讯公益平台联动微信支付探索场景化公益的案例中，跨部门协同成为关键。不同的业务部门和产品团队打破界限，共同策划和执行公益项目。这种协同不仅提高了效率，还通过资源整合放大了公益项目的影响力。

三是以用户为中心的产品设计理念。无论是天籁实验室将降噪技术应用于人工耳蜗，还是微信支付"爱心餐一块捐"项目，都以用户需求为出发点。通过深入了解目标用户的需求和痛点，团队设计出更加贴心、易用的产品和功能，从而提升了用户体验并推动了社会价值的实现。

四是明确的社会责任导向。在所有案例中，都能看到腾讯明确的社会责任导向。这不仅体现在项目选择上，如关注听障人士、环卫工人等社会弱势群体，还体现在项目执行过程中，如确保捐款透明使用、优化用户体验等细节。这种社会责任导向有助于提升公司内部员工对项目的认同感和投入度。

五是持续迭代与优化。腾讯在推动"科技向善"的过程中，注重持续迭代与优化。无论是天籁实验室的降噪技术，还是《碳碳岛》游戏，都在不断收集用户反馈并加以改进。这种迭代思维有助于确保项目长期稳健发展，并持续创造社会价值。

　　综上所述，腾讯通过技术积累与社会价值创新思维的融合，跨部门协同与资源整合，以用户为中心的产品设计理念，明确的社会责任导向以及持续迭代与优化等做法，成功实现了"科技向善"的内部引领与协同。这些经验对于其他希望推动科技创新服务社会的企业具有一定的借鉴意义。

第 32 问：如何让科技赋能共益伙伴？

一、重要性

科技公司利用技术优势赋能共益伙伴，对社会价值创造至关重要。这种赋能不仅可以推动产业升级、优化资源配置，带动相关行业的增长和就业机会的创造，为经济发展注入新的动力，更有助于激发社会创新，提升公共服务质量，增强社会可持续性，为社会的整体繁荣与进步贡献力量。

1. **提升民生福祉**。科技赋能共益伙伴，能够极大提升公共服务的效率和质量，扩大服务的覆盖范围。例如，在教育、医疗、交通等领域，通过引入先进的技术手段和解决方案，可以改善服务体验，这有助于满足人民群众对优质公共服务的需求，提升整个社会的福祉。

2. **促进社会领域和传统行业的数字化转型**。随着社会对数字化的需求日益增长，科技的应用已经成为推动社会领域和传统行业转型的关键。在这一过程中，科技不仅提供新的工具和平台，也能够突破传统产业活动中的瓶颈，不断优化和重构传统的服务模式和业务流程。这种数字化转型能够带来效率的提升、成本的降低以及服务质量的改善，对于促进整个社会的可持续发展具有重要意义。

3. **强化伙伴间的协作与资源整合**。科技公司利用技术优势赋能生态伙伴，可以激发整个社会的创新活力。众多组织和个体共同努力解决社会问题，往往因为资源分散、协作不足等问题而影响整体效率。科技的应用可以构建一个更加开放和协作的平台，使不同的共益伙伴能够更加容易地分享资源、交流经验、共同协作解决问题。数字化工具和平台能够打破空间和时间的限制，促进信息的快速流通和资源的有效整合，从而加强共益伙伴之间的协作，共同提升社会价值创造能力。

二、难点与挑战

科技在共益领域的应用虽然潜力巨大，但其实施过程却面临着技术整合、新技术风险及生态平台管理等多重复杂挑战，这些难题都亟待解决，以确保共益活动的顺利进行。

1. **技术更新迅速与成本问题**。科技行业的快速发展意味着新技术和工具不断涌现，虽然这为共益伙伴提供了更多的可能性，但同时也带来了显著的挑战。对于很多中小型社会组织来说，缺乏足够的资金和资源跟上这一发展速度，更新和维护最新的技术系统成为一个突出的难点。高昂的技术成本不仅限制了这些组织采用先进技术的能力，也可能影响它们服务效率和质量的提升。

2. **平台整合与生态多样性的挑战**。在科技赋能共益伙伴的过程中，平台的作用日益凸显。然而，平台在整合软硬件服务商、提供行业数字化解决方案的同时，也面临着如何保障生态多样性的挑战。一方面，平台需要吸引足够多的服务商和合作伙伴加入，提供丰富多样的数字化工具和服务；另一方面，平台也需要确保这些服务商和合作伙伴之间的公平竞争和合作，避免生态的单一性和垄断。这无疑增加了平台运营的难度和复杂性。

3. **人才稀缺和知识分享的不均衡**。技术的有效应用不仅需要先进的工具和平台，还需要有能力操作这些技术的人才。在当前的环境下，专业的 IT 人才，尤其是那些具有社会责任意识的技术人才相对稀缺。此外，知识传递不畅也是一个问题，很多有用的技术和知识没有被有效地分享和传播给需要它们的社会组织。这导致技术应用的不均衡，影响了科技赋能共益伙伴的效果。

三、方法与策略

1. **共创数字化解决方案**。为了提升社会组织的运营效率和服务质量，大型科技企业和社会组织应共同努力，提供或共同创造标准化、易于使用的数字工具。这些工具可以帮助组织更高效地管理日常运营，包括用户管理、资金管理、项目评估等关键环节。通过优化这些流程，社会组织能够更加专注于核心使命——服务社会，同时减少不必要的时间和资源消耗。例如，微软通过"Tech for Social Impact"项目，向非营利组织提供了云服务、业务应用程序以及数据处理工具。这一项目旨在通过技术赋能，帮助公益组织提高工作效率、扩大服务范围。

2. **平台驱动的技术普及**。建立开放的平台，整合软硬件资源，为中小型社会组织提供模块化的产品和服务，可以有效降低这些组织在技术采纳和应用上的门槛。通过这样的平台，组织不仅能够获得必要的技术支持，还能及时接触到最新的技术进展和创新，保持其服务的现代性和有效性。此外，平台还应推广"去中心化"的理念，确保所有参与者都能公平地获得技术支持和资源。腾讯公益平台充分展现了腾讯在推动社会公益组织数字化转型方面的企业社会责任实践。该平台利用腾讯的技术资源，为公益组织提供一站式数字化服务解决方案，包括捐赠管理、项目展示以及资金流透明化等功能，实现了公益项目的广泛参与和资源的高效分配。

3. **前沿技术的深度探索**。通过加强对人工智能、区块链等前沿技术的探索和应用，不仅可以提升社会组织服务的效率和透明度，还能增强公众对社会组织的信任。利用这些技术改进信息公开和数据处理流程，可以有效减少误解和疑虑，建立起捐赠人和受助者之间更加坚固的信任关系。例如，IBM与非营利组织合作，通过企业社会责任计划，使用区块链技术追踪供应链中的商品，确保其来源的合法性和可持续性，实现更大的透明度和效率。

4. **构建技术共享网络**。为了更广泛地推动技术在公益领域的应用，需要构建有效的技术扩散网络，包括改善系统集成商、设备提供商、平台供应商之间的合作机制。与此同时，鼓励产业互联网创新平台和产业联盟的发展，通过共享资源、联合研究等方式，加速关键技术的普及和应用。这不仅能够促进技术的快速扩散，还能提高整个行业对新技术的接受度和应用效率。华为在数字包容领域的"TECH4ALL"倡议，旨在通过数字技术解决全球教育不平等问题。华为与全球伙伴合作，通过技术创新和知识共享提供远程教育资源，支持中国偏远地区和发展中国家的教育发展。

综上所述，科技赋能共益伙伴的实践是一场既充满挑战又极具潜力的探索。这不仅需要科技企业的主动投入和创新精神，也依赖于公益组织、政府机构及社会各界的共同参与和支持。最终的追求是通过科技的力量，构建一个更加开放、透明和互助的社会，让每一份力量都能被有效释放，共同推动社会的进步。

案例

38 腾讯碳 LIVE：数字化赋能碳中和，共创低碳未来

腾讯在碳中和领域的探索不仅限于自身业务的绿色转型，还通过数字化技术为各行各业提供解决方案。例如，腾讯在虚拟电厂管理、林业碳汇监测等领域进行了试点项目，帮助钢铁企业、数据中心等高能耗行业实现低碳转型。此外，腾讯推出"碳寻计划"，推动 CCUS 技术的创新与应用，与园区和企业合作试点项目。

但是，低碳技术创新面临着诸多挑战。据国际能源署统计，超过 50% 的碳中和所需技术尚未商业化，市场大规模接纳这些创新技术可能需要 5 年甚至更久。此外，低碳技术企业在商业化过程中面临的"死亡谷"现象比其他行业更为严峻。在中国，尽管低碳创新支持资源在增加，但这些资源分散且难以搜索，形成了资源孤岛。

为了应对这些挑战，2022 年 12 月，腾讯推出了碳 LIVE 平台，这是一个开放性低碳创新聚合社区，旨在通过数字化手段连接全球低碳创新资源，打破资源孤岛，促进低碳技术的交流与合作，加速低碳技术的商业化进程。

碳 LIVE 是一个开放性共创平台，机构和个人用户可以通过注

册碳 LIVE 账号获取碳 LIVE Passport 功能，实现跨平台账户互通。碳 LIVE 平台提供了多项功能，帮助企业和机构实现低碳转型。

首先，平台上的"资源星球"功能允许用户发布、搜索和申请低碳资源，支持资源的发布、报名、评审、订阅及沉淀。无论是地方政府、企业还是非政府组织，都可以通过这一功能找到所需的低碳技术和资源。

其次，平台上的"创新库"汇集了丰富的低碳转型案例和解决方案，帮助企业和机构快速找到适合的技术和路径。通过结构化行动图谱，平台降低了低碳知识壁垒，促进了经验和案例的广泛传播。

此外，平台还提供"工具实验室"，支持数据的协同开发和利用。用户可以通过这一功能获取数据分析和洞察工具，更好地理解和应用低碳技术。平台支持中英双语发布和全球同步搜索，促进了低碳技术的"引进来"和"走出去"。

碳 LIVE 通过 AI 技术赋能共益伙伴，帮助机构快速构建和活化内部知识。平台提供了零代码构建知识库和大模型 AI 的能力，帮助机构提升知识获取和利用效率。通过智能搜索与问答功能，用户可以在 5 秒内从 1 000 个 PDF 文档中搜索内容，获取跨文档的摘要总结。此外还可以利用 AI 生成知识图谱，帮助用户系统性地理解和分析多份报告，发现缺乏研究或解决方案的领域。通过 AI 助手之间的互相学习，平台提高了跨团队、跨机构之间的协作，促进了专业知识的流动性。

腾讯碳 LIVE 通过数字化技术和 AI 技术，赋能低碳技术创新和推广，解决了行业中的资源孤岛、知识壁垒和技术交流障碍等问题。平台不仅为低碳创新者提供了强大的工具和资源支持，还通过科技手段促进全球低碳技术的交流与合作，推动了低碳技术的规模化应用和可持续发展。

第33问：如何共建"科技向善"的社会生态？

一、重要性

科技向善需要更大程度地释放善能，激发社会多元力量参与"防恶扬善"。"防恶扬善"需要科技企业认识到自身参与社会治理的重要角色，让科技创新与应用进一步提升社会治理水平，"补位"解决现有的社会矛盾和风险，促进社会文明的发展，实现可持续发展目标。

1. **智能化的决策建议，提升治理效率。**随着社会的快速发展和变化，各类社会问题日益复杂多变。科技企业可以利用其灵活性和创新性，帮助政府部门快速应对这些挑战。这包括但不限于通过智能化技术改善医疗健康服务，利用清洁能源技术减少环境污染，通过信息技术减轻教育不平等现象，在应对突发公共事件时提供实时的数据支持和智能化决策建议等。这些技术不仅能够提高治理效率，还能够增强治理的精准性和预见性，为实现更加公平、高效的社会治理体系提供支撑。

2. **引用新技术和方法，推动治理模式的创新。**传统的社会治理模式往往依赖人力和经验，而科技企业可以引入新的技术理念和方法，推动治理模式的创新。例如，利用区块链技术可以构建更加透明、可信的社会治理体系；通过云计算和物联网等技术，可以实现跨部门、跨地区的信息共享和协同治理。

3. **激发公众参与度，推动治理过程的公平公正。**科技企业可以利用技术手段，降低公众参与社会治理的门槛和成本，提高公众的参与度和满意度。同时，减少人为干预和权力寻租的空间，促进社会治理的公平与公正。例如，智能化决策系统可以确保政策制定的客观性和科学性，数据加密和匿名化处理可以保护公众隐私和信息安全等。

二、难点与挑战

在构建"科技向善"的社会生态的过程中，不可避免会遇到诸多难题和挑战。

1. **技术应用与隐私保护难以平衡**。随着大数据、云计算、人工智能等技术的广泛应用，个人信息的收集和处理变得更加频繁和复杂。如何在推进技术应用的同时保护个人隐私，防止数据泄露和滥用，成为必须面对的挑战。这不仅涉及技术层面的安全措施，还包括法律法规、伦理标准的建立和完善，是科技向善过程中需要认真考量的问题。

2. **社会参与度不足与信任缺失**。科技向善需要社会各界的广泛参与，包括政府、企业、非政府组织、公众等。然而，当前社会参与度不足，特别是公众对于科技应用的信任度不高，这成为推进科技向善的一大障碍。原因包括技术应用过程中的透明度不足、公众对新技术的理解和接受度不够、对数据使用的担忧等。

3. **跨领域合作的复杂性**。科技向善往往需要跨领域、跨行业的合作，但这种合作的复杂性和挑战性不容小觑。不同领域和行业间存在的利益冲突、合作机制和流程缺失、信息不对称等问题，都可能成为有效合作的障碍。此外，跨领域合作需要充分考虑和尊重各方的专业知识和需求，建立有效的协调和沟通机制，确保合作能够顺利进行，共同寻求科技创新和应用的最佳路径。

三、方法与策略

1. **构建开放合作的平台和行业生态**。为了增强社会治理的透明度和效率，企业应推动建立开放的数据共享平台，促进利益相关者之间的沟通与协作。例如，谷歌对外开放其机器学习框架TensorFlow，鼓励全球开发者和研究人员使用和贡献代码，推动人工智能领域的创新和应用，同时也促进了行业内的健康竞争与合作。

2. **促进技术创新与应用**。科技企业应积极利用云计算、大数据、人工智能等现代科技并深度融入社会治理，围绕数据整合、智能研判等构建平台，提高社会治理水平。同时，开发和推广能够解决具体社会问题的技术产品，如智能交通系统、社会安全监控系统等。例如，阿里巴巴推出的"城市大脑"项目，利用云计算和大数据技术，整合城市管理的各种数据资源，提高了交通、环保等管理效率，有效促进了政府、企业和公众之间的合作。

3. **推行健康和可持续的价值观**。企业在业务和产品设计中体现健康、可持续的价值观，应考虑其对环境和社会的长远影响。例如，宝洁公司实施了多个项目来减少水资源的消耗和污染，其中"使命 2030"试图在宝洁生产基地所在的全球 18 个面临水资源压力的地区恢复水量,并使恢复的水量超过当地消耗的水量。

4. 加强公众教育和参与。提供教育资源,帮助公众提高数字素养,鼓励参与社会治理。例如微软公司的"数字文化素养"项目提供免费的在线教育资源和培训课程,帮助公众提高对数字技术的理解和使用能力,增强公众在数字化时代的参与感和责任感。

综上所述,在共建"科技向善"的社会生态的过程中,科技企业扮演着至关重要的角色。面对新时代的挑战,企业及各界人士需要更加深入地理解科技与社会的关系,积极探索和实践科技向善的路径,为构建一个更加美好的未来贡献力量。

案例

39 微众银行"善度"框架:区块链技术助力"科技扬善"

微众银行通过"善度"框架,成功演绎了如何利用科技创新——尤其是区块链技术——来提升社会文明治理的效率和效果。针对社会治理中鼓励行善机制不足、激励小善行为成本高昂以及缺乏量化牵引的痛点,该框架旨在构建一个支持社会精神文明发展的良性生态,实现"科技扬善"。那么,"善度"框架是如何实现其目标的呢?

一是构建了全面的社会治理框架。微众银行的"善度"框架为善行行为的度量、激励、跟踪和监督提供了全流程管理。以绿色出行普惠平台为例，其通过互联网和车联网设备来记录用户的绿色出行行为，并对碳排放量进行精准度量，实现了善行的量化。

二是推动了技术与社会责任的深度结合。环交所在"善度"框架中充当发行者的角色，倡导绿色出行的社会价值观，并通过制定标准和奖品的供需管理，确保产品内在价值回报的均衡和稳定。绿普惠作为分发者，不仅支持了绿色出行方式的普及，还通过提供增值服务增加了平台活跃度和用户黏性。

三是激发了广泛的社会参与。在"善度"框架中，赞助者包括无盈利诉求的公益组织和有盈利诉求的商业组织，它们共同为践行低碳出行的用户提供丰富的回报和激励，这不仅提升了公众的善行善举，也强化了品牌建设。

四是采用了创新的合规治理机制。利用区块链技术的特性，产品不仅满足了监管审计要求，还保证了数据的不可篡改性和全流程可追溯性，实现了创新与风险平衡。环交所作为监管者，出具官方的减排量计算方法与衡量标准，确保其他机构参与者落实合规要求。

五是确保了持续创新和激励机制。通过善度框架，微众银行实现了价值或利益激励手段的广泛覆盖，即使不是每个终端用户都积极减排或行善，但整体上对社会有利，推动了社会文明治理的进步。

总而言之，"善度"框架利用区块链技术，不仅解决了传统社会治理中存在的问题，还通过科技创新赋能社会责任，展现了科技与社会共益的融合发展新路径。

社会化应用与反馈阶段：如何让科技应用通过社会大众的时空检验？

第 34 问：如何让科技更好地聆听社会反馈？

一、重要性

科技创新的每一步都不只是技术层面的突破，而是更考虑其社会价值。每一次科技创新、发展、应用、扩散，都要经历"首先被嘲笑，接着引起激烈反抗，最终被接受"的过程。这一过程不仅是新科技被接受的阶段，也反映了社会对新科技的态度和需求的变化。企业在推进科技创新时，倾听和理解社会反馈变得尤为重要。

1. 加强社会信任与接受度。科技创新首先面临的是社会的理解和接受度，历史上不乏因缺乏社会接受度而失败的技术案例。社会对新科技的接受过程往往伴随着怀疑和阻力，只有通过倾听并回应社会反馈，科技创新才能获得更广泛的社会信任与支持。在这一过程中，企业的角色至关重要，通过积极聆听社会的声音，企业可以及时调整其技术发展方向，确保技术创新既满足市场需求，又得到社会的广泛认可。

2. 发现问题并及时改进，引导技术创新方向。社会反馈中可能包含关于科技创新产品或服务的缺陷、不足或潜在问题的信息。通过及时收集和分析这些反馈，科技创新者可以迅速发现问题并采取相应的改进措施。这有助于避免问题的扩大和恶化，提高科技创新的质量和可靠性，确保它们在实际应用中发挥最佳效果。同时，社会反馈还可以为科技创新提供宝贵的信息和趋势洞察。通过关注用户的反馈和意见，科技创新者可以了解当前社会需求热点和未来趋势，从而调整创新方向和战略。这有助于确保科技创新与社会需求同步，提高创新的针对性和实效性。

3. 加强技术伦理与风险防范，促进技术创造社会价值的可持续性。对于涉及社会、环境等敏感领域的科技创新，倾听社会反馈尤为重要。通过建立有效的反馈机制，企业不仅可以及时收集和响应公众对科技应用的担忧和需求，还可以提升责任意识和伦理标准，引领科技发展朝着更加负责任和可持续的方向前进。这有助于避免潜在的社会冲突和环境问题，促进科技创新与社会、环境的和谐共生。

二、难点与挑战

随着科技变革不断加速，企业在推动技术创新的同时，面临着如何让科技更好地聆听并回应社会反馈的重要挑战。这一挑战不仅关乎企业的长远发展，也关系到科技进步如何更加促进人类福祉和社会可持续性的核心问题。

1. 沟通障碍和社会适应性存在差异。企业技术人员进行科技创新时，通常遵循一种以逻辑和数据为基石的思考模式。这种思考模式影响下的技术应用（产品）很容易偏离社会大众真正的情感倾向和价值观。这种"数据驱动"与"创造客户需求"的技术或产品，会给企业与公众之间的沟通造成障碍，还可能导致企业在技术开发的过程中忽视或误判公众的实际需求和顾虑。同时，不同的社会群体对于相同技术的接受程度和反应可能大相径庭。因此，企业在收集社会反馈时，需要多渠道倾听社会真实的声音。

2. 反馈机制的不足与执行障碍。尽管许多企业意识到社会反馈的重要性，但在实际操作中建立有效的反馈机制仍然面临挑战。一方面，企业可能缺乏收集和分析社会反馈的工具和流程；另一方面，即便收集了反馈，如何将其转化为具体的行动和改进措施也是一个难题。此外，反馈执行过程中会遇到内部抵抗，包括成本考虑、部门利益冲突等，这些因素都可能阻碍企业有效响应社会反馈。

3. 社会参与的局限性。科技治理和伦理问题的复杂性要求社会各界广泛参与，然而，实际上社会参与往往受到多种因素的限制。例如，公众可能缺乏参与科技决策的渠道和知识，而企业和决策者则可能对外部意见不够包容。此外，非受益群体的声音往往难以被听到，其需求和担忧在科技发展过程中容易被忽视。这种局限性不仅减弱了社会监督的效果，也可能导致企业错过重要的社会反馈，增加科技应用的社会风险。

三、方法与策略

1. 提高认知，站在社会价值的角度思考。首先，科技企业的高管不应仅仅关注科技对生产效率和规模的正面效果。他们应站在社会价值的高度，思考科技如何创造新的社会价值、社会关系和社会影响力。这需要高管们不仅倾听外界的声音，还要积极理解这些声音背后的需求、期望和关切。比如，微软公司首席执行官萨提亚·纳德拉不仅带领微软在云计算和企业服务领域取得了显著增长，还倡导并实践"同理心"的领导方式，这既体现在他与微软员工之间的交流上，也贯穿在他对社会问题的关注和处理中。他试图站在不同利益相关者的角度思考问题，在他的领导下，微软推出了多项具有社会价值的科技创新项目，例如"AI for Good"计划，利用人工智能技术来解决全球性的社会问题，包括环境保护、医疗健康、教育等。

2. 构建多渠道反馈平台，确保反馈得到回应。企业应构建和完善多元化的反馈渠道，以收集和系统化分析社会各界的看法与建议。企业可以通过客诉系统、在线调查、社交媒体互动等方式收集用户的反馈，并确保这些反馈能够得到及时、有效的回应。这样用户的意见才能真正被听到和认可，从而增加他们对技术的信赖。例如，星巴克通过"我的星巴克意见"平台，收集顾客关于产品和服务的反馈。这个平台不仅帮助星巴克改进了产品，还增强了顾客的参与感和品牌忠诚度。

3. 关注受益群体与非受益群体的声音，全面了解社会反馈。科技企业在倾听社会反馈时，应特别关注受益群体和非受益群体的声音。受益群体的正面评价可以帮助企业了解产品的实际效果和市场需求，从而指导产品的持续改进和创新。非受益群体的声音同样重要，他们的需求和负面评价往往揭示了社会问题的痛点和资源分配的不公。通过关注这些声音，企业可以更加全面地了解社会反馈，为科技创新提供更全面的指导。例如，苹果 iPhone X 的 Face ID 面部识别技术，初衷是为用户提供更便捷、更安全的身份验证方式。然而，该技术难以识别佩戴面具、面纱或面部特征不完整的用户群体，导致他们无法享受该功能带来的便利。苹果公司在意识到问题后，积极倾听受影响用户的反馈，通过软件更新和算法优化改进了 Face ID 的识别能力，并增加备选解锁方式，最终提升用户体验并满足了更广泛用户的需求。

4. 创新社会参与机制，提升产品和服务洞察力。为了更好地倾听社会真实的声音，科技企业还应创新社会参与机制。例如建立科技伦理赏金机制，鼓励社会人士积极参与对技术治理的社会监督。这种众包模式可以充分利用社会智慧，帮助企业及时发现和规避潜在的伦理风险。同时，企业可以利用最新的数据分析技术和人工智能工具，更有效地处理和分析大量的社会反馈信息。IBM 通过"社会情绪分析"工具，帮助企业和政府机构理解和预测公众对各种社会事件的反应。这种技术的应用不仅增强了决策的基础，也为企业提供了改进产品和服务的入口。

综上所述，科技创新不只是技术的进步，更是社会发展的驱动力。企业在追求科技创新的同时必须重视社会反馈，通过建立有效的沟通机制和社会参与机制，确保技术发展符合社会伦理和需求。只有这样，科技才能成为推动社会进步的力量，企业也才能实现与社会的和谐共生。

案例

40 腾讯 QQ 无障碍改造：聆听需求，为视障人士铺设互联网"盲道"

在数字化时代，即时通信软件已成为人们日常沟通不可或缺的工具。然而，对于视觉障碍用户，如盲人和低视力人群，这些看似人人可用的应用却可能构成沟通障碍。腾讯公司听到了此种需求，便对其广受欢迎的即时通信软件 QQ 进行了无障碍改造，展现出科技如何超越物理和生理的限制，让每个人都能享受平等的沟通体验。这一改造过程的核心在于深入理解视障用户的实际使用情况，从而发现关键的改进点。

一是通过直接接触用户群体收集反馈。腾讯的团队深入访问了盲人社区，通过观察和交流了解他们使用 QQ 的方式，发现视障用户主要依赖键盘操作而非屏幕显示。这种直接收集的用户反馈是无障碍改造成功的关键。

二是基于用户需求进行技术创新。了解到视障用户的特殊需求后，腾讯对 QQ 进行了无障碍改造，增加了键盘快捷方式，并确保界面上每个可交互部分都有清晰的说明。这种基于用户理解的技术创新，正是腾讯对"科技服务人"的理念的实践。

三是通过教育和传播提升社会意识。通过将改造过程和视障用户的真实使用体验在公司内部分享，腾讯不仅提升了员工对无障碍设施重要性的认识，也促进了社会对于视障群体需求的理解和支持。

四是持续激励和推动未来创新。腾讯的这一举措不仅立即改善了视障用户的体验，也为公司未来的无障碍技术开发和社会责任实践树立了标杆，鼓励持续创新和改进。

第35问：如何建立并完善"科技向善"的社会评价体系？

一、重要性

建立完善的数字化产品的社会评价体系对科技企业至关重要。这不仅有助于企业增强用户信任、推动可持续发展、优化决策与风险管理，还能提升品牌形象和市场竞争力。更重要的是，它确保了科技应用与数字化产品真正为社会创造价值，促进社会整体福祉，实现科技向善的闭环，让社会评价和检验科技产品的效果，确保科技与社会的和谐发展。

1. **增强用户对企业的信任与忠诚度**。当科技企业将数字化产品和服务纳入社会评估体系，并为用户、公众、监管等利益相关者提供评价准则时，这有助于增加产品的透明度和可信度。用户更倾向于选择那些能够明确展示其社会责任和可持续性的产品，从而增强对企业的信任和忠诚度。

2. **优化决策过程与风险管理**。通过纳入社会评估体系，企业可以获得更全面、更多元的信息反馈，这有助于优化决策过程，减少潜在的风险。这种综合性评估方法可以帮助企业预见和应对市场、技术、社会、环境等方面的变化，从而做出更加明智和负责任的决策。

3. **推动可持续发展，促进社会整体福祉**。数字化产品和服务在快速发展的同时，也可能带来环境、社会和治理方面的挑战。建立完善的社会评价体系有助于企业识别和管理这些挑战，确保其产品和服务不仅满足当前的市场需求，还能推动可持续发展目标的实现，有助于构建一个更加公正、可持续和包容的社会环境。

4. **实现科技向善的闭环**。将科技向善的决定权交给社会，让社会评价、检验科技向善的效果，这是科技企业践行社会责任的重要体现。当企业以社会价值创造作为评估标准时，它们将更加关注用户的需求和期望，从而推动科技向更加人性化、有益于社会的方向发展。这种闭环机制有助于确保科技企业的产品和服务始终与社会需求和价值观保持一致。

二、难点与挑战

在探索如何建立和完善科技向善的社会评价体系的过程中，企业必须面对一系列复杂的挑战和潜在的风险。这些挑战不仅涉及对技术和产品本身的社会价值的定义和衡量，还包括履行责任范围的归纳、评估指标的拆解与执行标准的确定等多个层面。对于致力于实现科技向善的企业而言，理解并应对这些难点和风险，是确保科技创新与社会责任有效结合的关键。

1. **社会价值内涵的细化与定义难题**。由于社会价值是一个多维度、多层次的概念，如何在科技实践、数字化产品与服务中准确地细化和定义社会价值，成为企业面临的一大挑战。这不仅需要企业深入理解社会价值的本质，还要求企业能够结合自身的行业特点和社会影响，明确科技应用和服务所能带来的具体的社会效益。

2. 对评估对象的类型与社会价值的界定。企业需要清晰界定哪些产品和服务应该纳入评价体系，并明确评估社会价值的维度。这涉及对不同的产品（如 C 端、B 端和 G 端的产品）和服务进行分类，以及根据用户数量和业务类型来细化评估维度。在这个过程中，如何平衡业务的多样性与评估标准的通用性，是企业需要解决的问题。

3. 责任履行范围的归纳与总结。企业需要通过用户访谈、问卷调研等方式，收集并分析用户对于数字化产品实现社会价值的看法和期望。基于这些数据，企业要归纳产品和服务的责任履行范围，并将其与产品使用规范、服务协议、隐私政策等结合，确保企业的操作符合法律法规和社会的期望。

4. 评估指标的拆解与执行标准的确定。在评估维度初步确定后，如何进一步细化指标并明确执行层面的标准，对企业而言是一个复杂的过程。这不仅需要企业内部相关部门的密切合作和专家的深度参与，还要求企业能够根据技术发展和法规变化不断调整评估指标和执行标准，确保评价体系的适应性和有效性。

三、方法与策略

1. 明确科技创新与社会责任的融合路径。企业需要明确科技创新与社会责任的融合路径，通过与各方沟通，明确其社会价值导向，并将此价值与企业战略相整合。例如，特斯拉通过其电动车和太阳能产品，展示了科技创新与社会责任的融合。通过推广零排放汽车和可再生能源，特斯拉不仅领先于技术创新，也积极响应全球气候变化的挑战，体现了将社会价值与核心业务相整合的战略。

2. **构建并优化科技向善的综合评价体系**。基于明确的社会价值导向，企业需要制定覆盖全生命周期的产品评价标准，反映其对用户、社会和环境的影响，并定期更新这些标准以适应变化。比如，联合利华通过可持续生活计划，为产品和服务设定了一系列环保和社会责任的评价标准。这些标准涵盖从原料采购到产品生产、分销乃至消费者使用的整个过程，体现了企业对持续改善产品、社会和环境影响的承诺。

3. **促进科技创新与社会价值的持续动态对接**。企业应建立持续改进机制，定期分析社会评价数据，并据此优化产品与服务，同时提升内部对社会评价体系的认识和支持。例如，思科系统通过持续监测其技术解决方案对社会的影响，确保其创新活动与社会价值目标一致。公司定期发布社会责任报告，展示其在教育、医疗和基础设施等领域的积极贡献，确保其技术创新能带来广泛的社会利益。

4. **强化科技应用的外部风险控制与法律合规机制**。企业需要识别并预防技术滥用等风险，并通过建立专门的部门和采用高级技术手段来加强风险管理。SAP 公司通过全面的数据保护和隐私政策，展示了对外部风险控制和法律合规的承诺。SAP 不仅遵守全球数据保护法律，如欧盟《通用数据保护条例》（GDPR），还提供了加密和匿名技术，确保客户数据的安全和隐私，展示了其在风险管理和法律合规方面的先进做法。

总之，科技向善的社会评价体系是连接企业、技术与社会的桥梁，通过不断努力和创新，企业可以在科技快速发展的同时，确保其成果给社会带来最大的正面影响。

案例

41 韩国 SK 集团推行 SPC 社会价值评估标准，引领企业走向社会责任新纪元

在全球经济高速发展的当下，韩国 SK 集团以先行者的姿态，推行了一项创新的社会价值评估标准——SPC（Social Progress Credit，社会进步信用），标志着企业在追求经济利益的同时，更加注重社会责任和可持续发展。

SK 集团在进行社会责任行动的时候，认识到企业不仅要创造经济价值，更要为社会和环保做出贡献。但是很多社会型企业很难实现可持续发展，缺乏足够的资金来使项目正常运转。基于此，集团决定开展 SPC 社会价值评估标准，以全面评估其经营活动对社会、环境和治理的影响。

SPC 是以社会价值为基础的激励机制，这是一种旨在激发社会型企业创造更多社会价值的奖赏机制。如同企业每年根据营业额计算应该缴纳的税金一样，SPC 也会对社会型企业创造的社会价值进行评估，然后由政府按照一定的比例，以有价证券的形式交付给企业。SPC 是对社会型企业创造社会价值的奖励，是扩大社会型企业的新起点。通过 SPC，社会型企业不仅可以实现自己的目标，还可以创造机会将负债扭转为盈利。这种由政府扶持的做法可

以鼓励更多创业者涉足社会型企业，而较少担心创业的艰难困境。

然而，这一创新举措在推行过程中并非一帆风顺。SK集团面临着量化社会价值、提高内外部接受度以及数据收集处理等一系列挑战。尤其是社会价值量化这一难题，要求企业不仅关注直观的经济数据，还要综合考量诸如环境保护、员工福利、社区关系等多元化因素。

正是这些挑战激发了SK集团的创新精神。集团构建了一个综合性评估体系，将量化与质化指标相结合，全面评估企业在经济、环境、社会和治理等方面的表现。此外，该体系还具有动态调整与优化的特点，能够根据企业实际情况和外部环境进行灵活调整。

经过一段时间的实施，SPC社会价值评估标准已经取得了显著成效。SK集团的社会责任感大幅提升，品牌形象也随之增强。更重要的是，通过推行SPC，社会型企业的成功案例不断被复制和推广，未来将会有更多的社会型企业和社会投资资本参与进来，从而形成企业生态的良性循环。SPC不仅是对企业的"补偿"和"奖励"，更是一种可以解决更多社会问题的"奖学金"。

第 36 问：如何应对科技负外部性，及时寻求共识与解决方案？

一、重要性

企业对社会领域做"增量"的科技创新，除了社会愿景、打造善品、在实践过程中坚守社会底线，更需要以负面后果为镜，反思技术创新的社会适应性。对于企业来讲，正视科技的负面后果，拥有应对科技负外部性的能力，及时寻求共识与解决方案是非常重要的。这不仅有利于扭转社会舆论的风向、减轻技术应用负面后果的道德压力，也有利于优化组织内部结构、调整发展战略，以及提高对社会、文化、经济、环境变迁的适应性，促进科技的新一轮迭代升级，持续助力社会价值创新。

1. **展现责任担当，赢得社会信任。** 科技企业通过积极应对科技创新带来的社会风险，能够展现其对社会负责任的态度。当企业面临技术带来的挑战时，不回避、不推诿，而是主动寻求解决方案，这种负责任的行为有助于维护企业的声誉和形象。同时，通过与公众、政府、学界等多方利益相关者沟通合作，企业能够赢得更多的信任和支持，为长期发展奠定坚实的基础。

2. **降低潜在风险与负面影响。** 科技创新往往伴随着一定的社会风险，如数据隐私泄露、网络安全威胁、就业市场变革等。这些风险如果得不到及时有效的应对，可能会对企业造成严重的负面影响。因此，科技企业需要积极识别并评估这些潜在风险，通过寻求共识和解决方案来降低风险发生的可能性和影响，从而保障企业的稳健运营。

3. **优化内部结构，提升适应能力**。积极应对科技负外部性，要求科技企业不断优化组织内部结构。通过内部的改革和创新，企业能够更好地应对外部的挑战和变化，确保在激烈的市场竞争中保持领先地位。这种优化和提升不仅有助于企业的稳健发展，还能为社会创造更多的价值。

4. **符合政策法规与社会期望**。随着科技的快速发展和应用范围不断扩大，政府对科技企业的监管越来越严格。同时，社会公众对于科技企业的期望和要求也在不断提高。因此，科技企业需要积极应对科技创新带来的社会风险，通过寻求共识和解决方案，企业能够更好地理解并满足政府和公众的需求和期望，从而避免因违规行为引发法律风险和社会舆论压力。

二、难点与挑战

在探索如何应对科技发展的负外部性时，企业面临着一系列复杂且多维的挑战。这些挑战不仅涉及技术本身的预测和管理难题，还包括与公众沟通、建立信任以及应对社会风险等方面的问题。以下内容将深入讨论企业在应对科技负外部性过程中遇到的难点与挑战，旨在为企业提供一个明确的框架，以识别和解决这些挑战，促进科技创新与社会责任的和谐。

1. **危机预测与管理的复杂性**。企业在应对科技负外部性时，首先面临的是如何准确预测和管理潜在危机的复杂性。技术的快速发展和应用范围的不断扩大，使预测长期影响变得极其困难。企业需要建立一个能够持续监控和评估科技应用风险的机制，这不仅要求企业具备先进的技术洞察力，还要求能够理解科技变革对社会、经济、环境等方面的综合影响。

2. **有效沟通与公众参与的缺失**。有效的风险沟通是企业应对科技负外部性的关键，但当前许多企业在这方面存在明显短板。缺乏有效的沟通机制不仅使风险信息难以传达给所有相关方，也使公众参与决策的机会减少。这种单向的沟通或信息的闭环管理，加剧了公众对科技发展的担忧和不信任，阻碍了科技创新的社会接受度。

3. **构建公众信任面临挑战**。随着科技的快速进步，在伦理和安全性争议较大的领域，公众对科技企业的信任面临严峻挑战。企业如何在保持科技创新的同时，确保其产品和服务不会对社会造成负面影响，这是一个需要解决的难题。此外，当科技应用出现问题时，企业如何及时、透明地处理，也是重建公众信任的关键。

4. **公平性与风险分配的问题**。科技发展带来的利益与风险往往分配不均，这可能加剧社会不平等，引发伦理和道德上的争议。企业在推进科技创新时如何确保风险的公平分配，保护弱势群体免受不利影响，是应对科技负外部性的一个重要方面。这不仅涉及企业内部的决策机制，也需要企业与政府、社会组织以及公众之间的广泛合作和协商。

三、方法与策略

1.建立跨部门危机管理团队。企业为有效应对科技负外部性，应建立跨部门的危机管理团队，整合法律、伦理、技术、公关等多方面的专业知识，全方位监控和评估科技应用可能带来的风险。例如，IBM 成立了一个由多部门组成的伦理审查团队，负责监督公司内部的数据科学项目，确保所有项目都符合伦理和合规要求。该团队的存在有效预防了潜在的数据滥用问题，保护了用户的隐私和数据安全，同时增强了公众在科技伦理方面对 IBM 的信任。

2.加强全员的科技伦理与责任培训。企业应定期对所有员工进行科技伦理与社会责任方面的培训，提高员工对科技负外部性的识别和应对能力。例如，英特尔公司实施了全员参与的科技伦理培训计划，通过在线课程和研讨会的形式加强员工对科技伦理的理解和认识。这种培训不仅提升了员工的道德判断能力，也促进了一种负责任的创新文化，帮助英特尔在发展新技术时更加注重伦理考量。

3.建立多方参与的风险沟通机制。开放和透明的风险沟通机制可以帮助企业及时与公众、政府和其他利益相关者分享信息，共同讨论科技发展中的潜在问题，寻找解决方案。例如，宝洁公司通过建立在线平台，主动公开产品成分信息，积极回应消费者对产品安全的关切。这种方式使其建立了消费者的信任，同时也促进了产品安全标准的提高。

4.公平公正地分配技术风险。在应对科技负外部性的策略中，确保风险分配的公开、公正、公平。这不仅涉及信息的透明度，也关乎各利益相关者在决策过程中的参与度。辉瑞制药在推进其疫苗的研发和分配过程中，通过与全球卫生组织和各国政府的合作，确保了疫苗分配的信息公开透明，并通过协商制定了一个旨在公平分配疫苗的全球机制。这不仅增强了公众对疫苗分配过程的信任，也展示了辉瑞在应对全球公共卫生危机中承担的社会责任。

5. 重建与加强社会对科技企业的信任。为建立技术与人类和谐共处的信任社会，企业需要倡导科技服务于人的价值观，公开科技成果评估标准，并以开放的态度面对失败，鼓励公众理解科技的潜力与局限。例如，谷歌的"数字福祉"计划旨在帮助用户理解并调整他们的数字习惯，体现了企业对公众科技健康意识的重视。通过提供工具和资源，谷歌不仅展现了技术服务于人的承诺，也增强了公众对科技应用的信任。

综上所述，通过建立有效的风险管理和沟通机制，不断重建与社会的信任，企业可以更好地促进科技与社会的和谐发展，实现企业的长期可持续发展目标。面对科技的双刃剑，企业需要担负起更大的社会责任，引导科技创新向善，共同促进一个更加公正、可持续的未来。

案例

42 美团算法调整：追求"政策取中"，实现配送公平

在数字化时代，外卖平台美团通过算法系统来优化订单分配、提高配送效率，这本是技术进步的体现。然而，随着算法的深入应用，一些问题也逐渐暴露出来。其中最为突出的问题就是外卖骑

手在追求效率和速度的过程中，面临着巨大的工作压力和安全风险。《外卖骑手，困在系统里》一文深入揭示了这一现象。文章指出，在外卖系统的算法与数据驱动下，外卖骑手疲于奔命，导致外卖员成为高危职业。这一现象引发了社会对外卖平台算法的广泛关注和讨论。

自 2021 年起，美团面对外卖骑手配送系统的社会风险和问题，积极响应政府和社会的关注，通过技术和政策创新寻求效率与公平。"政策取中"成为改革的核心指导原则，旨在优化算法、保障骑手权益，同时提升服务质量。具体做法包括：

一是响应政策导向，实施"算法取中"。美团根据 2021 年 7 月七部委联合印发的文件的要求，调整算法以确保外卖配送考核既公平又合理，如合理确定订单数量、准时率、在线率等考核要素，适当放宽配送时限以减轻骑手的工作压力等。

二是优化算法规则，增加骑手保护措施。2021 年 9 月，美团公布新的"预估到达时间"算法规则，该规则结合模型预估时间和三层保护时间，确保在异常情况下为骑手提供时间补偿，将预估到达时间由具体时间调整为时间段，增强了对骑手的保护。

三是推进服务优化，提高骑手福利。2022 年 3 月，美团试点新的"服务星级"激励机制，将超时罚款变为扣分，并明确可加分弥补，给予骑手更多差评豁免与免扣分机会，同时完善了差评申诉流程。

四是应对异常场景，调整配送时间。2022 年 5 月，美团对"异常场景"的应对策略进行优化，调整后的配送时间增加了对偶发事件的考虑，如高峰时段骑手等餐时间过长，通过 App 报备可获得时间补充，为频繁出餐慢的商家调整预估出餐时间或改派骑手取餐，确保了配送时间的合理性。

通过这些措施，美团不仅提高了配送效率、优化了成本维度，还兼顾了公平性和对弱势群体的关怀，体现了在技术应用和算法调整中积极寻求社会共识的企业社会责任实践。

第五章
可持续社会价值创新评估

前面我们从组织变革、共益伙伴、科技向善等角度，讲述了在公司的业务体系下进行可持续社会价值创新的原则和具体思路，本章将聚焦如何对这些社会价值创新项目和实践进行风险识别以及有效的评估。社会价值作为企业的无形价值，需要一个标准化的评估工具。企业的社会价值不是企业的成本，而是企业的增长预期，需要一个模型来衡量。模型的建立一是要保证其可靠性，使模型是可验证的，从而保证模型对投资者或社会相对透明和开放；二是社会价值作为未来企业的创新动力以及管理抓手是需要量化的，可量化才能实现管理的提升。只有好的评估考核模型，才能促进更有效的社会创新。

本章将聚焦可持续社会价值创新的相关原则是如何在项目和实践的立项、执行以及年终考核中具体体现的。同时，我们将对现有的一些成熟的评估体系进行综述，并具体分析这些评估体系设立之初对企业的期待。只有知道这些原则从何而来，我们才能更好地理解社会创新到底能给企业带来什么。

可持续社会价值创新：企业价值评估前沿

企业社会价值评估的内涵

　　一家企业的价值有多大？从财务角度回答这个问题，答案似乎并不困难。但一家企业所能创造的价值绝不仅限于经济价值，还应包括社会价值。在第一章至第四章，我们已经描述企业创造社会价值的原则和实践案例，这些项目都是商业企业在社会创新领域的宝贵实践，它们从一开始就以解决社会问题、增进公众福祉为己任，依托商业化组织或模式确保项目可持续。在现代组织类型中，还有一类社会企业以解决社会问题、增进公众福祉为目标，但是社会企业毕竟是少数，同时规模相对较小；以创造经济价值为目标的商业企业，它们数量众多、规模巨大、实力更强。未来在社会价值创造领域，商业企业的潜力巨大。

　　社会创新不是指传统的公益慈善，而是指企业与社会共同成长。从被动承担责任到主动创造价值，从社会捐赠到社会创新，越来越多的企业认识到单纯做慈善或公益捐赠是远远不够的，社会价值没有最大限度发挥出来，甚至可能造成公共资源的浪费。越来越多的人认识到公益和商业并非两端，社会价值创新不仅需要看到社会价值的创造，更要看到企业的增长。这是一种高质量的增长，是企业与社会共同成长、共享增长红利。

商业企业只需要在创造经济价值的同时兼顾社会价值，就能大大增进社会福祉。社会价值不是割裂商业价值，而是市场和社会的有机融合。过去人们总是将企业和社会、市场和社会对立起来，传统的企业社会责任理念让我们认识到企业对于社会和其他利益相关者的责任，现在我们应该认识到企业社会责任和商业利益并不矛盾。从中国民营企业参与扶贫的效果来看，义利并举成为不少企业的追求。如果说20世纪的企业社会责任理念是一场认知革命，那么21世纪中国企业的创新实践则是一场社会价值创新革命。

在社会创新实践浪潮中，对企业的社会价值创新（包括社会责任）进行完备、客观且具有跨行业普适性和可比性的评估，建立科学、完善的社会创新评估体系和评价机制，是推动社会创新价值观、促进企业与社会共同成长的重要方面。早在20世纪中期，带有社会企业色彩的利益相关者模型就已经被研究者、企业、政府和社会所接纳，企业不再被视为经济上独立于社会的"他者"，相反，企业被要求在创造利润的同时，也要寻求自身的社会价值。股东、员工、社区、消费者、政府、供应商等群体与企业的关系日趋密切，在这样的背景下，企业的社会责任逐渐凸显，越来越多的企业开始思考自己与社会的关系。2015年，联合国提出17项可持续发展目标，旨在从2015年到2030年，以综合方式彻底解决社会、经济和环境三个维度的发展问题，转向可持续发展道路。近几年在资本市场逐渐兴起的ESG、可持续价值投资等，都说明了资本对企业可持续发展的重视。据统计，2021年上半年，全球企业和政府为ESG目标发行的债券规模已经超过5 750亿美元。

企业为什么需要可持续社会价值创新评估？

企业社会责任之父霍华德·R.鲍恩提出企业主要提供两种产品，一种是商业产品和服务，另一种则是社会产品，例如薪酬福利、工作条件、环境保护、企业文化、公司治理、社区关系等。企业社会责任只有与经济体系追求的目标或价值相关联时才有意义。

毋庸置疑，良好的财务状况对企业发展十分重要，企业如果无法创造足够的利润，则其对社会的反哺就无从谈起。尽管许多企业对于创造最大经济价值的商业模式与行业热点非常熟悉，但是对于如何最大限度发掘企业的社会价值、实现可持续增长却没有那么明晰。在这一背景下，社会价值作为企业的无形价值，需要一个标准化的评估工具，企业的社会价值不是企业的成本，而是企业的增长预期，需要一个标准来衡量，并通过新的方法论指引企业充分实现社会价值创新。

标准和体系的建立，首先要保证模型的可靠性，使模型是可验证的以及对投资者是相对透明和开放的，这样才能帮助投资者更好地理解可持续发展理念，从而在投资过程中更有效地应对市场波动。其次，社会价值作为未来企业的创新动力以及管理抓手是需要量化的，可量化才有比较，进而才能实现管理的提升。因此，评估的指标和数据以公开化的定量数据为主，同时依据数据分布和表现进行标准化赋值。

近几年，证券市场价值投资和长期投资氛围渐浓。在此背景下，投资者，尤其是机构投资者，在选择标的时不仅关注个股的市值、业绩表现，其 ESG 价值也成为投资机构和股东们综合考察的指标之一。目前，国内外主流的 ESG 评估或企业影响力评估模型发展比较成熟，有很多国际机构会沿用已有的模型，对中国企业进行分析评估。例如，2019 年富时罗素宣布，已将约 800 个 A 股上市公司纳入富时罗素的 ESG 评级和数据模型覆盖范围。虽然目前 ESG 在全球备受政府、投资者、企业的认可，其在一定程度上将企业的社会影响纳入指标体系，但是我们应该认识到 ESG 并不等于社会价值，因为社会价值很难像环境维度那样进行量化，也很难进行标准化，不同行业、不同公司的最佳社会价值创新实践可能是完全不同的。同时，ESG 评估忽视了国家间的差异，例如中国和其他国家的情况不同，中国的资本市场与成熟的资本市场仍有差异，直接沿用国外的 ESG 评估模型并不能很好地刻画中国市场和中国企业。

因此，建立一套符合国内市场实际情况的标准和体系变得非常重要。首先，国际通行的指标需要本土化落地。部分指标，如可持续发展目标、碳中和等，虽然是通用的，但不同国家的能源结构、产业结构、排放结构均存在差异。当前中国企业有效回收、充分利用的环保建设仍然处在起步阶段，相关技术改进和设施铺开迅速，中国企业已经在节能减排上做出了极大努力，需要在指标设计上做出相应改变。在政策领域，充分融合国家发展情况和政策环境，将境内的合规要求和政策倡议纳入模型。

我们需要在 CSR、ESG 体系的启发和基础之上建立新的社会价值评估体系，使其不仅可以帮助企业识别风险，也可以帮助企业挖掘内在价值。在 ESG 中，社会维度更多关注企业在社会层面面临的风险以及对风险的管理能力，当企业做出不利于社会的行为时会受到惩罚，这是毋庸置疑的。在企业经营管理的过程中，风险管理是重要的管理手段和目标。随着企业经营管理的精细化，财务风险不再是企业面临的主要风险，相反，治理风险、环境风险、供应链等社会风险，成为影响公司持续增长的重要障碍。因此在评估体系中，我们主要关注两点，一是企业面临的风险，二是企业是否具备足够的举措对风险进行有效管理。除了风险管理之外，社会创新对竞争和经济价值的影响也需要得到充分理解。

如果说 ESG 是底线思维，即引导企业意识到忽视社会的风险从而不作恶，那么社会价值评估就是在此基础上，引导企业对社会做出积极贡献。例如国内一些企业在社会价值创新领域做了大量的工作，在社会中产生了巨大影响，而现有的 ESG 评估只能得较少的分，甚至在部分指标中不得分。如果价值无法被社会发现和认可，这对解决社会问题来说无疑是不行的。因此社会价值评估可以帮助我们挖掘公司的社会创新项目的价值，重新思考一个产品、一个项目、一家企业在社会中发挥的作用。

当前全球主流企业社会价值评估模型

接下来，我们将介绍目前使用较为广泛、与企业社会责任或社会价值相关的评估模型。这些模型的评估指标在一定程度上反映了企业如何处理与社会、政府、社区、员工的关系。

第一个评估模型是目前 ESG 领域的主流——MSCI（明晟）ESG 评级体系。该模型的使用相对成熟，指标体系和数据来源相对丰富，但是仅适用于上市公司，且未关注到国家和地区间制度和经济发展的差异。

第二个评估模型来自中国社会价值投资联盟（深圳）（以下简称"社投盟"）开发的可持续发展价值评估体系，该体系不仅借鉴目前全球发展的主流体系，也关注到中国市场的规则，但是尚未覆盖所有行业。

第三个评估模型是共益实验室（BLab）开发的共益企业认证体系，该体系在社会创新领域有一定影响力，同时充分考虑了企业规模、地区、行业的差异性。

第四个评估模型是友成企业家乡村发展基金会开发的三A三力社会价值评估体系，该体系针对项目进行评估，发展相对成熟，在不同领域都有一定的应用，对于了解企业社会价值有借鉴意义。

MSCI ESG 评级体系

近几年，资本市场对 ESG 的关注度越来越高，不断倒逼企业开始关注 ESG 或企业社会责任。ESG 评级体系成为评级机构和研究机构持续发力的领域。从全球来看，当前 ESG 评级体系五花八门，虽然没有统一的指标，但是总体上是从环境、社会、治理 3 个维度出发，对公司的 ESG 表现进行评级，对于 E、S、G 的具体测量，不同测量模型存在一定差异，但都是从现有的监管政策和社会目标来开展的。

目前 MSCI ESG 评级体系在资本市场使用最为广泛，覆盖了全球 2 900 多家企业。大量的基金和投资机构采用其评级数据，这也使该评级体系的社会接受度较高。MSCI ESG 评级体系包含环境、社会、治理 3 个维度与 10 个二级指标。值得注意的是，该体系充分考虑行业差异，不同行业所选取的二级指标和三级指标对应的权重是不同的，企业的最终评级还会考虑本行业内的得分分布，最终给出一个相对得分。例如，烟草行业的二级指标包括自然资源、人力资本、产品责任、公司治理，人力资本维度仅将供应链劳动标准作为其关键议题（见表 5-1）。

表 5-1　MSCI ESG 评级体系

维度	二级指标	三级指标		
环境	气候变化	碳排放	产品碳足迹	金融环境的影响
		气候变化脆弱性		
	自然资源	水资源短缺	生物多样性和土地使用	原材料采购
	污染和资源使用	有毒物质和废物排放	包装材料和废弃物	电子垃圾
	环境机会	清洁技术的机遇	绿色建筑的机遇	可再生能源的机遇
社会	人力资本	劳动管理	健康与安全	人力资本开发
		供应链劳动标准		

（续表）

维度	二级指标	三级指标		
社会	产品责任	产品安全与质量	化学品安全	金融产品安全
		隐私与数据安全	负责任的投资	健康保险与人口风险
	利益相关者的反对	有争议的采购		
	社会机会	社会沟通途径	融资途径	健康保护途径
		营养与健康的机遇		
治理	公司治理	董事会	薪酬福利	控制权
		审计		
	公司行为	商业伦理	反竞争策略	腐败与不稳定性
		融资不稳定性	税务透明度	

资料来源：根据 2018 年 MSCI ESG Ratings Methodology 整理而成。

可持续发展价值评估体系

自 2016 年 10 月开始，社投盟以跨界协同、智慧众筹的方式启动了"义利 99"——A 股上市公司可持续发展价值评估体系的研发工作。该体系主要从目标驱动力、方式创新力、效益转化力 3 个维度，考量企业所创造的经济、社会和环境综合贡献。

可持续发展价值评估体系由 9 个二级指标、27 个三级指标构成，不仅涵盖了关于企业环境、公司治理的主流内容，还包含了公司财务表现，在强调企业社会效益的同时，也将企业的经济表现作为其中的考核指标。同时，该指标关注到不同行业的差异性，分别开发了通用版和专门面向金融行业与房地产行业的评估体系。

目前该评估体系在国内应用相对广泛，截至 2024 年，社投盟已连续 6 年发布了《A 股上市公司可持续发展价值评估报告》蓝皮书。同时，基于该模型创建的"义利 99 指数"，成为全球首个可持续发展价值主题指数。总体而言，该模型得到中国资本市场的认可和采用（见表 5-2）。

表 5-2 可持续发展价值评估体系

维度	二级指标	三级指标		
目标驱动力	价值驱动	企业文化	商业伦理	
	战略驱动	战略目标	战略规划	
	业务驱动	业务定位	持续发展	
方式创新力	公司治理	治理结构	利益相关方	信息披露
	创新能力	研发能力	产品服务	业态影响
	运营管理	风险内控	激励机制	
效益转化力	经济贡献	盈利能力	运营效率	偿债能力
		成长能力	财务贡献	
	社会贡献	客户价值	员工权益	合作伙伴
		安全运营	公益贡献	
	环境贡献	环境管理	资源利用	生态气候

资料来源：根据《A 股上市公司可持续发展价值评估报告（2023）》整理。

共益企业认证

共益企业认证是由 BLab 在 2006 年发起的，BLab 是一家非营利机构，目前在全球主要经济体设有分支机构。共益企业认证用来衡量公司整体的社会和环境影响，以此来推动更多企业符合高标准的社会和环境绩效。截至 2021 年，全球有 6 494 家公司通过认证。

共益企业认证从 5 个维度评估企业的社会影响,即管治、员工、社区、环境、消费者(见表 5-3)。评估标准是根据公司的规模、行业和地理位置决定的,即不同行业的企业选择的二级指标和权重会存在差异。

表 5-3 共益企业认证

维度	二级指标		
管治	使命和参与	伦理与透明度	使命锁定
员工	金融稳定	健康、福利与安全	职业发展
	员工参与满意度	员工所有权	员工发展
社区	多样性、公平性与包容性	经济影响	公民参与以及赠予
	供应链管理	供应链减贫	微型企业
	本地经济发展	生产商合作	捐赠
环境	环境管理	空气质量与气候	水
	土地与生物	可再生能源	土地与野生动物保护
	减少有毒物品	资源保护	环境教育
	环境保护创新实践		
消费者	客户管理	基本服务	教育
	艺术、媒体与文化	经济赋权	健康与福利
	支持目标驱动型企业	影响力提升	服务有需要的人
	行业特定事项		

资料来源:根据 2021 年共益企业认证官网的材料整理而成。

三 A 三力社会价值评估体系

三 A 三力社会价值评估体系是由友成企业家乡村发展基金会开发的,其目的是对公益项目的社会价值进行评估。该评估体系包含 3 个维度:目标驱动力、方式创新力、效益转化力。其中,目标驱动力是指一个组织或项目的愿景以及战略对组织或项目产生的驱动作用；方式创新力是指为实现组织或项目目标而设计的解决方案的创新性、科学性和可行性；效益转化力主要是指团队的执行力以及转换结果。

三"A"指的是"Aim"（目标）、"Approach"（方式）和"Action"（效益），是社会价值评估的基础结构；三力指的是目标驱动力、方式创新力和效益转化力，是社会价值评估的主要特征；三力合一指的是目标驱动力、方式创新力和效益转化力的协同作用，是社会价值评估的平衡机制。三A三力社会价值评估体系包含9个二级指标和27个三级指标（见表5-4）。

表5-4 三A三力社会价值评估体系

维度	二级指标	三级指标		
目标驱动力	组织和项目的使命与愿景	组织使命、愿景、价值观	项目使命价值观	
	项目战略	项目战略描述	项目逻辑	项目实施计划
	资源禀赋	外部环境与资源	内部能力与资源	
方式创新力	产品与服务	产品或服务的独特性	技术或理念的创新性	
	模式与运营	业务模式的创新性	项目运营的创新性	参与模式的社会性
	财务匹配	项目预算	资金持续	
效益转化力	团队执行力	领导力	专业能力	组织协作
		团队文化		
	项目管理专业度	质量管理	财务管理	知识管理
		信息披露	风险管理	项目传播
	项目成果和影响力	项目产出	项目成果	社会成效

资料来源：基于2020年《公益项目三A三力评估指南》团体标准整理而成。

目前，三A三力模型在社会创新项目领域有了不少实践。2018年，友成利用该评估体系对中国公益慈善项目交流展示会（简称"中国慈展会"）参赛项目进行评估；2022年，友成与腾讯公益平台合作开展公益项目公信力平台建设。

综合来看，目前ESG评估在全球影响和应用更为广泛，这与资本市场、评级机构、政策部门的推动紧密相关。虽然ESG备受企业推崇，但一些企业关注ESG的深层原因是获得投资和拉高股价。ESG领域"漂绿"等现象也表明，不少企业只是将ESG作为遮羞布和挡箭牌。同时，我们还应该关注ESG评估体系的本土化问题。当前ESG主流评估体系被西方机构垄断，由于监管规则和制度以及市场发展的成熟度等原因，中国企业在ESG表现上普遍落后于西方企业。现有的ESG评估体系并未将各个国家和地区的现状考虑在内，依托西方管理模式作为最佳实践来要求全球企业，也很难真实反映出不同国家和地区的真实情况。例如，MSCI ESG评级体系中的二级指标"公司治理"要求企业同股同权以及股权分散，这当然有利于保护中小股东的利益，但是我们需要承认的是，国内很多企业还处在第一代创业阶段，企业股权相对集中，这个指标对于企业发展来说不是相对有利的；而美国企业已经发展到第二代和第三代，股东相对分散，ESG评估的规定就显得合理并且有助于企业发展。因此，我们应该看到西方主导的ESG评估的不足和"陷阱"，只有探索本土化的标准和工具，才能真正促进商业和社会价值的共同发展。

腾讯 SQI 社会价值评估体系

腾讯的 SQI 社会价值评估体系，是一个全面评估社会价值创新项目的科学工具（见表 5-5）。该体系由 SSV 开发，旨在衡量和优化公益项目的成效、创新性和可持续性。"SQI"体系以三个核心维度为基础，即"S"（Scale，规模标准）、"Q"（Quality，质量标准）、"I"（Impact，影响与进化标准），对公益项目进行细致的评估。

表 5-5　腾讯 SQI 社会价值评估体系

一级指标	二级指标
规模标准	受众覆盖
	设施和生态覆盖
质量标准	受众改善效果
	模式解题效率
影响与进化标准	带动行业发展
	产生关键影响

规模标准衡量的是社会价值创新项目能够覆盖的受众规模以及设施和生态，项目解题模式是否具有普遍意义以及是否可作为标杆进行推广复制。比如，以往规模大的支教机构每年仅可以支援 200 多个农村学校。在数字支教领域，不仅限于提供数字化的远程双师课堂，更能深刻地理解乡村教育的实际需要，广泛联动志愿者、教育专家等有识之士一起奉献爱心，推动支教公益行业的数字化升级。现在一年可以覆盖 3 000 所学校，实现每周至少开两堂课。

质量标准注重社会价值创新项目的解题效率是否足够高，评估给受众带来的效果是否有所改善和提升，以及能够达到怎样的改善效果。比如腾讯 SSV 在宁夏试点的新生儿先天性心脏病筛诊治项目，根据测算，每投入 1 元，可避免先心病导致的健康损失共 314 元，这些损失在未来都会转化成社会收益，和传统"义诊"的扫荡式救济方式相比，可以达到 1∶20 的投入产出优势，并可以在其他卫生低资源地区复制，在质量维度实现了良好的受众改善效果和社会问题解决效率。这一方面评估的是项目在执行过程中的精细程度及其达成预期目标的程度。

影响与进化标准从项目对促进行业发展产生的关键影响、带动行业的发展程度两个方面进行评估，测量获得的认可价值，实现社会价值影响的扩大和进化。比如"乡村 CEO 计划"是为振兴中的乡村培养经营型人才，像培养企业家的 EMBA 一样，系统地为这个群体设置课程、编写案例，形成企业管理能力与农村实际条件相结合的培养体系。经过推广，已经成为全国各地乡村人才振兴的主要模式之一并实现持续运营。

"SQI"的三个维度相互依存，共同构成了社会价值评估的基础结构。通过这种评估体系，项目的社会价值可以得到更加科学、客观的评估，有助于提高透明度和公信力，从而推动社会创新项目更好地服务于社会需求。

如何进行可持续社会价值创新评估？

现代企业社会责任已经走过了"捐赠行善"的公益阶段，走向强调社会价值与商业价值兼顾的可持续发展阶段。我国企业社会价值呈现新的面貌，公益与商业之间的边界被打破，百业竞善、义利并举正在成为新的话语力量。由商业力量支持的社会创新，正在迎来新的关键制度设计的密集期。很多企业及其项目不仅在商业上表现出色，而且致力于通过创新的产品和服务来解决社会问题，赶上了"商业向善"的时代潮流。这种方式与传统的企业社会责任（Corporate Social Responsibility，CSR）有着本质的不同，实际上走的是一条我们称之为"企业社会创新"（Corporate Social Innovation，CSI）的路线。在传统的CSR模式中，捐款是主要方式，但这种公益形式单一、被动，而捐款方向往往与企业自身的优势领域相距甚远，而且经济效益低下，变成企业的负担，故这种公益方式常常是低效的、不可持续的、不精准的。CSI则完全不同，在CSI模式下，企业通常主动投入与自身竞争优势紧密相连的社会价值项目，使其成为可以共享价值的生产要素，形成自我造血能力，使社会价值创新高效、可持续、有计划性。也就是说，企业社会创新应该是"自愿的"，是公司自我反思的表现。

对"价值投资"和"投资社会回报率"的重视，正在进一步催生影响力投资市场，给一些企业想投却不敢投的社会领域带来了新机遇。社会领域的买方市场积极性不足，是许多社会问题无法通过可持续投资来解决的主要障碍。社会价值投资（也称社会影响力投资）追求"社会价值"的目标"可测量"，从而实现可持续"回报"。社会投资回报率（Social Return on Investment，SROI）是用来评估投资所产出的非经济价值的方法，用来测量尚未体现在经济上的环境或社会方面的价值。但是如何测量项目的社会价值，在当前仍是关键难题，因为它不够具体并且依赖很多假设（目前 SROI 在基建和医疗项目中使用相对广泛）。同时，如果进行全面深入的评估，则需要昂贵且耗时的分析。虽然当前在社会价值的测量上仍然存在诸多难题，但是可以看到"社会创新""社会价值"等理念逐渐被公众接受，这有助于解决社会投资中评估结果困难的问题，也有利于强调结果导向，提高资金使用的效率和透明度。

可持续社会价值创新评估的关键原则

为挖掘社会价值创新项目中社会创新的内涵，拓展社会价值创新项目的影响力，充分展现企业在社会创新上的使命感和投入程度，研究团队着力建设全新的评估体系，从而能够在倡导社会价值创新时，客观呈现社会价值创新影响力的发展情况，反映其中的问题，最终实现共同向善的初衷。

议题选择公司导向。 社会是复杂的，我们的能力是有限的，对于一家公司来说也是如此。面对众多的社会问题、发展问题，公司如何选择自己关注的议题是非常重要的。我们可以从资源约束、注意力等角度选择，但是我们更应该从公司的业务发展、擅长领域以及最主要的利益相关者的角度去挑选关键议题。这不仅决定了项目能否达到预期的效果，也是价值创造的重要基础。

价值创造社会导向。 社会创新项目最核心的目标就是社会价值，一个项目需要实现较大的影响力一定是社会导向的，这并非意味着项目的直接受益对象是整个社会，而是项目是符合社会预期的，不同的主体、不同的利益相关者都能从中获得价值。

好的社会创新项目一定是可持续的。 如何"可持续"，最重要的手段就是商业导向。这并非是指将慈善做成生意，而是从商业闭环的角度强调项目的可持续性。例如孟加拉国农村发展委员会（BRAC）为了消除贫困，从传统资金捐赠转向贷款，为当地的减贫事业做出重大贡献。从这个社会创新领域的案例可以看出，商业价值和社会价值并非天然冲突，捐赠并不利于改变现状，有时反而会使问题更难解决。

关键议题与实现目标

根据联合国 17 项可持续发展目标，以及当前背景下中国企业社会价值创新的目标，我们从风险管理和未来价值两个层面去建立企业社会创新的指标体系。指标体系借鉴了 PRI、ESG 等常用评估体系，同时加入大量原创性指标，以对企业的社会价值进行充分评估和引导。

一级指标主要从企业的自我价值和协同价值出发。根据利益相关者模型来划分不同的价值核心。公司的股东、员工、消费者、社区构成企业自我价值的利益核心，供应商、政府、媒体、社会组织构成企业协同价值的利益核心。其中，自我价值是企业根本利益所在，通过自我价值的创造和输出，达到利益相关者的价值共享；协同价值则是基于相关利益的合作系统，让企业创造更多的社会价值。

二级指标有 10 个维度。根据利益相关者模型，自我价值和协同价值分别包含 5 个维度。其中，自我价值包含公司治理、员工权益、环境保护、社会责任、企业文化；协同价值包含政府组织、国际组织、商业伙伴、社会组织、文化媒体。

企业通过自我价值的创造和输出，达到利益相关者的价值共享。维护企业的自我价值，意味着维护生产、经营、管理等基本过程，也意味着把握好产品、技术与人力资本等，关注员工权益，追求产品质量，力争打好企业发展经营的"基本功"。

协同价值是基于相关利益的合作系统，让企业创造更多的社会价值，例如基于良好的供应链、政府、媒体关系，实现包容和协同性增长，这种增长模式是互惠的，包含合作伙伴和外部组织。实现利益趋同才能放大社会创新的价值，形成价值的规模效应（见表 5-6）。

表 5-6　企业社会价值评估体系

企业价值	责任议题	责任目标	创新路径
自我价值	公司治理	持续高效	董事会不仅决定着公司的发展，还担负着众多股东的信任与责任。如何让企业持续高效运转，应该是企业治理的应有之义。
	员工权益	共同成长	企业的价值增长来自员工，员工是企业最珍贵的资产和竞争力所在。一家好的企业应该将员工的发展纳入企业的战略与使命之中。
	环境保护	环保低碳	碳中和是未来中国企业面临的重要战略议题。低碳环保对于企业来说是一次创新机会，需要从利益相关者、生产链等环节系统地思考企业环保策略。
	社会责任	共建共生	社会是企业发展的根基，企业作为重要的社会成员，深深嵌入特定的社会结构、社会文化、社会关系网络之中。良好的责任意识有助于企业和社会的共同成长，增进社会认同。
	企业文化	多元平等	文化建设不仅是企业的管理方式，也是企业对社会与员工的承诺，塑造多元、平等的文化价值观是社会的期望。
协同价值	政府组织	透明协作	政府政策不仅决定着企业经营方向，也是企业赖以生存的重要保障。持续、良好、透明的协作关系有助于企业社会价值的创造。
	国际组织	包容开放	注重国际化思维，"引进来、走出去"，共同参与价值创造和国际标准的制定，增强中国企业的商业影响力和社会影响力，在重要议题上传递中国经验，讲好中国故事。
	商业伙伴	互利共赢	义利并举，用利益建立经济契约，用道义建立社会契约，好的伙伴关系不仅是利益共同体，更是合作共赢的价值共同体。
	社会组织	价值孪生	社会价值的创造需要更多主体参与，向专业力量求助，共同创造社会价值，让股东的每一分钱花得更有意义和价值。
协同价值	文化媒体	沟通共享	文化媒体不仅是企业社会价值的放大器，还是企业重要的监督方，开放、沟通、共享企业信息，不仅是企业对股东的承诺，也是企业对社会的责任。

SSVT 模型

在项目立项之初，对于议题和项目选择，企业高层首先需要考虑的是为什么要去做？如何就这个问题进行具体评估呢？我们根据自我价值、协同价值、创新价值三大原则制定考核维度，同时在量化操作上根据具体的项目提供了示范案例。

项目人员在做立项方案时，应该有自己的评估体系和标准。我们根据前文所述的原则做了一个评估模型，使用这些原则对项目进行选择和设计，以帮助我们筛选和优化执行方案。

"S"（Sustainable，可持续）主要涉及项目或实践的可持续性，例如项目的激励机制以及项目执行过程中的组织投入和资金投入等。

"S"（Synergy，协同共创）主要评估项目或实践对公司业务或未来发展的一致性，以及项目对公司价值的输出点，以此整合社会创新与经济价值。独特的价值主张能给企业带来卓越的经济效益。在协同共创中，我们需要考虑以下3个问题：如何创造新产品来满足新出现的社会需求，或打开当前未得到服务的客户群；如何提高价值链中的生产力，无论是借助提高效率的新工具，还是通过提高员工和供应商的生产力，又或者思考如何改善公司的营商环境或产业集群。

"V"（Value，社会价值）主要聚焦项目或实践覆盖的直接利益群体、是否存在目标漂移、项目覆盖程度以及公平性等。具体来说，聚焦项目如何对社会参与、经济发展、健康、环境保护等产生正面影响。

"T"（Technology，技术）指的是一个广义的概念，包括组织模式或制度。技术是标准化、工具化的。这里主要聚焦项目或实践需要的技术可及性，以及这些技术对于公司和社会的辐射意义，利用数字技术的共享机制迸发创造力，同时技术的标准化也使项目不断被复制和扩散。

基于以上维度构建一个四维模型，通过一致性、竞争性视角，具体构建某一项目或实践的 SSVT 模型，帮助项目执行者选择适合公司的项目或实践，以及对当前项目的执行方案进行风险识别。

表 5-7　SSVT 模型

维度	一致性	竞争性
可持续	项目目标是什么？ 愿意投入多少资源来做？	解决这个社会问题有没有别的方案？为什么是这个方案？ 这个事情有人做过吗？别人成功或不成功的原因是什么？
协同共创	业务的直接或间接价值是什么？ 每个阶段的目标是什么？	如果不做这个项目会怎么样？ 项目如果没有达到既定目标怎么办？
社会价值	有没有项目闭环机制？ 社会如何参与进来？	如果没有足够资金，这个项目还能进行吗？ 没有足够多的合作伙伴怎么办？
技术	项目执行中有没有足够的技术或制度设计来保障？ 如何使用技术来提高效率？	项目能复制吗？ 项目最大的风险是什么？

SSVT 模型仅仅对评估社会创新项目提供了部分思路和方向，

仍需要进一步细化，但是主要的项目设计者从一开始就需要考虑这些问题。例如在对项目可持续维度的一致性分析中，还可以进一步细分如下：

- 一家公司的劳动力需求和构成，未来会给该组织带来什么问题？我们的项目能不能帮助它？
- 一种产品的安全问题或一家公司的供应链问题会带来什么风险？我们的项目能不能帮助它？
- 未来哪些人口或消费者的变化，会使公司的产品或服务市场缩小？现在覆盖的人群有没有覆盖到它？

"座头鲸"企业的可持续社会价值创新评估模型

我们在前面介绍了企业社会创新的议题选择、目标以及评估原则，接下来我们将介绍如何对社会创新项目进行价值评估。我们已经知道了评估的重要意义，不仅可以有效评估项目的完成度，还可以帮助及时发现项目风险，从而做出调整。企业或其他组织的社会创新项目的目标决定了具体的评估设计。在这里需要注意的是：第一，社会创新项目的目标当然是为了帮助解决社会问题，但是它不能完全作为考核目标，因为社会创新项目的评估往往是过程评估，尚未达到完全解决问题的阶段；第二，如果我们简单认为单凭一两个项目就能彻底解决某个社会问题，那是不切实际的。因此社会创新项目的评估目标不仅包含项目目标的评估，更重要的是包括影响力评估、执行情况评估、网络评估、社会经济价值评估等，这些评估方法相对比较成熟。

我们将介绍一种"座头鲸"企业社会创新项目的评估模型。该模型充分借鉴了国内外现有的工具，从不同角度对社会创新项目进行有效评估，包含创新目标的一致性、执行的可持续性、传播影响力、资金的可持续性与透明度等，充分考虑了不同主体的需求。同时，在实践方面，该模型已经连续3年应用于对不同企业的项目进行评估，在学界、业界和政策界都产生了积极的反响。

研究方法与指导原则

在对社会创新项目进行评估时，根据项目的特性，采用质性研究与量化分析的混合路径，在评估数据的获取和处理上充分收集涵盖企业公开报告和"两微一端一站"（即微博、微信、新闻客户端以及官方网站）的全网大数据，进行语义分析，将机器智能抓取与人工验证相结合，以保障评估结果客观准确。

在指标体系的构建上遵循科学的指导思想和操作原则，使评估具有导向性、认知性、分析性和监督性。"导向性"保证指标体系能够引导项目向充分覆盖社会责任、促进社会创新的方向发展；"认知性"保证指标体系能够反映具体项目在不同维度或层次上的影响力，实现项目之间的横向对比和同一项目在时间上的纵向比较;"分析性"保证指标体系能够通过项目的实施情况,发现制约或促进项目影响力的诸多因素,协助企业对项目进行后期调整以扩大成效或降低成本,整体提升项目的执行效率;"监督性"保证指标体系能够实现对项目运转的监督,避免在执行中偏离社会价值目标、削弱创新程度。

指标解释与技术执行

最终形成的评估模型涵盖使命、执行、财务和传播4个维度,共计20项指标。指标的测量整合多元数据,既有专家的主观判断打分,又有源自大数据的客观计算结果。各维度与细化指标的权重,也是在综合考虑理论分析、文化环境、项目特点与专家咨询意见,并经过多阶段反复论证与调整后确定的。

维度与指标

1. 使命

一是项目对社会责任是否有明确的宣示,这意味着它是否具有明确的解决社会问题的意向。在一定程度上,实践中的企业社会责任体现为对负面社会事件的被动反应,是要将消极影响最小化;而明确且公开的社会责任宣示意味着具有更多的主动意向,也有利于内部的导向与外部的监督。

二是相比于无特定目标或特定程度的一般项目,在运营目标上,特定程度高的项目代表着企业对项目做了事前预期和可测量的社会影响力设定,也就更可能使项目相关的决策更有针对性,更好地进行各方面的优化,使社会效果更可持续。

2. 执行

一是协作能见度。团队合作是项目能够产生更大社会影响力的前提。它不仅指该项目在企业内部是否有明确的部门负责主管,是由独立部门运作,还是由多部门协作,还包括外部人员(如志愿者)的参与程度。而对协作设置和现状的公开,能够说明企业对项目的重视和倡导,体现出与社会各方合作的开放态度,从而扩大解决社会问题的资源范围和力量基础。

二是项目存续期。按年计算,影响力的产生与持续,与项目的开展直接相关,而且存续越久的项目意味着企业对该项目的投入越稳定、运营上越成熟,更容易产生创新的商业模式。由于实际中各项目的存续时间长短不一,存在较大差异,因此在后期的计算中按五分位点划分区间,对各区间分别命名为"短期、中短期、中期、中长期、长期",赋值由低到高。如此操作后,既能保证项目之间仍有区分度,具有排行的意义,也能避免数值差异过大导致最终指数失衡,破坏各指标间分值跨度的一致性。更为重要的是,划分区间对企业改进项目有指导意义。比如,可以督促或追踪企业将设立的项目发展预期从"中短期"提升到"中长期"或"长期"。

三是区域跨度。项目的实施范围可以区分为省内、省级和跨省,赋值由低到高。具有更广泛区域跨度的项目不仅有更大的社会影响力,对企业的要求也更高,更可能催生创新的运营管理方式,提升资源的配置效率,在成本控制的基础上产生更为突出的社会效果。

四是覆盖层次。项目可覆盖个人、家庭、群体、组织和社区，赋值由低到高。项目覆盖的受益对象，其层次越宽泛，对项目设计和运营的要求越高，更需要对现有的模式进行创新，使社会目标能够更好地与市场相结合。

五是邮箱回应。项目是否公开电子邮箱或其他联系方式。

3. 财务

对财务的判断主要是从透明和问责的角度进行，具体包括：项目是否披露资金投入水平，是否披露经费使用情况，以及是否有基金会的资金资助。相比前两项指标，是否有基金会的资金资助这一指标所占权重更高。原因在于，基金会的资金资助不仅意味着有专门的项目经费，更意味着有专门的运营和管理机构，有助于保持项目相关决策的透明度和问责水平，最终使项目产生的社会价值与更有效的成本控制及管理手段相关联，实现规模化和可持续发展，进而发现创新的社会价值投资模式。

4. 传播

一是项目有无专用标志：专用标志服务于企业形象的理念识别、行为识别和视觉识别。在向社会和大众传递企业形象的过程中，它是应用最广泛、出现频率最高，同时也最关键的元素。项目如果具有专用标志，就能够说明企业对项目的重视程度，也能反映出项目背后的实力支撑，更能向外界传递管理完善、服务优质的信号，在受众心中刻画出项目的轮廓，拓展协作的基础和范围，促进优势资源整合，进而开发出创新的社会影响力发展模式。

二是网页新闻：包括项目相关内容的网页收录量和新闻报道

量,按五分位点划分区间——"低、中低、中、中高、高",由低到高赋值。

三是社交媒体:包括项目相关内容的微博提及量和微信文章数,也按五分位点划分区间——"低、中低、中、中高、高",由低到高赋值。对网页新闻和社交媒体上传播量的计算,不是将各指数的原始数据直接纳入分析,而是以五分位点划分区间。从理论上讲,不可能事先设置项目应该有的传播数量阈值,因而必须以数据驱动的方式,从各项目当前的总体水平进行判断和设计。

附录 1

社会创新组织和机构

"可持续社会价值创新"这个概念虽然是由腾讯首次提出的,但其核心理念已经有着诸多的拥护者。事实上,社会创新、可持续发展、社会价值等早就在政界、商界、学界和社会各界开花结果,形成了一个蓬勃发展的"朋友圈"。"可持续社会价值创新"是整个商业文明和社会进步的共同事业,对此,我们收录了一些在社会创新、可持续发展、社会价值创造方面做出积极贡献的学术机构和社会组织,便于大家检索。

囿于种种原因,这种列举肯定会有所遗漏。好在这是一份开源且会一直修订的"活动文档",任何一位有志于投身可持续社会价值创新的小伙伴都可以加入我们,共同致力于这个激动人心的事业。

1. 高校与研究机构

名称

中国人民大学社会政策研究院

简介

成立于 2019 年 1 月，为挂靠中国人民大学社会与人口学院的独立科研机构，是社会政策的产学研整合平台。依托社会与人口学院健全的学科分支、强大的师资力量，以及社会政策专业硕士（MSP）项目，研究院主要开展的活动包括：一是邀请国内外知名学者开设社会政策前沿和实践课程，出版"人大社会政策讲义系列"；二是与友成企业家乡村发展基金会合作，开展"社会创新案例库"建设，发展社会创新的评估和指导工具；三是承接社会政策相关研究和干预项目，为政府、基金会、企事业单位提供政策咨询，以及社会创新项目的设计与评估。

名称

中国社会企业与影响力投资论坛（简称"社企论坛"）
China Social Enterprise and Impact Investing Forum, CSEIF

简介

成立于 2014 年 9 月的行业生态平台，通过链接社会企业、影响力投资机构、商业向善企业等，推动用生态创新解决社会问题，提倡商业向善、资本向善，实现社会可持续发展，创建美好生活。目前已形成向光年会、向光奖、社会创新思享会、影响力投资沙龙等品牌项目，拥有中国最大的向善企业、社会企业、影响力投资机构数据库。2022 年与中国影响力投资网络（CIIN）、向光智库组成社会创新工作矩阵，研究开发以影响力衡量与管理（IMM）为核心的、适合中国本土社会创新的工具方法。

名称

企业社会价值实验室

简介

2021 年由国务院国有资产监督管理委员会和韩国 SK 集团共同发起成立的理论和实践研究平台,以打造国际化理论与实践研究平台为发展目标,通过开展联合研究、信息共享、经验交流、决策咨询,形成永久性、学术性、公益性的合作交流工作机制,推动企业与社会和谐发展,宣传企业社会价值理念,推动企业社会价值测定国际标准的建立。通过平台合作的方式,汇聚各方力量快速推进模拟测算工作;推广指标应用场景,探索制定企业社会价值信息披露国家标准;加大理念宣传和培训,解决测算工作中认识不统一的问题;以更加务实的姿态加快成果转化与应用,分阶段推进实验室实体化运营。致力于理论框架探究、测量方法和工具研究、社会价值报告发布和企业战略管理。

名称

清华大学公共管理学院社会创新与乡村振兴研究中心

简介

成立于 2018 年 7 月 1 日,受到广东省韶关市乡村振兴公益基金会和声网 Agora 联合资助,由清华大学公共管理学院联合发起的非常设、非营利学术研究机构,旨在通过持续努力,发展建设成为:①致力于社会创新与乡村振兴领域的高端研究机构,成为引领中国社会创新与乡村振兴基础理论、实践应用与政策研究的核心智库;②促进领域内学界、政府、企业和社会组织的多层面平等对话,广泛参与和深度合作,成为"社会创新与乡村振兴"议题下国际交流、对话与合作的重要平台;③培养乡村振兴人才,提供领域内教育培训及专业服务,推动社会创新和乡村振兴。

名称

牛津大学赛德商学院斯科尔社会创业中心
（Skoll Centre for Social Entrepreneurship）

简介

成立于 2003 年，在斯科尔基金会资助下成立，并于 2004 年举办第一届斯科尔世界社会创业论坛，该活动由斯科尔基金会运营，每年在赛德商学院举行。作为商业教育领域社会创业教育和研究的先驱之一，通过世界一流的教育计划、以行动为中心进行研究和催化合作，在社会创业、系统变革和知识公平方面开创全球学习的先河。主要开设了斯科尔世界社会创业论坛、牛津大学 MBA 为期一年的全额斯科尔奖学金、赛德商学院 MBA 等。

名称

斯坦福商学院社会创新中心
（Center for Social Innovation, Stanford Graduate School of Business）

简介

创立于 1999 年，利用斯坦福大学和斯坦福商学院的资产，通过研究、教育，将学校的教育工作扩展到全球更多的高管群体和社区。成立初期进行了非营利领导者执行计划和高影响力慈善计划，开展斯坦福非营利组织研究项目，创办《斯坦福社会创新评论》杂志，开设慈善讨论会议，设立环境与可持续发展的商业战略、企业社会责任、社会企业家、公共管理等研究计划。中心开设了先进的社会企业家精神和影响力投资计划、强大的课程工作、体验活动和奖学金，并在美国成立了白宫社会创新办公室。

名称

斯坦福大学慈善与社会创新中心
（Stanford PACS）

简介

该中心创立于 2006 年，隶属于斯坦福大学人文与科学学院，是一个拥有跨学科网络和合作的大学范围的研究中心。主要参与者是斯坦福大学的教师、访问学者、博士后研究员、研究生、本科生、慈善家，以及非营利组织和基金会从业者。作为《斯坦福社会创新评论》的出版商，斯坦福 PACS 为政策和社会创新、慈善投资和非营利实践提供信息。研究中心的目标是扩大对慈善事业、公民社会和社会创新的质量研究的主体和范围；增加慈善事业和民间社会的学者、从业者和领导者的渠道；提高慈善和社会创新的实践性和有效性，并设想一个强大的公民社会和慈善部门，合乎道德和有效地使用技术为社会创新制造战略。

名称

微软亚洲研究院

简介

微软亚洲研究院成立于 1998 年，是微软公司在亚太地区设立的研究机构，在北京、上海、温哥华、东京、新加坡和香港设有实验室及研究岗位，研究方向涵盖计算基础创新、下一代智能交互、多维感知与通信、人工智能与社会福祉、科学发现与行业赋能等。通过来自世界各地不同学科和背景的多元人才的鼎力合作，微软亚洲研究院已经发展成为世界一流的计算机基础及应用研究机构。多年来，从微软亚洲研究院诞生的新技术层出不穷，对微软公司的产品创新以及全球范围的科技发展产生了深远的影响。作为微软研究院全球体系的一员，微软亚洲研究院拥有广阔的国际视野，同时融合了东西方创新文化的精髓。秉持开放合作的理念，微软亚洲研究院始终与高校和科研机构开展持久而有效的合作，推动跨地区、跨文化和跨学科的交流，激发创新潜力，促进行业发展。微软亚洲研究院倡导对技术进步怀有远大抱负，推崇富于冒险的极客创新精神，鼓励研究人员拓展研究的深度与广度，跨越计算机领域的界限，把视野拓展到解决具有广泛社会意义的问题上，为未来的计算新范式奠定基础，并为人工智能和人类发展创造更美好的未来。

名称

微软新英格兰研究院
（Microsoft Research Lab——New England）

简介

2008年7月在马萨诸塞州剑桥市成立。该实验室由老牌研究人员以及一大群博士后、实习生和杰出的访问教职员工组成核心团队，以微软与更广泛的研究界合作为承诺基础，追求新的跨学科研究领域，将核心计算机科学家和社会科学家聚集在一起，以理解、建模和实现未来的计算以及在线体验。作为该公司开放研究环境的一部分，MSR-NE支持举办有助于知识共享的座谈会、研讨会系列和特别活动的学术传统。主要涉及医学生物ML（机器学习）、经济学与计算、机器学习和统计学、社会技术系统等领域，致力于召集来自学术界的数百人参与学术研讨活动。目前共有350多名访问学者，其中许多人与微软研究员和产品团队进行过深入接触。

名称

孟加拉国农村发展委员会
（Bangladesh Rural Advancement Committee, BRAC）

简介

BRAC是指孟加拉国农村发展委员会，最初名为孟加拉国复兴援助委员会，由孟加拉国慈善人士法佐·哈桑·阿比德创立于1972年。作为全球最大的非政府组织之一，BRAC致力于推进社会和经济发展，以改善孟加拉国社区的生活质量为目标。这个组织涉及的领域非常广泛，包括教育、卫生、金融、社会保障、应急救助等。它透过资金、技术、服务和支持尽量满足社群的需求。

BRAC在孟加拉国的影响力非常大，几乎涉及所有乡村地区的社区发展项目。它的目标是让孟加拉国的每一个人都能够分享社会和经济进步的成果，并且获得依靠自己的力量实现成功的机会。

2. 基金会和社会组织

名称

腾讯公益慈善基金会

简介

这是由腾讯公司于 2006 年 9 月发起筹备，2007 年 6 月在民政部注册的全国性非公募基金会，是中国第一家由互联网企业发起的公益基金会。腾讯公司捐赠原始基金 2 000 万元，并承诺每年按照利润的一定比例持续捐赠。该基金会秉持"人人可公益的创联者"理念，以推动互联网技术和服务与公益慈善事业的深度融合与发展为目标，研发了腾讯网络捐赠平台、益行家、腾讯公益网等公益平台，通过为村开放平台、腾讯立体救灾等项目，在乡村发展、教育、扶贫、紧急救灾、员工公益等多个领域，长期探索互联网与公益结合的前沿与可能，践行科技向善，用公益引领可持续社会价值创新，做美好社会的创连者。主要推出了腾讯公益平台、99 公益日、技术公益、社区基金、基础研究、应急救助、互联网公益峰会等公益活动。

名称

友成企业家乡村发展基金会

简介

原友成企业家扶贫基金会。成立于 2007 年，是一家经国务院批准、在民政部注册的全国性慈善组织，经民政部全国性社会组织评估，评定为 4A 级基金会。以推动人类更公平、更有效率、更可持续发展为目标，以研发和推广社会价值评估体系、发现和支持社会创新领袖、搭建跨界合作的社会创新支持平台为使命，通过研发倡导、实验孵化、资助合作，打造新公益价值链，推动更公平、更有效和更可持续的社会生态系统的建立，开展社会创新、乡村建设、产业帮扶、教育发展等领域的新公益项目。该基金会于 2009 年与中央编译局编制《社会创新蓝皮书》，创办汇聚学者的新公益学社，2011 年起试点 MOOC（大型开放式网络课程），2014 年提出社会创新三 A 三力原则与评价体系，2015 年创办《社会创新评论》等。

名称

南都公益基金会

简介

成立于 2007 年 5 月，是经民政部批准成立的全国性非公募基金会。南都基金会始终坚持"支持民间公益"的使命，积极建设公益行业生态，致力于为中国公益行业发展提供公共品。在整个公益产业链中，南都基金会通过提供资金和资源，推动优秀公益项目和公益组织发展，带动民间的社会创新。愿景是维护社会公平正义，人人怀有希望。阶段性战略目标（2024—2027 年）是建设公益生态系统，促进跨界合作创新。2016 年发起了好公益平台项目，设立了沃土计划和区域公益生态建设等公益项目。

名称

深圳壹基金公益基金会

简介

深圳壹基金公益基金会于 2007 年由李连杰创立，于 2010 年 12 月作为第一家民间公募基金会在深圳注册，是 5A 级社会组织。壹基金以"尽我所能、人人公益"为愿景，将"一个平台 + 三个领域"作为战略模型，搭建专业透明的公益平台，专注于灾害救助、儿童关怀与发展、公益支持与创新三大领域，努力做社会服务的提供者、社会组织的支持者、公众参与的推动者、政策建议的提出者。主要有净水计划、海洋天堂、未来教室、健康童乐园等公益项目。

名称

万科公益基金会

简介

万科企业股份有限公司于 2008 年发起成立的 4A 级全国性非公募基金会，以"面向未来，敢为人先"的理念，关注对未来影响深远的议题，以"可持续社区"为目标，推动环境保护和社区发展。基金会遵循"研究—试点—赋能—倡导"的工作价值链，与全国数百家公益组织密切合作，并携手企业员工、社区业主、专业机构和人士、志愿者等，共同建设公益强生态，致力于从政策、立法、市场、国际平台等多个维度来共同推进可持续事业发展。基金会工作重点对标联合国可持续发展目标（SDGs），分别是 11"可持续城市和社区"、12"负责任消费和生产"、13"气候行动"、9"产业、创新和基础设施"及 17"促进目标实现的伙伴关系"为主要发展目标。

名称

北京乐平公益基金会

简介

2010 年成立，将理解未来思维、立足共益经济和社会创新作为核心，致力于发挥以思想领导力为基础的网络领导力，带动新的跨界力量高效投入社会建设，并与传统力量有效平衡、有机结合。基金会先后培育孵化 5 家社会企业，涉及贫困女性就业、农村小额贷款、学前教育、生态信任农业等领域。以共建一个包容发展的社会，增加弱势群体的福利，让人人享有自由平等发展的权利为使命。2017 年引进《斯坦福社会创新评论》（SSIR），连续 4 年举办"斯坦福中国社会创新峰会"并启动"共益企业"项目，于 2019 年建立了"社会设计实验室"。

名称

百度基金会

简介

成立于 2011 年，百度履行社会责任的初衷是：致力于消除信息鸿沟、促进知识共享，使欠发达地区的民众也能受益于信息时代的便利；扶助弱势群体、奉献爱与关怀，让更多善行义举叠加出越来越强劲的声音；联合公益组织倡导低碳环保，为共同的家园、共同的未来保留共同的希望。百度基金会主要推出了百度 AI 寻人、筑梦未来计划、青少年 AI 素养课等公益活动项目。

名称

阿里巴巴公益基金会

简介

由阿里巴巴集团及旗下子公司联合发起，是 2011 年 12 月在民政部注册成立的全国性非公募基金会。以"天更蓝，心更暖"为愿景，联合阿里巴巴集团、合伙人基金会及生态伙伴力量，聚焦乡村振兴、绿水青山、助残扶弱和应急救灾四大方向，通过运营阿里巴巴公益平台（公募服务）和人人 3 小时平台（公益行为倡导），倡导人人公益，让更多人帮助更多人。阿里巴巴公益基金会坚持与时代同温、与社会共联，期待联合各方，为社会创造更多价值。基金会主要有码上公益、绿网计划、人人 3 小时公益平台等公益项目。

名称

微公益

简介

这是新浪微博于 2012 年成立的具有传播和筹款功能的社会化公益平台，主要有"个人救助、品牌捐、微拍卖、转发捐助"四款产品，以发布和同步最新、最热的公益话题，联动政府、媒体、公益机构、网红自媒体等领域的重要用户和微博爱心网友为方式，建立了一套公益传播体系，引领全民公益。2016 年成为民政部首批慈善组织互联网募捐信息平台之一，之后以多年的公益传播实践和不断探索的公益模式创新，努力携手政府、公益机构和媒体，为全社会提供一个高效、透明、公开、负责任、可信任的社会化公益项目捐助平台。

名称

长江商学院教育发展基金会（CKEDF）
社会创新与品牌研究中心

简介

长江商学院是由李嘉诚基金会捐资创办并获得国家正式批准、拥有独立法人资格的非营利性教育机构。长江商学院教育发展基金会（CKEDF）是一家于 2016 年 2 月在深圳市民政局正式登记注册的非公募基金会组织。以支持学院未来的可持续发展、支持校友的成长与发展、践行社会公益为使命愿景。以坚持创新、责任、奉献为价值观，致力于实现超越，开创新型的基金会组织，将捐赠用于校区建设、教授研究、学院发展、人才培养。

社会创新与品牌研究中心是基金会下属机构，致力于社会创新与品牌管理的理论研究。主要从研究、课程和社群三个维度出发，搭建政府、企业、公益组织交流和共创的平台，以此解决社会问题；开设了 EMBA、定制化和海外游学等课程，以此培育社会创新理念。

名称

顺德创新创业公益基金会

简介

2017年1月注册成立，由区属国资企业科创集团捐赠原始注册资金200万元人民币，基金会定位为资助型、支持性机构。以人人立业为善，迭代创新，形成可持续"双创"公益生态为愿景；以扶植青年、激励创新、推动创业、弘扬企业家精神为使命；致力于支持、资助、推广促进社会创新的青年创业项目，推动业界交流与合作，创新创业扶持模式，营造有利于社会可持续发展的创业氛围。主要关注、支持、资助、推广促进社会创新的青年创业项目；也致力于推动业界协作与交流，探索创新、创业的有效扶持模式，营造有利于社会发展的创业氛围，主要设立了种子资助计划、加速扶持计划、社会价值投资计划等。

名称

北京美团公益基金会

简介

北京美团公益基金会是2018年11月16日由美团公司捐赠发起的非公募基金会，在北京市2021年度社会组织等级评估中获评"4A级基金会"。它主要接受美团公司和美团员工的捐款，搭建美团公益平台，为社会提供安全、简单、便捷的公益捐赠通道，结合丰富的生活服务场景，将公益融入用户的生活和商家的日常经营中，从而带动更多人参与公益，开展了"美团乡村儿童操场"等公益项目。

名称

北京联想公益基金会

简介

2018 年 12 月 6 日在北京市民政局注册成立的非公募基金会，以 IT 助力乡村教育为使命，以乡村教育信息化为切入点，借助联想集团的技术、产品及相关资源，开展相关领域的公益探索，为实现乡村振兴而努力，其愿景是"智能，成就每一个可能"，主要推出了联想智学堂、田字格未来村小等一系列乡村教育公益项目。

名称

北京小米公益基金会

简介

小米集团于 2019 年 2 月 3 日成立的地方性非公募基金会，以"世界因科技而变得更加美好"为愿景，"以科技赋能公益发展，以公益推动科技创新"为使命。2021 年推出小米公益平台，主要有小米青年学者、小米奖助学金等公益项目，于 2022 年 5 月联合微软中国和上海有人公益基金会发布了《包容性设计原则手册》，携手创造无障碍未来。

名称

蚂蚁公益基金会

简介

蚂蚁科技集团股份有限公司于 2019 年 4 月在浙江省民政厅正式注册成立的非公募 5A 级基金会，以推动技术创新解决社会问题，为世界带来更多微小而美好的改变为宗旨，重点关注数字普惠与包容、绿色可持续发展、乡村振兴、探索与创新、应急救灾等。推出了支付宝公益平台，主要有加油木兰、花呗文物等公益项目，以及数字木兰就业培训专项基金、蓝马甲行动等专项基金。

名称

北京字节跳动公益基金会

简介

成立于 2020 年 8 月，是在北京市民政局注册的非公募慈善组织。基金会围绕"推动数字包容、丰富文化生活、增进社会福祉、应对气候变化"展开工作，致力于创造更大规模、更高效率、更可持续的公益慈善实践，实现最大范围的社会意义。资助重点包括：数字生活、教育公平、医疗健康、乡村发展等。

名称

洛克菲勒基金会
（Rockefeller Foundation）

简介

成立于 1913 年，在 1963 年成立 50 周年时确定了五大工作重点：征服饥荒、控制世界人口、有选择地加强发展中国家某些高等院校和研究机构、协助文化发展、争取全体美国公民机会平等。前期主要关注：公共卫生、医学研究以及农业改良的发展，资助多家医疗机构、建立多家医疗教育学校，世界卫生组织的计划生育、疫苗接种和避孕药研究；与墨西哥、印度的农业大学签署协议，在肯尼亚、乌干达等地进行多项关于种子、水灌田的实验项目以及培养农业人才项目。

名称

英国杨氏基金会
(The Young Foundation)

简介

杨氏基金会将创造力和创业精神相结合，以解决重大的社会需求。基金会在许多不同的层面上工作，以实现积极的社会变革，包括宣传、研究和政策影响，以及创建新的组织和运行实际项目。已故的迈克尔·杨在社会研究、创新和实际行动方面有着悠久的历史，他曾被称为"世界上最成功的社会企业家"，创建了 60 多个满足社会需求的企业，这使杨氏基金会从中受益。在过去的 5 年里，参与了 40 多个成功的新企业的设计和启动，包括慈善机构、社会企业、企业和公共组织，以及主办 SIX——世界领先的参与社会创新的组织网络。

名称

比尔及梅琳达·盖茨基金会（2025 年 1 月 16 日已正式更名为盖茨基金会）
(Gates Foundation)

简介

1994 年成立，以"每个生命都有平等价值"为信念，致力于帮助所有人过上健康、富有成效的生活，主要通过填补政府和企业之间的缝隙来改善人类状况、激发创新；通过联合政府、企业、慈善机构与社区来改变世界，加强全球合作；为需要帮助的人提供疫苗、诊断、治疗以及其他工具，拯救生命、创造市场激励。主要为登革热、脑膜炎等大流行病和艾滋病、结核病、疟疾等难治愈的疾病，提供公共卫生领域的研发基金。

名称

斯科尔基金会
（Skoll Foundation）

简介

斯科尔基金会由硅谷企业 eBay 第一任总裁杰夫·斯科尔于 1999 年创立，致力于投资、联系和表彰帮助他们解决世界上最紧迫问题的社会企业家和创新者，推动系统性变革，造福全球社区。通过创建创新的融资模式，提倡社会企业家精神，基于不断变化的环境的战略演变，进行慈善品牌的重塑和使命创造。

名称

弗洛曼德基金会
（Flowminder Foundation）

简介

这是一家 2012 年成立于瑞典的非营利组织，在英国和瑞士分别设有分支机构。主要通过移动运营商数据、地理空间和调查数据，帮助中低收入国家的弱势群体增强获取信息和福祉的信息和能力。以"用最好的数据系统改善最弱势群体的生活"为愿景，以"使决策者能够获取他们所需的数据，来大规模地改变弱势群体的生活"为使命，主要有预测疟疾感染者的流动情况、地震后数十万流动者的位置等项目。

附录 2

腾讯 SSV 重要事项时间表

腾讯 SSV 自成立以来,受到了各方高度重视,我们将 SSV 成立以来的重要事项列出,从中能够清晰地看到一个企业是如何开展工作的,有哪些亮点、有哪些反思、有哪些进步,从而有助于其他公司学习、交流、扩散,营造各行业可持续社会价值创新的氛围。

2021 年 4 月 19 日　腾讯第四次战略升级

腾讯宣布战略升级,将"推动可持续社会价值创新"纳入核心战略,成立可持续社会价值事业部。首期投入 500 亿元,对包括基础科学、教育创新、乡村振兴、碳中和、FEW、社会应急、养老科技和公益数字化等领域展开探索。

2021 年 5 月 20 日　"千百计划"

腾讯公益慈善基金会启动 2 亿元的"千百计划",通过补贴 1 000 名公益数字化专职人员、资助 100 个公益数字化行业支持计划、共建一所公益数字化虚拟学院,助力公益组织提升造血能力。

2021 年 5 月 24 日　"耕耘者"振兴计划

腾讯与农业农村部签署"耕耘者"振兴计划战略合作协议,该计划围绕提升乡村治理骨干的治理能力、新型农业经营主体带动小农户发展能力,在 3 年内投入 5 亿元用于人才培养,并在 3 年内实现线下培训 10 万人、线上培训 100 万人的目标。2022 年 4 月

13 日,农业农村部办公厅印发通知,2022 年起在全国启动实施"耕耘者"振兴计划。

2021 年 7 月 21 日　支援河南防汛抗洪救灾

在河南郑州等地特大暴雨洪涝灾害抢险救灾期间,腾讯公益慈善基金会第一时间紧急捐赠 1 亿元驰援河南,联动全国 10 家头部基金会进行灾区救援与灾后重建。腾讯还发挥互联网的产品和技术能力,通过在线协作救灾、精准定位救助、信息快速核查与同步以及大数据协助政府等方式,支持一线救援、探索救灾新模式。近 1 000 万次用户通过腾讯公益平台向各个公益组织捐款超过 5 亿元,有力支援了河南防汛抗洪救灾。

2021 年 7 月 21 日　开发"急救宝"系统

中国红十字会总会与腾讯公司在北京签署战略合作协议,共同打造应急救护公众服务系统"急救宝"。腾讯将为"急救宝"的开发提供技术和运营支持,通过 App、小程序、API 等兼容形式,打通全国 AED、急救志愿者基础信息的接入管理、应用开发、可视化呈现等,连接应急救护设备与急救志愿者"两座孤岛",实现突发情况下快速定位呼救、实时响应,提高现场施救的应急响应效率和救护能力。

2021 年 8 月 1 日　"青年科学家 50^2"论坛

腾讯在深圳举办了首届"青年科学家 50^2"论坛,吸引了数十位院士与知名高校校长、百余名青年科学家参与,这是为中国优秀青年科学家搭建的一个高水平、跨学科交流平台,希望鼓励探索科学"无人区",期待实现更多"从 0 到 1"的科学突破。

2021 年 8 月 18 日　"共同富裕专项计划"

腾讯再次宣布投入 500 亿元资金,启动"共同富裕专项计划",并深入结合自身的数字和科技能力,在乡村振兴、低收入人群增收、健康普惠体系完善、教育均衡发展等民生领域持续提供助力。

2021 年 9 月 9 日 "99 公益日"

2021 年，"99 公益日"从 3 天扩展到 10 天，腾讯公益慈善基金会的资金投入从 4 亿元增加到 10 亿元。这些资金投入项目配捐、项目激励与机构培育等用途中，与近万家慈善组织、上万家爱心企业以及社会各界人士一起，构筑共同富裕的公益新生态。"99 公益日"期间，腾讯宣布投入 40 亿元进行公益数字化投入和一线公益帮扶。其中 30 亿元用于各级政府、慈善组织一起，为低收入群体和欠发达地区提供医疗、教育等领域的全面扶持以及平台支持，帮助这些项目连接更多的社会资源；剩下 10 亿元用于助力公益行业的数字化建设和慈善组织的培育发展，使公益行业更好地参与第三次分配。

2021 年 9 月 13 日 第三届"科学探索奖"

第三届"科学探索奖"获奖名单正式揭晓，50 位青年科学家"榜上有名"，其中包括 8 位女性科学家。他们每人将在未来 5 年内获得腾讯公益慈善基金会总计 300 万元奖金。与过往两届相比，本届获奖者面孔更为多元，既有国家级重要奖项获得者，也有从未获过任何知名奖项的人；性别分布变化明显，女性获奖人 8 位，创 3 年之最；年轻化趋势明显，35 岁及以下获奖人 7 位，其中最年轻的获奖者 32 岁；分布更为广泛，50 位获奖人来自 13 个城市，苏州、长沙等非一线城市首次有人上榜。

2021 年 9 月 17 日 "为村共富乡村建设"

腾讯公司与重庆市酉阳县签署乡村振兴合作框架协议。根据协议，腾讯公司和中国农业大学将在数字乡村、智慧农业等方面与酉阳县合作，聚焦"五大振兴"，推动农产品品牌化、打造乡村生态示范、培养农村致富带头人和农村职业经理人、搭建数字化的党群服务中心、推动酉阳县民族文化发展数字化、开展公益帮扶等。

2021 年 9 月 23 日 "银龄计划"

中国老龄协会与腾讯合作推出"银龄计划"，将在 3 年内帮助 1 000 万老年人掌握数字化技能。2021 年 10 月，腾讯公益慈善基金会推出"银发青松助手"小程序。这是腾讯为老年群体量身定制的互联网产品使用教程，涵盖社交通信、生活娱乐、出行旅游等多个领域。

2021 年 9 月 23 日 "丰收好物"公益活动

腾讯为村发展实验室联合腾讯看点，推出了"丰收好物"活动，联合 5 500 多位创作者，帮助农民带货 400 余种农产品，销售额达 245 万元。腾讯视频打造《丰收了！好村光》系列纪实节目，推广各地优质农产品，吸引更多观众关注和参与爱心助农，节目累计播放超 2 000 万。

2021 年 11 月 26 日 "乡村 CEO 计划"

腾讯与中国农业大学联合启动"中国农大–腾讯为村乡村 CEO 培养计划"。这项计划旨在培养一批懂乡村、会经营、为乡村，具有农业产业规划能力、对接政府与市场能力、公司财务运作与产品营销能力、农村资产产业管理能力以及乡村领导力等五大核心竞争力的乡村职业经理人，填补欠发达地区乡村经营型人才匮乏的短板，探索乡村振兴人才培养的创新模式。

2021 年 12 月 5 日 "员工公益配捐计划"

腾讯可持续社会价值事业部、腾讯企业文化部与腾讯公益慈善基金会，联合推出"员工公益配捐计划"。自 2022 年 1 月 1 日起，针对员工公益捐款，腾讯以 1∶1 的比例进行资金配捐；针对员工志愿服务，腾讯以 100 元 / 志愿服务时长的标准进行配捐。这是腾讯公司为了鼓励员工投入公益活动而采取的一项创新举措。

2021 年 12 月 18 日 "低碳星球"小程序

深圳碳普惠首个授权运营平台——"低碳星球"小程序上线，用户通过腾讯乘车码参与公共出行，科学核算碳减排量并积累相应的个人碳积分，培养公众绿色低碳出行的生活习惯。通过碳普惠产品将碳减排量转化为实际的价值，以此作为对公众的激励，是一种有效的引导方式。

2021 年 12 月 25 日 "公共卫生人才提升项目"

腾讯公益慈善基金会捐赠 1 亿元，在国家卫生健康委员会等的指导下启动"公共卫生人才提升项目"，覆盖疾控体系首席专家、青年精英、临床医生、管理人员、乡村医生等群体。该项目希望系统性地助力并壮大公共卫生人才队伍，提升相关的科研和实践能力，助力我国公共卫生人才的培养和提升。

2021 年 12 月 28 日 "急救互联"小程序

腾讯与南京大学联合推进急救知识培训、急救志愿者管理、配置 AED 急救设备、上线"急救互联"小程序，打造全国首个高校场景的应急响应系统并正式启动运行。此外，腾讯应急开放平台联合北京依众公益基金会推出"无障碍急救"功能，在"无障碍急救平台"小程序、"企鹅急救助手"小程序上线。通过这项功能，帮助听障人群无障碍沟通，让他们能够独立完成 120 急救求助。

2021 年 12 月 29 日 北京中轴线申遗"数字中轴"启动仪式

北京正阳门箭楼、北京市文物局和腾讯联合发起"数字中轴，点亮文明——北京中轴线申遗'数字中轴'启动仪式"，深挖北京中轴线历史文化内涵，推动文化遗产数字化保护与传承。

2022 年 2 月 24 日 "净零行动"

腾讯正式宣布"净零行动"，并首次发布《腾讯碳中和目标及行动路线报告》。腾讯立足自身排放特点和数字化技术优势提出碳中和目标：不晚于 2030 年，实现自身运营及供应链的全面碳中和；同时，实现 100% 绿色电力。腾讯碳中和行动遵循"碳减排和绿色电力优先、抵消为辅"的原则，在推进实现自身碳中和的同时发挥"连接器"的作用，助力社会低碳转型。

2022 年 4 月 8 日 "活水计划"

腾讯公益慈善基金会与中国扶贫基金会联合发起"活水计划——乡村振兴重点帮扶县基层社会组织赋能行动"。腾讯基金会将投入专项资金和资源超过 8 000 万元，面向国家乡村振兴重点帮扶县首批遴选 80 个基层社会组织，通过机构支持和平台搭建，引导社会力量参与乡村振兴，充分发挥基层社会组织作用，推动共同富裕。

2022 年 4 月 30 日 "新基石研究员项目"

腾讯发布"新基石研究员项目",在未来 10 年为该项目投入 100 亿元人民币,并将探索永续运营模式,长久支持基础研究。"新基石研究员项目"旨在长期稳定地支持一批杰出科学家自主选择研究方向,鼓励他们潜心研究、勇于挑战,聚焦"从 0 到 1"的原始创新。"新基石研究员项目"严格遵循"科学家主导"的原则,设立科学委员会作为核心机构,中国科学院院士、西湖大学校长施一公担任首届科学委员会主席。2023 年 1 月 13 日,公布首批资助名单,来自数学与物质科学、生物与医学科学两大领域的 58 位杰出科学家获得资助。

2022 年 5 月 13 日 "银发守护助手"小程序

腾讯银发科技实验室发布了专注中老年人诈骗防范与上网安全的小程序"银发守护助手",通过"线上服务 + 安全提醒 + 知识学习"的模式,引导中老年人了解新科技、掌握新知识、运用新技能,稳步提升中老年人识诈、防诈和网络安全的意识和能力。同时,计划 2022 年内进入全国百个社区,面向百万中老年人开展"线上 + 线下"安全培训和沙龙,形成一套科学化的社区中老年网络安全培训体系。

2022 年 5 月 18 日 "探元计划 2022"

由中国文物保护技术协会指导,腾讯数字文化实验室、腾讯研究院、中国人民大学创意产业技术研究院联合发起,青腾作为特邀共创伙伴的"探元计划"2022 征集活动正式启动。这个活动围绕"前沿科技 + 文化遗产"领域重大共性关键技术和核心议题,面向全社会征集、遴选具有行业前瞻性与社会价值的创新案例、应用场景与解决方案,寻求实现可持续社会价值的共识,共享腾讯优势技术、资源,推动行业共创共享全真互联的文化遗产数字体系,助力文化遗产数字活化的可持续发展路径。11 月,"探元计划"终审环节共有 29 个优秀项目案例,从 166 个申报项目中脱颖而出,覆盖了从文化遗产前端保护溯源到文化遗产后端活化利用的 8 个方面。

2022 年 6 月 科学苗子培养项目

由腾讯发起、以科学家为主导、面向中学生的科学人才培养公益项目,旨在帮助中学生激发科学兴趣、提高学术水平、培养科研领导力。对数学、物理、化学、生物、计算机任一学科具有浓厚兴趣以及扎实学术基础的中学生,将有机会在顶尖科学家的选拔和辅导下,通过线下高强度特训营与线上学术辅导,探索真实学科课题、提升学术水平、培养科研领导力。最终从 300 多组报名的学生中选拔出 5 个学科、共 20 组,成功完成研究论文并且表现优秀的学生,可为其高中母校赢取"科学种子孵化金"。

2022 年 7 月 19 日　"隐形护理员"

在"科技守护、与老同行"银发科技行业论坛上,腾讯宣布正式升级面向老年人群体的智慧养老 AI 守护产品"隐形护理员",由养老机构进入家庭,并于年内完成超过 1 000 户老年人家庭的捐赠。"隐形护理员"旨在解决对老年人安全危害最大的跌倒问题,通过智能摄像头和 AI 算法,准确识别老年人安全状态,在其跌倒或需要呼救时主动发出警报,以便看护人员及时采取救助,避免生命事故的发生。

2022 年 8 月 23 日　碳中和技术开放联盟

中国产业互联网(江门)峰会碳中和开放专利技术与应用分论坛在广东江门召开。会上,由腾讯牵头、携手 9 家企业,共同组成了碳中和专业委员会及开放技术联盟。碳中和专委会成员企业首次以开放共享为核心理念,公开节能减排相关专利技术,共同组建公益性质专利池,并向成员单位开放,首轮免费共享 189 项专利技术。

2022 年 12 月 15 日　社会价值影像创作计划

12 月 15 日,在国务院新闻办公室、国家互联网信息办公室、国家广播电视总局、中国外文出版发行事业局的指导下,"新时代·新影像"中外联合创作计划完成评选工作。腾讯可持续社会价值事业部协办本届活动。本届创作计划专门设立社会价值单元,鼓励纪实节目关注可持续社会价值议题,遴选了《为生命战斗》《看见未来》《大河之洲》(国际版)《能卡曼的四季》等提案。

2023 年 2 月　企鹅支教平台

企鹅支教基于乡村学校教室现有的软硬件设施,由在线和在地两位老师共同完成课堂教学。课堂上,在线志愿者远程直播授课,在地老师在教室进行教具分发、课堂组织、辅助问答;课堂下,两位老师发送点评作品,共享教学资源,追踪教与学的效果。"企鹅支教"的运营模式打造了时代化、适村化、可规模化的创新双师课堂。截至 2023

年 12 月，数字支教实验室基于"企鹅支教"平台，通过数字支教项目，在全国 25 个省、自治区、直辖市落地，为 2 000 余所乡村小学提供数字支教创新双师课堂。

2023 年 3 月 23 日　碳寻计划

碳中和实验室联合产业伙伴、投资伙伴和生态伙伴共同发起"碳寻计划"，计划将聚焦下一代前沿的 CCUS 技术，通过灵活的催化性资本，公开征集创新技术的项目方案，打造有示范作用的落地项目，孵化有正向经济性潜能的初创企业，同时助力 CCUS 基础能力建设。该计划期望能够落地 5 至 10 个技术试点，加速 5 至 10 家初创企业，孵化数个可持续工具或平台，最终实现千万吨级的碳减排。2024 年 5 月，首期终选名单公布，13 个项目脱颖而出，获得亿元资金和资源支持。2024 年 12 月，"碳寻计划"二期正式启动，聚焦创新性 CCUS、碳移除、长时储能技术，面向全球创新技术团队公开征集方案，打造有示范性作用的初创企业，同时助力前沿低碳技术的基础能力建设。

2023 年 5 月　银发共同守护计划

银发科技实验室发布行业首个"银发安全守护"整体解决方案，并联动多方推出"银发共同守护计划"。10 月，腾讯和广东省佛山市南海区签署战略合作协议，达成在智慧养老、社区老年人关爱服务等方面的全面合作，围绕机构、社区和居家养老三大场景，落地"银发共同守护计划"整体探索方案。

2023 年 5 月　微信地震预警平台

社会应急实验室联合四川省地震局发布微信地震预警平台，实现秒级地震预警信息全川覆盖，有效应对自然灾害。2024 年 3 月，QQ 平台正式上线地震预警功能，至此四川全省已实现微信、QQ 双平台地震预警覆盖，并实现全省 5 级以上地震在震后 5~15 秒发布地震预警的能力。

2023 年 5 月　繁星计划

腾讯 SSV 数字文化实验室联合国家文物局、中国文物报社共同发起"中小博物馆数字助力繁星计划"，推动博物馆与现代技术深度融合，目前已率先在四川省、山东省完成 47 家博物馆的数字化助力和文物焕活。

2023 年 9 月 "探元计划 2023"

致力于通过数字科技焕活传统文化的"探元计划 2023"发布终审结果，TOP20 创新技术应用大奖新鲜出炉，聚焦 AI、数字孪生、沉浸式感知交互等前沿关键技术领域。

2023 年 10 月 生机计划

健康普惠实验室启动"生机计划 2023"，聚焦低卫生资源地区妇幼健康领域，征集具备数字化应用场景的解决方案，助力健康领域的数字化、智能化转型。

2023 年 11 月 红雨伞计划

健康普惠实验室启动"红雨伞计划"妇女两癌综合防控项目，项目整体在中西部 7 个省级行政区下辖的 30 余个地区开展试点，为超过百万适龄女性提供宫颈癌和乳腺癌的预防、筛查、诊治等相关医疗服务和救助。

2023 年 12 月 碳 BASE

碳中和实验室"碳 BASE"可信碳计算技术开放平台上线，助力多种场景和行业的碳减排和碳排放计算服务。

2024 年 7 月 "数字中轴"项目助力北京中轴线申遗

联合国教科文组织在印度新德里召开的第 46 届世界遗产大会通过决议，将"北京中轴线——中国理想都城秩序的杰作"列入《世界遗产名录》。"北京中轴线申遗——数字中轴"项目全程助力北京中轴线文化遗产的数字化保护、活化利用及传承创新，为北京中轴线制作了高达 15T 的 3D 资产，构建了迄今为止最为完整的北京老城数字资源库，并探索了这些资源在《和平精英》《天涯明月刀》《元梦之星》等热门游戏中的活化利用，吸引了千万级用户互动。

2024 年 "久久公益节"

10 周岁的 "99 公益日" 升级为 "久久公益节",节日公益进化为更持久的行动。久久公益节在激励机制、捐赠人服务、公益互动场景、信任公益建设等方面持续创新。比如:激励机制从聚焦节日调整为覆盖全年,更注重长期发展;善款进展快速反馈,首次对长期捐赠人推出专属配捐;超过 120 个腾讯产品和业务公益场景上线,各种新公益形式深入人心;推动透明公益建设,让 "捐的钱去哪里了" 的答案逐渐清晰。9 月 10 日,为期 10 天的久久公益节收官,互动人次突破 7 亿,捐款人次近 4 600 万,有 5 500 多个项目参与活动,近 2/3 的善款关注乡村振兴领域。

2024 年 12 月 S 大会

腾讯 SSV 与联合国驻华协调员办公室(UNRCO)、中国企业改革与发展研究会、清华大学可持续社会价值研究院合办的可持续社会价值创新大会在北京举行。来自全球可持续发展领域的创新引领者、行动者、研究者与倡导者,从技术、产品、商业模式等不同角度,分享针对众多社会问题的 "解法",共议如何有效运用企业的核心能力和创新力量,加速可持续发展目标的实现。在大会现场,清华大学正式宣布成立可持续社会价值研究院,致力于深入研究和探索可持续社会价值的内涵与实践。

附录 3

马化腾：用户、产业、社会（CBS）三位一体，科技向善

本文摘自腾讯公司创始人、董事会主席兼首席执行官马化腾于 2021 年 12 月为集团年度特刊《选择》撰写的文章。

20 多年前互联网刚出现的时候，写程序是一件很酷的事，大家常常互相比拼谁的代码写得漂亮，我反而更在意自己写出的东西被更多的人应用。

1995 年我用一部 MODEM（调制解调器）和一条电话线开通了惠多网的深圳站，打开了一个新世界的大门。这是我与互联网的第一次亲密接触，这段经历让我对包括 BBS（公告板系统）在内的互联网产品建立了最基本的认识。当时所有站点都是由热爱电脑通信的发烧友自发组建的。随着时间的推移，在用户需求的驱动下，BBS 平台的功能不断增加。这是一个优秀互联网产品进化迭代的实例，从中我深受启发。

三个价值

一个好的互联网产品是怎么产生的？

首先，它要有应用场景，产品被使用才能有价值。

基础科学不断突破人类认知的局限，让我们的能力越来越强。这些不断提升和积累的能力最终要通过一些场景应用起来，改善我们的工作与生活。惠多网把世界各地原本陌生的网友连接起来，让大家可以更加便捷地交换信息、交流情感，打开了新的应用场景，让电脑有了生命。

其次，网络会产生新的价值。当产品被很多人使用并形成网络时，它自己会进化迭代。这就像好的文学作品，读者各有解读，往往超出作者的设计。

互联网产品也是一样，有的时候，你想象不到大家会怎样使用它。越多人使用，场景和方式就越多样，网友就越会有发明创造。如果注意观察，我们会有更多发现并从中获得灵感，进而开发新的功能，推动产品不断迭代。

惠多网之后的几十年中，互联网飞速发展，我们也有幸参与其中，打造了像 QQ、微信这样被大家喜爱的产品，它们是互联网人与用户共同参与和创造的产物，也是一个激动人心的过程。

我们在做 QQ 和微信产品的过程中，又有了第三个发现：跨界的价值。很多创新来源于跨界，当人类积累的技术能力发展到一定阶段的时候，这些能力会在跨界中产生新的应用场景。例如，QQ 是寻呼机这样一个即时通信工具跨界到互联网以后产生的，而微信的本质其实接近邮箱，它是邮箱与移动互联网结合后产生的。

用户、产业、社会（CBS）三位一体

现在我们面临新的蓝海，这是一场由科技向善推动的跨界创新。进入 21 世纪的第三个十年，有两个变化同时在发生：一是科技进步带来的一系列技术能力飞速提升，包括云、人工智能、虚拟现实、生物科技、新能源等；另一个是社会、经济、文化和技术发展带来的需求变化。

越来越多的行业开始数字化、智能化，越来越多的老人、年轻人和残障人士加入数字世界，互联网服务的主要对象从用户（C），发展到产业（B），现在变成了社会（S）。

这是一个新的阶段。在这个阶段，社会需求与过去有很大不同，来自各行各业、不同的群体长期积累的社会问题涌入，解决起来非一朝一夕之功。它需要我们统观全局，在深入了解社会痛点的基础上，寻找到适合我们发力的方向。

例如，我们的"为村"项目发挥微信的连接能力，打造了一个助力乡村振兴的移动互联网工具包，可以为村庄定制微信公众号、推动乡村数字化发展。

自从提出产业互联网战略以来，我们介入很多行业及其对社会的影响。特别是在疫情防控期间，在做公共应急产品与服务的过程中，我们深切地感受到在教育、医疗这些行业，很多公共需求不能单纯从商业化的角度切入。

2021 年，可持续社会价值事业部成立后，我们围绕重点关注的社会议题成立了新的实验室，包括银发科技实验室、创新办学实验室、科技生态实验室、碳中和实验室、为村发展实验室等。2020 年

同心战"疫"和2021年支援河南防汛抗洪救灾的经历，让我们看到了"向善"所激发的团队行动力和创造力。

在这个过程中，我们发现了更多跨界创新的可能。比如在救灾援助中表现突出的腾讯文档，由于各方力量自发收集和更新求助信息，"救援文档"发展成为一个大型在线协作工具。我们的技术团队在响应社会需求、帮助解决社会问题的同时，也挖掘出未来新的应用场景。

为了让大家在腾讯会议（国际版为"VooV Meeting"）里听得更清楚，我们的技术人员研发了新一代实时音频技术——腾讯天籁AI技术。最近，这个降噪功能用在了人工耳蜗上，让人工耳蜗的清晰度和可懂度提升了40%。天籁实验室和人工耳蜗厂商又联合开发了一款名为"美讯听宝"的App，看电视时把手机放到边上，打开AI辅听的功能，对声音的识别率能提升66%。

2020年初，我们和武汉大学中南医院合作开发了影像识别模型，两个月内就为24 000多名患者进行了肺部CT诊断。这个诊断系统甚至搭载到医疗车上，用于快速筛查。这些新的需求加快了AI在医疗领域的应用。我们也在2021年河南防汛抗洪救灾事件中获得新的启发，思考是否可以发挥我们的能力，建立一个新的开放式急救网络平台，把社会各界的力量耦合进去。我们有能力创建这样的网络平台。

如今，在乡村振兴、适老化、碳中和等社会议题上，还有很多未被充分满足的社会需求。从解决社会痛点的角度出发，依靠已有的技术能力，可以发现很多让人兴奋的场景。与过去不一样的是，以前习惯从产品出发做创新，未来则要跳出原有框架，把视野打开，站在全局角度去寻找更系统的解决方案。

短短20年间，中国网民总数已达到10.11亿，网络普及率71.6%。

我们之所以提出"可持续社会价值创新"并将其上升为公司战略,成立专门的部门并投入1 000亿元资金去做,是因为它既是我们的责任所在,也代表了未来创新的方向。

还是要专注

在这片蓝海中,沉浸和专注才能带来发现和突破。面对纷繁的需求时,我们要识别关键需求和对社会有益的需求。这种识别和判断能力,只有当我们沉浸在服务用户的过程中时才能建立,你要深入下去才能看到用户最痛的点在哪里,那里可能就是一个创新的机会。不要在需求中迷路,我们还要结合自己的长处去解决关键问题。形成长处也要专注,而且是长时间专注,把优势兵力集中在一个有价值的问题上,才能不断突破。

腾讯是一家务实的公司,这么多年来我们一直坚持"以正为本",遇到问题、解决问题。面对新形势下CBS三位一体和跨界创新的蓝海,企业需要做的是认真投入、下场去做。

数字化进程的加速让贫富差距等社会问题加剧,实体经济承压,人口老龄化逼近现实。我们面临着时代巨变,整个互联网行业都在重新思考未来。但我始终相信科技创新与科技向善的力量,互联网从诞生起就致力于让人们消除隔阂、紧密连接,创新是这个行业发展的动力。

在过去20多年里,腾讯的发展源于我们把用户价值放在第一位,本着为用户、为社会的初心,一路走到现在。现在的行业盘整让我们有机会正视过去在快速发展中疏漏的问题,重新思考一个企业在社会中应该发挥的作用。

怎么更好地利用和发挥腾讯现有的能力，把它应用到更多、更需要的场景中，为社会创造价值，这是我们正在努力思考的难题。这是一条永无止境的路。为问题寻找答案，为能力寻找应用场景，将是一个非常愉快的、创新创造的过程。

致谢

当这本书真正呈现在我的面前时,我不由得感慨万千。就像"社会创新"的很多点子源自巧合一样,这本书的诞生也是一种巧合。

早在可持续社会价值事业部(SSV)的酝酿阶段,腾讯就开始认真思考"理论"。这在公司里并不多见。我想,这一方面是因为腾讯的高层从一开始就下定决心要做一件不同凡响的事情,能够在模式和理论上做出新的贡献;另一方面是因为,这样一次创新也确实需要理论的指导。于是,腾讯 SSV 的朋友们就开始寻找理论上的支持。恰巧,我们的《寻找"座头鲸":中国企业是如何进行社会创新的?》一书刚刚出版,在学术界和业界引发了一些关注。当时担任腾讯公益慈善基金会副秘书长的傅剑锋找到我,就"社会创新"进行了好几轮交流。

后来,腾讯 SSV 横空出世。在腾讯公司副总裁、SSV 业务负责人陈菊红,腾讯可持续社会价值副总裁、为村发展实验室负责人肖黎明的指导下,转任社会价值战略传播负责人的傅剑锋来找我,希望我推荐几本关于社会创新的书,最好是实用性强的。于是,我推荐了杨氏基金会编写的《社会创新一本通》(*The Open Book of Social Innovation*)。腾讯很快就组织力量对这本书进行研究,并邀请我做学术指导。

为什么不出一本关于中国企业如何进行社会创新的书呢？我很快冒出这样一个念头。因为"可持续社会价值创新"从一开始就带有"国际范"。这不仅是说社会价值、社会创新、可持续发展踩在了时代节点上，更重要的是，腾讯作为一家全球头部互联网公司，将这套理念写进公司战略，在这么高的层面上变成现实，以此作为公司转型根基，是一件了不起的事情。腾讯作为一家科技创新公司，聚集了一大批精英和科学家，发挥他们的聪明才智做技术和基础研究。但是社会创新要想成功，注定了不走精英路线，而是走群众路线。用服务大众的产品解决大众迫切的生活问题，还经常不能有利润方面的考量，这就要求腾讯要有更远大的战略思考。

  腾讯 SSV 就是这种战略思考的产物。腾讯搭建了一个大平台，只要是以创造社会价值为导向，就能发挥出巨大潜力。以公益行业为例，这是一个传统的行业。腾讯做了公益平台，不只是帮助公益组织募款，还监督资金、物资的流动，以提高行业透明度。腾讯打造"99公益日"，使全民参与公益活动。腾讯还开放它的技术力量，帮助公益组织提升数字化能力。这样一些小小的动作，受益群体却是全国数以万计的公益组织和数百万公益人。

  腾讯公益只是很小的领域，未来更多的社会价值创新可能在更多的场景、更多的行业爆发。相比于传统的合作关系，平台型企业提供的合作氛围是宽松的。它与合作者的关系像是鸟群和大树——鸟群在大树上安居，大树因鸟群而显得生机盎然，我将这种关系称为"共栖"。平台公司不仅自己要创新，它还可以提供一整套工具箱，帮助各个主体创新。社会主体的创新，反过来会再激发平台的创新。

  大家"共栖"在创新生态下，创造的社会价值将是巨大的，它催化各个领域的科技力量,也让每一个参与者自身的向善能力无比强大。

这本书的主要案例,来自腾讯 SSV 的实践。在此,我要感谢所有支持这本书的人。我们进行了大量的访谈,访谈对象包括腾讯 SSV 的主要负责人、中层、员工代表(各个实验室骨干)、项目受益人、合作伙伴,以及政府相关部门的负责人、专家学者等。我尤其要感谢陈菊红、肖黎明两位掌舵支持;感谢傅剑锋让这本书从一个想法变成了一个现实;感谢腾讯"耕耘者"振兴计划的创始人陈圆圆,我是在与她合作"乡村振兴 100 问"的过程中,萌生了把整本书的框架定为"36 策"的想法;感谢腾讯"为村共富乡村"项目的负责人陈晶晶,在我挂职山西临县期间提供了一次实操机会;感谢腾讯 SSV 的项目负责人刘莎、孔鹏统筹推进;感谢苏文颖、刘杰、潘桐、马文浩、黄晓娟,他们是整个研究项目的"助产士"。要感谢的人还有很多,无法一一列举。在整个访谈和调研的过程中,我深切地感受到,以腾讯的影响力,它能做的还有很多。社会价值创新的拳头产品很难做到准确规划,它需要整个公司朝着这个使命和目标前进,通过产品迭代一步步寻求突破。从科技向善到创造可持续的社会价值,我认为这是一个将理念付诸实践的过程。

我们还要感谢许许多多来自其他行业、企业和机构的同路人。这本书里的部分案例来自他们的贡献,他们也在写作的过程中提供了各种帮助。尤其要感谢全球报告倡议组织董事吕建中,益社咨询创始合伙人李磊,中国社会企业与影响力投资论坛总裁马翔宇,北京博能志愿公益基金会副理事长零慧,友成企业家乡村发展基金会副秘书长李佳琛,基金会发展论坛秘书长吕全斌,中国人民大学社会政策研究院房莉杰,北京云阶科技 CEO 李怡萱,着陆联合创始人国佳佳,首都师范大学政法学院沈纪等友人。

最后要感谢我们这个团队。成果需要大家来评判，无论口碑如何，作为项目负责人，我都对他们表示感谢。正是因为他们的创作和奉献，我们才能在这么短的时间里，看到这样一部成果。本书的分工如下：

第一章　吕鹏
第二章　游海霞
第三章　赵磊、梁超、严文利
第四章　赵璐、严文利、周梦鸽
第五章　刘金龙、李凌浩
附　录　李瑞

全书最后由我进行修订，李瑞和钟瑞雪两位协助了修订工作。

虽然书稿已交付，但从一开始，我们就和腾讯 SSV 约定，这是一项长期的工作，如同"可持续社会价值创新"本身要坚持"长期主义"一样。接下来，我们将会根据实践的进展继续完善本书。更重要的是，完善的过程是开源的，我们诚挚地欢迎来自各界的朋友帮我们完善《可持续社会价值创新 36 策》。无论是提供批评建议、企业案例、中英文期刊、新的学术论文、著作，还是对社会创新进行报道，我们都张开双臂欢迎。最终，在大家的帮助下建立一个关于可持续社会价值创新的文献库、案例库、数据库，让这项工作也成为创新、社会价值、可持续的一环。

吕鹏
2025 年 4 月于　北京

参考文献

曹建峰，胡锦浩.伦理即服务：科技伦理与可信AI的下一个浪潮. https://36kr.com/p/1358610582701448 [2021-08-17].

曹建峰，梁竹.万字长文详解：国外主流科技公司的AI伦理实践. https://baijiahao.baidu.com/s?id=1726806195199423217&wfr=spider&for=pc [2022-03-09].

丹尼尔·贝尔.后工业社会的来临.高铦，王宏周，魏章玲，译.南昌：江西人民出版社，2018.

侯俊东，库锐玲，丁苗苗.社会化公益价值共创：概念意涵与内在逻辑.武汉理工大学学报（社会科学版）.2021，第6期.

蒋楚麟.企业社会责任中的利益相关方沟通策略.贵州师范学院院报.2010，第8期.

杰夫·戴尔，赫尔·葛瑞格森，克莱顿·克里斯坦森.创新者的基因.曾佳宁，译.北京：中信出版社，2013.

克莱顿·克里斯坦森.创新者的窘境.胡建桥，译.北京：中信出版社，2014.

快手研究院.快手生意增长指南：方法与案例.北京：人民邮电出版社.2022.

李娟，黄培清，顾锋.供应链上相关信息的共享激励及共享价值分配.系统管理学报.2008，第1期.

吕大鹏.价值传播：重大公共事件中企业价值传播.北京：中国经济出版社.2021.

吕鹏，房莉杰.寻找"座头鲸"：中国企业是如何进行社会创新的?.北京：社会科学文献出版社，2020.

吕鹏，刘学.企业项目制与生产型治理的实践——基于两家企业扶贫案例的调研.中国社会科学.2021，第10期.

澎湃新闻.校园公益的欧莱雅样本：可持续赋能，商业实践与公益结合.https://baijiahao.baidu.com/s?id=1745303489624857843&wfr=spider&for=pc[2022-09-29].

瑞·达利欧.原则.刘波，綦相，译.北京：中信出版社，2018.

孙忠娟等主编.ESG披露标准体系研究.北京：经济管理出版社，2021.

鹅厂黑板报.腾讯ESG报告，来了！.https://mp.weixin.qq.com/s/T6PnqFNxA_sc2oKXBWGxdg[2022-04-18].

腾讯.农业农村部发文！这个"培训班"对咱村有用！.https://mp.weixin.qq.com/s/_wiiE-X91wz2e1F5uAKXPg[2022-04-14].

涂科，袁宇峰.共享经济模式中的价值共创：社会化价值共创.当代经济.2018，第11期．

王真.共享经济的社会价值构建.http://finance.sina.com.cn/money/bank/bank_hydt/2018-01-25/doc-ifyqyuhy6228450.shtml[2018-01-25].

徐永光.公益向右，商业向左.北京：中信出版社，2017.

杨森，雷家骕.科技向善：基于竞争战略导向的企业创新行为研究.科研管理.2021，第8期．

伊冯·乔伊纳德，文森特·斯坦利.负责任的企业.陈幸子，译.杭州：浙江人民出版社，2014.

友成企业家乡村发展基金会.阎爱民教授：未来活得好的企业，应懂得创造社会价值.https://weibo.com/ttarticle/p/show?id=2309404793984693437128[2022-07-22].

于同弼.善经济——如何以企业社会责任制胜.吴滨，杨乐，译.北京：中信出版社，2020.

资中筠.财富的责任与资本主义演变：美国百年公益发展的启示.上海：上海三联书店，2015.

Cheatham, Benjamin , Javanmardian Kia & Samandari, Hamid 2019, "Confronting the risks of artificial intelligence." *McKinsey Quarterly* 4.

Brundage M, Avin S & Wang J, et al. 2020, "Toward Trustworthy AI Develo-pment: Mechanisms for Supporting Verifiable Claims." *ArXiv, abs/*2004.07213.

Carroll A. B. 1979, "A Three-Dimensional Conceptual Model of Corporate Performance." *Academy of Management Review* 4.

Budge, Jinan 2021, "Leaders who embrace trust set the bar for new sustainability and AI goals in 2022." *zdnet.com* https://www.forrester.com/blogs/predictions-2022-

leaders-who-embrace-trust-set-the-bar-for-new-sustainability-ai-goals/.

Greiner, Larry E. 1998, "Evolution and Revolution as Organizaitons Grow." *Harvard Business Review* 76.

Leike, J., Krueger, D., Everitt, T., Martic, M., Maini, V., & Legg, S. 2018. "Scalable agent alignment via reward modeling: a research direction." *ArXiv abs*/1811.07871.

Morley, J., Elhalal, A., Garcia, F. et al 2021, "Ethics as a Service: A Pragmatic Operationalisation of AI Ethics." *Minds & Machines* 31.

Nast, C. 2021, "An Ethics Bounty System Could Help Clean Up the Web." https://www.wired.com/story/big-tech-ethics-bug-bounty/.

Pfeffer, J., & Salancik, G. R. 1978. *The external control of organizations: A resource dependence perspective.* CA: Stanford University Press.

Shipman & George A., 1971, "The Evaluation of Social Innovation." *Public Admini-stration Review* 2.

Zhu, Song-Chun et al., 2022, "In-situ bidirectional human-robot value alignment." *Science Robotics* 7.

作者简介

吕鹏，清华大学博士、中国社会科学院社会学研究所研究员。主要研究兴趣为互联网平台治理、智能社会、企业社会责任与创新等。在《中国社会科学》《社会学研究》《经济研究》《南开管理评论》《政治学研究》等多本权威杂志上发表学术论文。担任中国人工智能学会社会计算与智能社会专委会副主任、中国社会学会科技社会学专委会副理事长、中国社会学会企业社会责任专委会副主任。

赵璐，北京大学社会学博士，现任北京市社会科学院社会学研究所助理研究员。研究方向为技术社会学、组织社会学、媒介与社会等。在《社会学研究》《社会学评论》《新媒体与社会》（New Media & Society）《现代传播》等核心刊物发表多篇学术文章，曾被人大复印资料《社会学》全文转载。参与十余项国家重点研发计划、国家社科重大项目等，主持国家社会科学基金青年项目、北京市哲学社会科学基金青年项目等课题，荣获北京市哲学社会科学优秀成果奖等荣誉。

游海霞，北京师范大学社会学博士、外交学院硕士。先后任职于中国和平发展基金会、香港乐施会（北京）、深圳国际公益学院（北京）等。曾负责企业慈善和社会创新领域的多个研究咨询项目，牵头《慈善新前沿：重塑全球慈善与社会投资的新主体和新工具指南》的译介和推广，撰写《中国民营企业参与公益慈善事业研究报告》《捐赠者服务基金（DAF）概览》《科技与慈善可持续发展行动报告》《中国家族慈善指南》等。译著包括《共益企业指南：如何打造共赢商业新生态》（中信出版社，2017年）、《亨利·亚当斯的教育》（中国青年出版社，2014年）。

梁超，现任凤凰网健康主编，女童保护基金联合发起人之一，北京体育大学硕士。先后在《京华时报》、新浪网财经频道担任高级记者职务。关注企业的发展以及背后的人与故事，多次参与报道亚布力中国企业家年会、博鳌亚洲论坛、中国发展高层论坛、达沃斯夏季峰会、凤凰网大健康峰会、世界华商大会等大型会议，专访过多位知名企业家。长期参与"女童保护"的发展和建设，致力于"儿童防性侵"知识的普及，积极探索儿童保护领域。

赵磊，中国人民大学劳动人事学院经济学博士、中国人民大学劳动关系研究所研究员。主要研究领域为劳动法与人力资源管理、非标准雇用、数字经济与平台用工、组织理论研究等。在《社会学研究》《中国青年研究》《中国人力资源开发》等学术期刊发表文章10余篇，部分文章被人大复印资料《社会学》全文转载。参与编写《数字劳动：自由与牢笼》《社会化用工》等多部著作。参与国家社会科学基金重大项目、国家社科基金青年项目等多个研究项目。

严文利，中国社会科学院大学博士，主要研究兴趣为数字社会学、企业社会责任。曾参与国家社会科学基金重大项目，多次参与中国企业社会责任评估项目及课题。曾在《探索与争鸣》《公共治理研究》等学术期刊发表文章，部分文章被《新华文摘》《中国社会科学文摘》《社会科学文摘》转载。

刘金龙，中央民族大学社会学博士，多次参与中国企业社会创新评估项目以及国内多家头部企业社会创新评估课题。参与撰写《百度企业社会价值报告2019》《中国乡村发展企业社会价值评估报告2021》《寻找"座头鲸"：中国企业是如何进行社会创新的？》等，曾在《浙江社会科学》《西安交通大学学报（社会科学版）》《科学·经济·社会》等期刊发表学术文章。

李瑞，哈尔滨工程大学博士、兰州大学法学硕士，研究方向为计算社会学。曾参与国家重大社会科学基金项目，主持中央高校基本科研项目（人文社科类）"优秀研究生"创新项目、甘肃省优秀研究生创新之星项目等。

李凌浩，中国人民大学博士，多次参与全国工商联、中国社会科学院等单位组织的企业研究项目与调研课题，深度参与国内多家大型企业、平台企业委托的企业社会创新评估课题。参与撰写《中国乡村发展企业社会价值评估报告2021》《寻找"座头鲸"：中国企业是如何进行社会创新的？》等著作。

周梦鸽，中国社会科学院大学硕士，研究方向为企业社会责任，曾参与医药企业社会责任、社会计算与数字社会前沿研究，以及中非数字治理的比较研究等课题。